CORRA
PARA SER
FELIZ

BELLA MACKIE

CORRA PARA SER FELIZ

Como a corrida salvou minha vida

Tradução
LAURA FOLGUEIRA

RIO DE JANEIRO, 2019

Copyright © 2018 by Isabella Mackie
Todos os direitos desta publicação são reservados à Casa dos Livros Editora LTDA.

Nenhuma parte desta obra pode ser apropriada e estocada em sistema de banco de dados ou processo similar, em qualquer forma ou meio, seja eletrônico, de fotocópia, gravação etc., sem a permissão do detentor do copyright.

Diretora editorial: *Raquel Cozer*
Gerente editorial: *Alice Mello*
Editor: *Ulisses Teixeira*
Copidesque: *Marina Góes*
Revisão: *André Sequeira*
Capa: *Anna Morrison*
Adaptação de capa: *Guilherme Peres*
Diagramação: *Abreu's System*

CIP-Brasil. Catalogação na Publicação
Sindicato Nacional dos Editores de Livros, RJ

M144c

Mackie, Bella
 Corra para ser feliz / Bella Mackie ; tradução Laura Folgueira. – 1. ed. – Rio de Janeiro : Harper Collins, 2019.

 Tradução de: Jog on
 ISBN 978-8595085244

 1. Motivação (Psicologia) – Romance. 2. Romance inglês. I. Folgueira, Laura. II. Título.

19-55603
CDD: 823
CDU: 82-31(410.1)

Meri Gleice Rodrigues de Souza – Bibliotecária CRB-7/6439

Os pontos de vista desta obra são de responsabilidade de seu autor, não refletindo necessariamente a posição da HarperCollins Brasil, da HarperCollins Publishers ou de sua equipe editorial.

HarperCollins Brasil é uma marca licenciada à Casa dos Livros Editora LTDA.
Todos os direitos reservados à Casa dos Livros Editora LTDA.
Rua da Quitanda, 86, sala 218 — Centro
Rio de Janeiro, RJ — CEP 20091-005
Tel.: (21) 3175-1030
www.harpercollins.com.br

Para George,
a pessoa mais corajosa que já conheci,
e a quem devo quase tudo.

SUMÁRIO

1 km – Tudo é horrível	9
2 km – Na saúde e na doença	37
3 km – Que sofram as criancinhas	73
4 km – É tarde demais para tentar?	101
5 km – Exercício é intimidante	131
6 km – Superando o pânico	153
7 km – Por que corremos?	175
8 km – Conheça os seus limites	203
9 km – Escute o seu corpo	221
10 km – Armadilhas e decepções	247
E finalmente... algumas dicas para começar	269
Fontes	287
Referências	293
Agradecimentos	301

1 KM - TUDO É HORRÍVEL

Corri por três minutos hoje. No escuro e devagar. Precisei dar umas paradas. São três minutos a mais do que já corri na vida. Estou sem fôlego, dolorida e já me sinto melhor do que me sinto há anos. É o bastante para uma primeira tentativa. Agora, posso ir para casa chorar. Ou beber um vinho.

Mesmo deitada no chão da minha sala, vendo os pés do meu marido indo para a porta, eu já pensava no que estava por vir. Quando um casamento entra em crise, sempre há aquela tristeza insuportável, aquelas perguntas desconfortáveis e, às vezes, constrangimento. Olhando para o tapete, minha mente se adiantou, montando um enredo embaçado do futuro. Comecei até a compilar a inevitável *playlist* de músicas tristes que eu sabia que estaria cantando a plenos pulmões às quatro da manhã, sofrendo por semanas a fio.

Hoje, aprendi que o momento da desilusão amorosa pode ser muito breve. Não é sempre aquela desintegração arrastada que a gente imagina ser comum na vida adulta, pedacinhos de amor e conforto se soltando aos poucos durante anos até que não exista nada mais a ser dito. Pode acontecer num piscar de olhos, pegar a gente de surpresa, sem tempo de se preparar antes. Alguém para na sua frente, cara a cara, e diz que está indo embora, que já não te ama mais, que encontrou outra pessoa, que você não é suficiente, e você pensa: "Ah, então é assim que eu vou morrer. Não tem a menor chance de eu superar isso." Alguma coisa em algum lugar do seu corpo se rompeu violentamente e você só consegue se deitar no chão e esperar ser convidada para seguir pelo inevitável túnel com uma luz no fim.

Não sei que jeito é pior. Os dois são horrorosos, como a maioria dos términos. Certa vez, ouvi uma história sobre um casal comendo num restaurante em silêncio total por mais de uma hora. Quando o café chegou, o marido sussurrou algo para a esposa, que respondeu em tom agressivo: "Não é o café, são os últimos vinte e cinco anos." Um desmoronamento devagar como esse seria terrível. Mas quando você recebe a abordagem surpresa, o momento do impacto é brutal, como um ataque físico. Apesar do choque, é também, por mais estranho que pareça, a parte fácil. Porque, cedo ou tarde, você percebe que não vai morrer. Que não pode ficar olhando para o carpete por muito tempo, pois precisa ir buscar as crianças na escola, ou passear com o cachorro, ou ir trabalhar. Talvez, precise, somente, fazer xixi. Sua dor é incapaz de se sobrepor até mesmo às demandas mais mundanas de uma segunda-feira. E, após essa percepção indesejável, o futuro se apresenta de forma bem clara: você vai passar por esse momento aos trancos e barrancos. Isso vai levar um tempo. A desilusão amorosa é breve, mas o caminho de saída é interminável e, às vezes, você se ressente de sequer precisar tentar.

Eu sabia que logo precisaria me levantar do chão. Sabia que, com as habilidades certas para enfrentar aquilo, podia ficar bem no final. Mas também sabia de outra coisa. Sabia que, ao contrário da maior parte dos adultos, eu não conhecia nenhum mecanismo de enfrentamento.

A gente aprende a sentir muito antes de aprender a entender os sentimentos. Bebês riem, choram e ficam irritados, mas não conseguem dizer por quê. Porém, à medida que crescemos, desenvolvemos métodos para aprender a lidar com acontecimentos estressantes ou traumáticos. Diversas vezes passamos a adolescência nos sentindo frustrados e confusos, mas, eventualmente, aprendemos coisas sobre nós mesmos e a lidar melhor com emoções maduras. Levamos essas ferramentas para a vida adulta, quando elas vão sendo refinadas, e então desenvolvemos uma compreensão mais clara de como enfrentar os desafios pessoais. Ou, ao menos, a maioria das pessoas faz isso. Até o momento em que me vi deitada no chão da sala, eu havia passado a vida inteira fugindo dos problemas. Mesmo na infância eu já era ansiosa e deixei as preocupações que sentia se inflamarem e dominarem a minha vida. Esses aspectos psicológicos atrapalharam o meu crescimento, me deixando assustada demais para enfrentar desafios e me tornando uma pessoa altamente controladora apenas para evitar qualquer possibilidade de sofrimento. Eu desisto das coisas quando elas ficam difíceis. Recuso oportunidades que seriam vantajosas para mim ou que me dariam independência. Eu me menosprezo.

Já estou acostumada, desde muito nova, a me esquivar e a usar o meu pensamento mágico para afastar as coisas ruins. Em vez de reconhecer que eu estava doente, inventava maneiras de lidar com as preocupações e os pensamentos irracionais (nenhuma delas bem-sucedida). Diante de algum medo, eu apenas cuspia ou piscava forte para expulsá-lo. Evitava certos números, letras, cores, músicas e lugares. Tudo como forma de "fazer um acordo" com o meu cérebro, na esperança de que os pensamentos ruins se afastariam se eu me apegasse a esses pequenos mecanismos. Nada funcionou, e a minha ansiedade logo cresceu. Meus mecanismos de enfrentamento eram todos falsos e, como consequência, eu me tornei agorafóbica, dada a ter ataques de pânico, pensamentos obsessivos, histeria e depressão. Quando o meu marido me abandonou, eu lidava com essas coisas havia anos. Não conseguia nem chegar sozinha ao supermercado (juro, de verdade), quanto mais passar por um fim de relacionamento daquela magnitude. Eu sabia que precisava me levantar, mas não sabia o que fazer depois. Tudo estava coberto de medo.

A ansiedade é uma coisa escorregadia e sorrateira. É uma doença que se manifesta de tantas formas que muitas vezes só é diagnosticada quando o paciente está absolutamente desesperado. Você pode passar anos tendo ataques de pânico sem sequer saber do que se trata. Pode achar que está muito doente, tendo um derrame ou um ataque cardíaco (como eu pensei numa boate aos dezoito anos, para a diversão dos meus amigos bêbados), ou pesquisar obsessivamente sintomas de hipertensão. Talvez sinta tanta vergonha desses pensamentos obsessivos que nunca nem se atreveu a contar alguma coisa para alguém, quanto mais se permitir pensar que possui sinais de transtorno obsessivo-compulsivo (TOC). Em vez de lidar com as imagens e as ideias horríveis que aparecem na sua cabeça, de reconhecer que são apenas pensamentos e, portanto, inofensivos, você passa anos tentando neutralizá-los e silenciá-los. Tudo isso pode provocar um quadro depressivo grave (como se você já não tivesse problemas suficientes). Isso me fazia chorar sem parar, me fazia ficar na cama por horas. Me fazia perder dias dormindo. Me fazia assistir à TV durante o dia mais do que uma pessoa feliz devia ou gostaria. Me fez perder toda a esperança mesmo sendo jovem.

Quando chega nesse estágio, uma pessoa com transtorno de ansiedade provavelmente vai criar as próprias maneiras de lidar com pensamentos e sensações tão assustadores. Esses mecanismos de enfrentamento vão ser rígidos e difíceis de mudar, quanto mais romper. Quase nenhum deles será útil a longo prazo. O mais comum é que ofereçam algum alívio na hora, mas, no fundo, vão servir apenas para apertar os laços da preocupação.

Comigo, essas táticas incluíam nunca mais voltar a um lugar onde eu tivera um ataque de pânico. Um plano sensato, pensei, para evitar que aquela mesma situação horrível se repetisse. A não ser pelo fato de que acabei colocando um cordão de isolamento em torno da maior parte de Londres, incluindo a principal rua de comércio do meu bairro, o parque e a maioria das lojas. Depois, isso se ampliou para aviões, elevadores, estradas, qualquer lugar longe demais de um hospital e o metrô (imagine como eu era divertida em festas). O conforto imediato que isso me dava era enganoso, já que, em pouco tempo, via-me presa — incapaz de ir a qualquer lugar que a minha mente classificasse como "inseguro". Embora hoje esteja claro para mim que fui refém da ansiedade por muitos anos, eu estava tão acostumada com esses métodos de barganha fajutos que não busquei ajuda até que essas táticas tivessem se apoderado de mim como um vício e eu estivesse paralisada.

Se existe um gatilho para tentar mudar alguma coisa na sua vida é o choque do casamento entrando em colapso antes do primeiro ano. Em média, as pessoas que se divorciam no Reino Unido conseguem chegar à marca dos onze anos e meio, então jogar fora os votos de forma tão espetacular como eu fiz pareceu um feito e tanto. Se o casamento tivesse durado um pouco mais, talvez o divórcio fosse visto apenas como algo triste, inevitável ou digno de um "os jovens de hoje não se comprometem com nada". Mas oito meses? Seria insensato não questionar a minha vida ao menos um pouquinho depois disso.

Mesmo sem o inconveniente extra de um rompimento matrimonial, eu já sabia que tinha chegado ao fundo do poço. Evitei tudo que achava assustador por tanto tempo que o meu mundo encolheu a ponto de eu me sentir sufocada. Apesar de toda a minha cuidadosa administração de problemas e precauções (leia-se: controlar tudo e ter pensamentos loucos e irracionais — como eu disse, uma diversão em festas), o pior tinha acontecido. O modelo que eu vinha construindo desde criança não me protegeu do dano nem da humilhação. Aliás, ele contribuiu muito para isso.

Quando o meu marido foi embora, passei vários dias chorando e bebendo depois que a minha irmã me tirou da posição fetal no chão. Peço desculpas por omitir os detalhes aqui — não consigo me lembrar de nada sobre aqueles momentos. Sou grata ao meu cérebro por isso, uma das poucas vezes em que ele me foi útil. Provavelmente deve ter havido muita conversa, sono e comida, mas só me lembro de assistir a uma temporada inteira de *Game of Thrones* e de a minha irmã ficar brava comigo por eu ter maratonado a série sem ela.

Tirei um dia de folga e depois voltei ao trabalho, alternando entre chorar no banheiro (o meu marido trabalhava na mesma empresa, foi bem legal) e me sentar muda à minha mesa, ouvindo música escocesa nos fones de ouvido, numa estranha tentativa de encontrar algum entusiasmo sempre que eu o via passando. (Um comentário à parte: por incrível que pareça, isso foi estranhamente eficaz e recomendo a qualquer pessoa que precise se sentir forte. Comece com "Highland Laddie".)

Eu me sentia estagnada, ciente de que precisava suportar aquelas emoções dolorosas e difíceis, mas também preocupada de que talvez nunca fosse me sentir bem de novo. A vida continua, não importa o quanto o seu mundo tenha sido arrasado. Podia ver a normalidade no horizonte, mas não era isso que eu queria. Estava de volta ao trabalho, e suspeitava que, em alguns meses, conseguiria superar o término. O problema era que ainda estaria fechada no meu cubículo, tendo a ansiedade e a depressão como únicas companheiras.

É fácil se comportar como se nada estivesse errado, até quando você tem uma doença mental e sente que ela está consumindo você. Mesmo no auge da minha infelicidade, eu era boa no meu emprego, em fazer piadas, em sair apenas o suficiente para não ser vista como uma ermitã. Muita gente se torna especialista nesse tipo de coisa, conseguindo enganar até a si mesma. Provavelmente eu poderia ter continuado assim para sempre, vivendo uma vida pela metade, fingindo que estava tudo bem. Mas algo tinha se quebrado dentro de mim e eu não conseguia mais. Depois de tantos anos, eu estava exausta.

Foi quando me vi como uma fraude — uma criança covarde brincando de ser adulta, que não tinha que estar ali. Certa vez, J.K. Rowling falou que o fundo do poço virou a base sobre a qual ela construiu a sua vida — segundo ela, como os seus piores medos dela já tinham se realizado, ela só podia melhorar.[1] Como se trata da J.K. Rowling, posso permitir o clichê e até admitir a contragosto que ele faz sentido. Ela acabou criando o mundo mágico dos bruxos que a transformou numa das mulheres mais ricas do mundo. No meu caso, o fundo do poço me estimulou a sair para correr.

Com uma semana da nova vida de solteira, essa ideia me veio à cabeça. Num dado momento em *O apanhador no cam-*

po de centeio,[2] Holden Caufield corre pelos campos da escola e explica isso, dizendo: "Nem sei por que eu estava correndo — acho que só me deu vontade." Talvez eu só estivesse cansada de me sentir tão infeliz ou talvez soubesse que precisava fazer alguma coisa diferente, mas naquele dia, simplesmente me deu vontade de correr.

Ainda não sei por que essa foi a ferramenta que escolhi no meio da infelicidade. Nunca praticara qualquer exercício pesado antes. Mas passei a vida segurando uma vontade enorme de sair correndo e fugir — da minha mente, dos pensamentos negativos, das preocupações que cresciam e se calcificavam, camada após camada, até ficarem duras demais para quebrar. Talvez aquela urgência repentina de correr fosse uma manifestação física do desejo de escapar do meu próprio cérebro. Acho que eu queria colocar isso num plano tangível.

Além do mais, eu estava impaciente para superar o estereótipo da pessoa que termina e fica se empanturrando de sorvete — sempre fui do tipo que opta pelas soluções rápidas. E, nossa, como eu queria que os sentimentos ruins e a dor fossem logo embora. Além disso, todo término de relacionamento sempre é um bom momento para tentar algo novo. Para mim, havia o benefício extra de me libertar de alguns medos que eu vinha carregando por toda a vida. Eu realmente sentia que o tempo para fazer aquilo estava quase chegando ao fim. Eu estava perto de completar trinta anos e fiquei apavorada de usar o término como mais uma desculpa para me isolar, para me fechar ainda mais, ficar assustada com a vida como um todo.

Só que de forma alguma eu estava pronta para correr por um campo. Uma pessoa que tem medo de ir ao supermercado não consegue nem pensar numa ideia tão grandiosa quanto essa. Então não houve nenhum clímax cinematográfico, como eu correndo por uma pradaria ou disparando no meio da chuva. Na verdade, eu não tinha ideia do que estava fazendo e, por um momento, me perguntei se estava louca. Parecia uma coisa muito estranha, sair para correr, mas, mesmo enquanto discutia comigo mesma, eu peguei as minhas chaves e amarrei o tênis.

Coloquei uma legging velha e uma camiseta e caminhei até um beco escuro a trinta segundos do meu apartamento. Ele atendia a dois critérios importantes: era perto da segurança do meu lar e tranquilo o suficiente para ninguém rir de mim. Eu me sentia ridícula e um pouco envergonhada — como se estivesse fazendo alguma coisa errada que não podia ser testemunhada por ninguém. Por sorte, o único sinal de vida era um gato que me olhou com desdém enquanto eu reunia energia para me mexer. Fiquei grata quando ele desapareceu; e qualquer sinal de um ser humano se aproximando me fazia parar na mesma hora. Era um castigo privado honesto demais para ser visto por estranhos.

Coloquei os fones e procurei por uma música boa; acabei escolhendo "She Fucking Hates Me", de uma banda chamada Puddle of Mudd. Não faz muito o meu estilo, mas a letra era sutilmente raivosa e eu não queria ouvir nada que pudesse me fazer chorar (tudo me fazia chorar). A música tem três minutos e trinta e um segundos, e a frase *"she fucking hates me"* ["ela me odeia pra cacete"] é dita tantas vezes quanto você pode imaginar. Acho que consegui correr por trinta segundos antes de ser obrigada a parar por causa da minha panturrilha gritando e da ardência nos pulmões. Mas a música estimulava a minha adrenalina, então, descansei por um minuto e comecei de novo. Não sei como, mas consegui manter o ritmo do cantor berrando, enquanto eu murmurava a música, fazia caretas e me arrastava pelo beco. Consegui completar incríveis três minutos intercalados (quase a música inteira!) antes de desistir e voltar para casa. Eu estava me sentindo melhor? Não. Eu tinha gostado? Também não, mas não tinha chorado por pelo menos quinze minutos e isso era bom o suficiente para mim.

Para a minha própria surpresa, não parou por aí. Eu queria parar, porque era muito desagradável, mas algo em mim superou todas as desculpas. Voltei para o beco no dia seguinte. E no dia depois. As primeiras tentativas foram bem patéticas. Correr alguns segundos, arrastar os pés, parar. Esperar. Repetir. Congelar se alguém aparecer. Me sentir ridícula. Repetir mesmo assim. Sempre no escuro, sempre em segredo, como se eu estivesse cometendo um crime.

Eu não sabia o que estava fazendo ou o que queria tirar dessas corridas. O resultado foi que fui ambiciosa demais nas semanas seguintes e pequenos desastres eram frequentes. Tive uma canelite que doeu pra caramba. Depois corri rápido demais e precisei parar porque estava ofegando feito louca. Então tentei subir uma ladeira. Quando ficou claro que a ladeira tinha vencido, admiti a derrota e peguei um ônibus. Outro dia tive um ataque de pânico no parque do bairro porque calculei errado o horário do pôr do sol e de repente me vi sozinha numa área escura. Correr parecia um idioma que eu não sabia falar, não só porque eu estava incrivelmente fora de forma, mas porque parecia algo feito por pessoas felizes, saudáveis e animadas, não por fumantes neuróticas que tinham medo de tudo.

Eu era o tipo de pessoa que desistia quase na mesma hora se não conseguisse fazer algo direito na primeira vez. Estava vergonhosamente claro para mim que eu não corria bem nem melhorava na atividade. Mesmo assim, para a minha própria surpresa, fui em frente. Continuei me arrastando para cima e para baixo naquele beco escuro por duas semanas. E quando enfim me senti entediada em vez de só aterrorizada ou sem fôlego, decidi ir um pouco mais longe. Nos primeiros meses, me mantive em ruas próximas de casa — o meu cérebro sempre buscando uma rota de fuga —, dando voltas em trechos tranquilos e pulando de susto a cada carro que passava. Eu era uma mulher devagar, triste e com raiva. Mas duas coisas tornaram-se claras para mim. A primeira era que, quando eu corria, não me sentia tão triste. Eu ficava imediatamente mais calma — alguma coisa no meu cérebro parecia desligar, ou, pelo menos, conseguia abrir mão do controle por alguns minutos. Eu não pensava no meu casamento nem no papel que desempenhei naquele fracasso. Não conjecturava se ele estava feliz ou se tivera um ótimo encontro, e não pensava nem um pouco sobre mim. O alívio que isso me dava era imenso.

A segunda coisa, ainda melhor, é que eu não me sentia mais tão ansiosa. Em pouco tempo me vi em partes da cidade que eu não visitava há anos, ainda mais sozinha. Não me refiro ao centro do Soho e à sua multidão animada, mas, dentro de um mês, eu tinha conseguido desbravar os mercados de Camden sem sentir que ia desmaiar ou ter uma crise. Eu não teria conseguido fazer isso andando — tentei inúmeras vezes, mas a ansiedade sempre aparecia, as mãos começavam a suar e o pânico tomava o controle. Por algum motivo, porém, correndo era diferente. O meu cérebro me negou por muito tempo a chance de fazer esse tipo de passeio mundano que as pessoas fazem todos os dias. Quando consegui passar por uma barraquinha vendendo camisetas com os dizeres "Ninguém sabe que eu sou lésbica", de repente senti que estava vivendo um dia memorável. Concentrada no ritmo dos pés batendo no asfalto, eu não ficava obcecada com a minha respiração, nem com as multidões, nem com quanto estava longe de casa. Eu era capaz de estar numa área que a minha mente tinha antes designado como "insegura" sem sentir que ia desmaiar. Era um milagre.

Certa vez, Joyce Carol Oates descreveu que correr lhe permite escrever, sugerindo que a atividade ajuda porque "a mente voa com o corpo".[3] Para mim, significa que é como se o corpo levasse a mente para passear. A mente já não está mais no controle e tudo que você precisa fazer é sentir a ardência nas pernas e os braços balançando. Você fica consciente dos batimentos cardíacos, do suor caindo nas orelhas, do movimento do torso com a mudança de passada. Quando alcança determinado ritmo, começa a notar os obstáculos no caminho ou as pessoas a evitar. Vê detalhes em prédios que nunca tinha notado antes. Antecipa o clima à sua frente. É claro que o cérebro tem um papel em tudo isso, mas não é o convencional. A minha mente, acostumada a me assustar com um "e se" eterno, feliz em me atormentar com flashbacks das minhas piores experiências, não conseguia se concentrar quando eu estava àquela velocidade. Eu tinha conseguido enganá-la, ou exauri-la, ou apenas dado a ela algo novo com que lidar.

Muitas pesquisas já buscaram entender por que a corrida clareia a mente de forma tão eficaz. Os cientistas parecem decididos a descobrir como isso funciona. Que bom, porque eu gostaria de saber como funciona um processo que mudou a minha vida. Mas, para falar a verdade, o principal é que estou feliz de isso *ter* acontecido. As pesquisas descobriram que há um aumento na atividade do lobo frontal do cérebro após o exercício — área ligada a foco e concentração — em indivíduos com danos cognitivos brandos e também em idosos.[4,5] Pesquisas com animais mostraram que o exercício estimula a produção de novos neurônios — células encontradas no hipocampo, associado à memória e ao aprendizado.[6] É tudo muito fascinante, mas, para mim, nada disso transmite de forma adequada a emoção que o exercício promete — o principal interesse da maioria das pessoas —, o chamado barato do corredor. (Pessoas com mais experiência em drogas terão que julgar se ele é comparável a uma aventura mais... recreativa.) O fato de uma hora diária de movimento enérgico ser capaz de consertar as nossas cabeças estressadas e melancólicas é sedutor, em especial para quem luta contra a depressão ou a ansiedade por um período de tempo prolongado (leia-se intolerável).

Era isso que eu começava a experimentar. Semanas depois do fim do meu casamento, a coisa toda ainda me deixava mal. No trabalho, eu ia bastante ao banheiro para chorar discretamente. No fim do dia, vestia um pijama no minuto em que entrava em casa e assistia sem prestar atenção a qualquer coisa que a TV tivesse para oferecer. Quando saía, bebia demais e chorava de novo (de forma menos discreta, para o deleite dos meus amigos). Porém, enquanto corria, tudo isso ficava para trás. Ninguém me dava aquela viradinha de pescoço de pena ou um abraço sofrido. Ninguém sequer olhava para mim. Eu me misturava com a cidade, era apenas mais uma corredora monótona de roupa fluorescente. Em casa, eu me sentia bastante solitária. Tinha adquirido o hábito de dormir como uma estrela do mar, para afastar o momento matinal inevitável de rolar e ser recebida por um espaço frio e vazio, um lembrete de tudo que eu perdera. Quando eu saía de manhã para correr, não me sentia sozinha. Em pouco tempo elaborava pequenos desafios — ir dois minutos mais longe, correr por aquela rua lotada que evitava há anos. Quanto mais corria, mais percebia que estava redescobrindo a cidade em que morava e que mal compreendia — para mim, Londres foi por muito tempo um lugar cheio de perigos inimagináveis. Corri pela Holloway Road olhando para o topo dos prédios antigos e desbotados, com os seus supermercados e as suas lojas de conveniência. Descobri linhas de trem que atravessavam propriedades como artérias, escondidas dos olhos de todos. Corri ao longo do canal e encontrei um bosque com amoreiras, flores do campo e filhotinhos de patos. Os ataques de pânico eram menos frequentes. Em momento algum me lembro de ter sentido a necessidade de uma rota de fuga; os meus pés estavam no controle e eu corria com um propósito, não para fugir de alguma coisa. Era a primeira vez que eu assimilava o mundo sem que alarmes disparassem dentro da minha mente.

Seria um exagero dizer que eu me sentia como uma criança, mas sem dúvida havia uma sensação de leveza e entrega que só vejo de verdade nelas (e em bêbados, mas este segundo tipo experimenta a sensação de arrependimento no dia seguinte, algo que espero que as crianças desconheçam). Mas nada disso deveria ser surpresa; desde cedo somos encorajados a pular, saltar, dançar, correr e praticar esportes em grupo. Como escreveu Louisa May Alcott: "O exercício físico foi um deleite para mim desde os seis anos de idade, quando eu brincava de rolar aro por todo o bairro sem parar, até os dias em que corria trinta e dois quilômetros em cinco horas e ainda conseguia ir a uma festa de noite. Sempre achei que devo ter sido um cervo ou um cavalo em alguma encarnação passada, porque correr era uma alegria."[7] Instintivamente, sabemos que os jovens precisam usar o corpo, e não só por uma questão de saúde física. Os estudos realizados no Reino Unido são um pouco limitados e, em geral, transversais, mas um em especial, que aborda a relação entre crianças e exercícios, do National Institute for Health and Care Excellence (NICE, na sigla em inglês), comentou os resultados de uma pesquisa que relatou maior risco de sintomas depressivos entre 933 crianças de oito a doze anos classificadas como sedentárias, que não cumpriam os padrões de atividade física adequados em comparação com as consideradas ativas.[8] Estudos clínicos sobre o efeito do exercício nos sintomas depressivos em adolescentes de 13 a 17 anos pareceram indicar que o exercício físico é uma estratégia de tratamento eficaz.[9]

Só que eu nunca tinha dado a mim mesma a chance de aprender isso quando mais jovem. Seria simplista dizer que a ansiedade é a culpada por isso, embora ela com certeza tenha contribuído. Eu era uma garota gordinha, nem um pouco popular e enxergava os esportes como um concurso de popularidade, o que era horrível. Na época do ensino fundamental, os esportes também eram determinados por gênero. Quase nunca se via garotas no campo de futebol, e era perfeitamente aceitável que nós, meninas, ficássemos reunidas em grupos sedentários no parquinho enquanto os garotos queimavam energia chutando bola. Parece que essa divisão ainda existe — uma pesquisa de 2013 descobriu que metade das crianças britânicas com sete anos não faz exercício suficiente, e a diferença entre meninos e meninas foi uma das revelações mais preocupantes do estudo.[10] A professora Carol Dezateux, que fez parte da equipe da pesquisa, comentou sobre as descobertas: "Há um abismo enorme entre garotas e garotos. Precisamos pensar em como estamos lidando com elas. [...] Talvez as quadras das escolas sejam um ponto de partida importante, já que, muitas vezes, elas são dominadas por meninos jogando futebol."

A taxa de exercício cai até 40% à medida que as crianças avançam no ensino fundamental.[11] Para mim, esse declínio não parou no ensino médio, quando íamos marchando até um campo encharcado para jogar hóquei (eu disse que a coisa toda era dividida por gênero, certo? Então, a outra opção era *netball**). Eu quase sempre era escolhida por último e me colocava o mais longe possível da ação. À medida que ficávamos velhos, as opções de exercício passaram a ser caminhar sem supervisão pelo parque local ou fazer aeróbica. Considerando que o parque abrigava a) garotos e b) cigarros, adivinhem para onde eu ia?

Recentemente, uma organização chamada Women in Sport conduziu uma pesquisa sobre a variação dos níveis de exercício entre adolescentes e descobriu que apenas 12% das jovens de 14 anos praticavam um nível adequado de atividade física por semana.[12,13] Apesar desse número abismal, 76% das jovens de 15 anos disseram que gostariam de fazer mais atividade física, mas eram desencorajadas pelos esportes disponíveis. A outra (e, para mim, mais triste) razão que essas meninas deram para não participar foi achar que praticar esporte "não era algo feminino". Eu me lembro claramente desse sentimento — de pensar que fazer exercício não é algo nobre ou elegante. Afinal, envolve suor, gemidos, caretas e tem um bom potencial para terminar em vexame, uma coisa que todos os adolescentes sabiamente (ou talvez por instinto?) evitam como a peste.

Quando as crianças deixam a escola em tempo integral, as taxas de exercício caem mais ainda. Claro, há quem separe tempo para uma corrida ou uma ida à academia, mas fica bem mais difícil. Se você segue direto para a universidade, é improvável que tenha tempo para praticar esportes, com tantos trabalhos para entregar e todas aquelas festas maravilhosas para ir. Há um motivo para as pessoas falarem com melancolia sobre os "sete quilos da faculdade" — um clichê

---

* Jogo parecido com o basquete, que ganhou fama como "basquete de mulheres". [N.T.]

antigo, mas verdadeiro de que se engorda depois do primeiro ano de graduação. Isso tinha muito a ver com a minha experiência, na qual praticar atividade física significava sair da cama depois do meio-dia e talvez caminhar até a esquina para comprar cigarro e salgadinhos. Uma experiência bem normal para uma estudante na época, exceto que, infelizmente, essa também é a idade em que alguns transtornos de ansiedade se manifestam com maior intensidade — o TOC, por exemplo, em geral se desenvolve antes dos vinte anos.[14] Embora aspectos da ansiedade estejam presentes desde muito mais cedo (fobias aparecem em crianças de sete anos, veja bem), o início da vida adulta é a época perfeita para aspectos mais sérios da depressão e da ansiedade baterem. Isso não deveria ser surpresa para ninguém, já que é o momento em que as estruturas construídas da criação e da família cedem e, pela primeira vez, é a própria pessoa quem está no comando na maior parte do tempo. Algumas pessoas se dão muito bem com as novas responsabilidades, muitas outras, não. Eu, com certeza, era uma delas.

Por terminar a escola com a maioria das minhas preocupações infantis ainda dormentes, fui a nocaute na universidade quando, do nada, tive um ataque de pânico horrível no meio do pátio. Eu estava tão despreparada para aquilo que empreguei a minha confiável manobra do avestruz e tentei ignorar o caso. Em vez de questionar por que o ataque tinha acontecido, evitei pensar no assunto. O pânico aumentou num período de tempo bem curto, e, em duas semanas, eu desenvolvera um novo sintoma que me horrorizava mais do que qualquer outro que eu já tivesse experimentado: a dissociação. Esse aspecto engenhoso da ansiedade (e isso não é um elogio) é que, no momento em que você consegue lidar com uma coisa (suores noturnos, ataques de pânico, tontura, náusea, dores de cabeça... vem cá, senta aqui do meu lado), ela joga outra questão bem no seu colo. E pode acreditar: vai ser pior.

Dissociação (ou desrealização) é uma condição que faz com que o mundo de repente pareça irreal. Aliás, acho que isso não faz jus ao quão assustadora é a situação. Ela parece pronta para parar o seu coração. Não é só que o mundo pareça irreal — as pessoas que você mais ama parecem falsas, sua casa parece um cenário de filme, seu cachorro fica com uma aparência plana, seu rosto não parece seu. Tudo parece encenado e errado e... estranho. Depois, descobri que os psiquiatras acreditam que a dissociação é uma sensação provocada pelo cérebro quando o órgão está exausto de se preocupar — ele simplesmente desliga (mais ou menos). A dissociação então é, na verdade, uma medida de proteção, mas, para mim, uma boa analogia é aquela amiga que transa com o seu namorado e depois diz que só fez isso para te ajudar. Eu é que não vou agradecer.

O que teria acontecido se eu tivesse calçado um par de tênis e tentado correr mais que esses sentimentos horríveis? Eu me fiz essa pergunta inúmeras vezes nos anos que se passaram desde então. Só que nada é tão simples, e seria um insulto, uma irresponsabilidade, sugerir o contrário. Correr não é uma panaceia para doenças mentais graves e nem para qualquer outra coisa, aliás. É bom deixar isso bem claro desde o início. A questão é que frequentemente penso na garota de vinte e poucos anos que eu fui um dia e desejo poder voltar para tentar outros caminhos, como muitos dos meus amigos fizeram quando as coisas ficavam difíceis. A década dos vinte anos é feita para experimentar, divertir-se e desfrutar tudo que a vida pode oferecer, ou, ao menos, é o que nos dizem. Em vez disso, para muitos, acho que é uma época de insegurança enorme, dívidas e de uma sensação de estar sempre deslocado — em suma, uma década de preocupação e medo. Então, fiz o que pude. Larguei a universidade, fui a um psiquiatra e comecei a usar antidepressivos que logo me foram receitados. O que mais eu poderia fazer? Nesse ponto, os pensamentos suicidas chegavam a mim de forma sorrateira, e, mesmo através do meu prisma bastante irreal, eu sabia que isso só levaria a algum lugar sobre o qual eu não queria pensar com detalhes.

Apesar de tudo isso, tive muita sorte — é importante reconhecer. Tenho uma família que, mesmo não compreendendo muito bem por que a filha chorava o tempo todo e se recusava a sair, tinha recursos financeiros para que eu procurasse um especialista. 78% dos estudantes relataram algum problema de saúde mental em 2015, e 33% deles tinham pensamentos suicidas.[15] Meu clínico geral no National Health Service era gentil, mas tudo que podia oferecer era colocar o meu nome numa lista de espera de terapia, que, na época, estava em seis meses. Mais de uma a cada dez pessoas atualmente espera mais de um ano por qualquer tipo de psicoterapia, com o mesmo número tendo que reunir recursos particulares para financiar isso. Algumas universidades hoje oferecem aulas de exercícios (junto com as psicoterapias comuns) a alunos com depressão e ansiedade, um sinal encorajador de que especialistas em saúde mental relacionam aspectos físicos e mentais de formas que ainda não foram totalmente explloradas.

Já se provou que atividades como a corrida ajudam em mais coisas do que apenas depressão e ansiedade. Você, que lê isto, pode estar experimentando algo parecido com isolamento, a chamada sensação de solidão. O impacto da solidão é cada vez mais reconhecido na saúde mental e física, mesmo que muitas pessoas ainda se sintam incapazes de admitir isso. O estigma ao redor dela pode fazer com que a gente se sinta patético, detestável e inadequado, e pode ser muito difícil achar uma saída. Com frequência, as pessoas dizem que é difícil seguir sozinho na vida. Às vezes, é bem difícil correr sozinho também. Talvez seja por isso que o movimento Parkrun virou um sucesso tão grande no Reino Unido. A cada semana, em 414 parques por todo o país (e por outros 14 países), as pessoas se reúnem no início da manhã para correrem juntas.[16] Embora muitas vezes eu precise correr sozinha, algumas das melhores rotas que já fiz foram ao lado da minha irmã, de um ex-namorado e de novos amigos, seguindo juntos e conhecendo melhor o parceiro enquanto um estimula o outro a ir em frente. Quando todo o suor e a respiração ofegante tomam conta e a gente não consegue ter forças para fingir, é impressionante como podemos nos sentir próximos da pessoa ao lado que está fazendo a mesma coisa.

Enquanto eu escrevia este livro, a Glasgow Caledonian University conduziu uma pesquisa com mais de oito mil pessoas para descobrir se correr pode nos deixar mais felizes. O parâmetro usado foi o Questionário da Felicidade de Oxford, que pedia para as pessoas responderem perguntas usando uma avaliação que ia de um (infeliz) a seis (extremamente feliz). Os participantes do Parkrun saíram com uma média de 4,4, em comparação a quatro da população geral.[17] A sensação de comunidade causada pelo exercício em grupo foi avaliada com nota alta pelos participantes, que mencionaram que o apoio e os elementos sociáveis de correr em equipe eram valiosos.

Sara, que sofreu de depressão pós-parto após o nascimento do seu primeiro filho, relatou-me que correr com uma amiga foi como ter um pouco de luz na escuridão. Alguém que ia até a casa dela e a forçava a sair, alguém que a estimulava e a mantinha em movimento quando ela mesma talvez nem se desse ao trabalho.

"Sou uma corredora solitária e um pouco ermitã, sabe? Eu realmente gosto de correr sozinha e para mim isso é muito benéfico. Ao mesmo tempo, sei que ter uma amiga que me forçava, de uma forma boa, a correr, foi provavelmente uma parte essencial da minha recuperação naquela época", disse ela. "Talvez eu acabasse fazendo tudo sozinha, mas ela com certeza acelerou as coisas. E, claro, ter experiências significativas com outras pessoas é importante para manter a saúde mental em dia. Eu sempre senti que o essencial para mim é o ato físico, porque sou meio viciada nas sensações do corpo, mas agora percebo que, sem o papel fundamental desempenhado por aquela amiga, eu não teria chegado tão longe!"

Muita gente com quem conversei enquanto escrevia este livro discorreu sobre o importante aspecto social que a corrida desempenha. Correr com um parceiro ou um amigo ou apenas encontrar pessoas que estão na rua correndo pode ser um bálsamo para o isolamento criado pelos problemas de saúde mental. Mesmo se você corre sozinho, está, de algum modo, se conectando com o mundo ao seu redor, e ainda é surpreendente o quanto isso pode ajudar quando você não fala com ninguém há dias.

Junto com o efeito que o exercício pode ter sobre a depressão e a ansiedade, alguns estudos clínicos incríveis analisaram se exercícios aeróbicos podem ajudar pessoas que sofrem de esquizofrenia. Um estudo de 2016 na Universidade de Manchester relatou que se exercitar reduziu em 27% os sintomas em pacientes com psicose.[18] Testes iniciais nos Estados Unidos com veteranos com estresse pós-traumático também relataram que o exercício diminui o medo, junto com uma melhora dos sintomas físicos. É claro que todos esses resultados não refutam a necessidade de terapia, medicação e outras estruturas de apoio, mas trazem esperança de que talvez existam outras ferramentas disponíveis.

Os antidepressivos definitivamente me ajudaram naquela época e, graças a eles, consegui me ver num espelho de novo sem me perguntar quem diabos estava me olhando de volta. Consegui um emprego, voltei a ter encontros sociais (embora sempre ficasse de olho nas saídas de emergência) e consegui até ter alguns relacionamentos. Eu estava remendada, no sentido mais básico. Nada tinha sido curado, mas eu também não estava hiperventilando e olhando para o nada, então eu aceitava os medicamentos. Estou contando isso não para dar uma ideia da minha mente, que não tem nada de especial, mas para mostrar como é fácil aceitar as imitações mais fajutas de existência quando se se enfrenta algum problema psicológico. É como pintar numa tela pequena e fingir que você está feliz com o pequeno espaço que tem. Não é uma vida desperdiçada, de forma alguma, mas não deixa de ser uma vida limitada também. Pode quase parecer que está tudo bem, mas também pode parecer uma coisa atrofiada, um comodismo que tira muita coisa da gente. Então, achar algo que nos liberte pode parecer um milagre. Para alguns, essa liberdade pode ser na forma de medicação; para outros, meditação. A minha mãe faz ioga sempre que se sente para baixo. Uma colega minha faz musculação para manter a depressão longe, e um amigo luta boxe porque se sente irritado demais e isso o ajuda a manter os impulsos sob controle. Uma conhecida com bipolaridade severa diz que as suas trilhas pelo parque a salvam de pequenas formas todos os dias. Conheço até uma pessoa que faz ponto cruz quando sente que a boa e velha ansiedade está prestes a atacar. Sem querer, depois de uma década satisfeita com ser capaz apenas de "lidar", eu tinha encontrado a minha chave para a liberdade: correr.

Um dia, após meses de testes tímidos trotando pelas ruas da vizinhança que passei a conhecer com a ponta dos pés, decidi ir mais longe. Corri até as fronteiras que tinha firmado com determinação e fui adiante. Corri até o coração da cidade, na direção de uma das pontes que atravessam o Tâmisa, tão atraentes com a sua promessa de claridade e brisa, e cruzei por ela sem olhar para trás. Atravessei mais uma, intoxicada pelos raios de sol sobre a pele, e corri até a Parliament Square, abrindo caminho entre os turistas, vendedores e carros buzinando de sempre. Passei pelo Soho, maravilhada com o barulho, os riquixás e as sex shops. Como uma Forrest Gump neurótica, continuei até não ter mais força. Fiquei vagando pela linha de chegada. Nada de buraco no estômago, nada de conferir a respiração — eu, absolutamente, não notava o meu corpo. Apenas assimilava os arredores e os desfrutava. Eu estava triunfante. Eu estava... feliz.

Quando você faz algo que permite um intervalo de infelicidade, pode ser difícil não ficar viciado nisso. Todo mundo sabe que, assim como uma pessoa que usa drogas e álcool pode se tornar dependente em pouco tempo, no outro lado do espectro, o mesmo pode ser dito a respeito dos exercícios. Pode ser difícil dizer adeus ao barato que experimentei e que me fez ficar tão feliz naquele dia no centro de Londres, ainda que muito brevemente. Se você encontra algo que faz com que você se sinta mais ou menos normal, por que *não* intensificar isso? Afinal, exercício é uma coisa saudável, né? Os médicos, a mídia e, agora, as estrelas do Instagram e os *vloggers* que pregam sobre alimentação e estilo de vida saudável vivem nos dizendo para fazer mais. Só que, para alguém que está procurando uma muleta ou uma forma de se sentir menos perdido, os exercícios podem ir de ferramenta de capacitação a instrumento de dominação. Embora existam poucos estudos sobre vício em exercícios, um, de 2012, descobriu que 3% das pessoas que vão à academia se encaixam na descrição de um viciado, e outro sugeriu que esse número pode estar mais perto de 25% no caso de corredores amadores.[19] Pode ser muito difícil notar quando algo que você sente que está fazendo bem começa a dominar a sua vida.

Cada um tem a própria medida de quanto é demais, mas o meu critério incluiria o seguinte: você diria não para uma noitada porque não quer estar de ressaca antes de um treino importante? Nunca almoça com os colegas porque usa esse tempo para correr? Ou ficaria em pânico com a chegada de um casamento no final de semana porque está preocupado em não poder ir à academia? Ainda que com relutância, eu teria que responder sim para duas dessas perguntas (eu com certeza correria de ressaca, fala sério), porque, algumas vezes, correr era uma obsessão. A sensação irrestrita de alegria que eu experimento na ausência de ataques de pânico, pensamentos irracionais e de tantos outros sintomas de ansiedade (há mais de cem, nem adianta tentar listar tudo) era intoxicante. Dentro dessa névoa de embriaguez, fica fácil recusar convites. Na internet, é possível encontrar inúmeras histórias de pessoas que fizeram sacrifícios bastante reais para manter a sua rotina de exercício — gente que malha três vezes por dia, que entra em pânico se perde uma pedalada ou uma aula de natação, mas que já está cansada desse compromisso. E tudo isso vai contra o que a pessoa pensou como aquilo seria no início. Correr foi algo que me permitiu ter uma vida — uma vida de verdade, com amigos, novas experiências e até riscos. Era um meio maravilhoso para um fim, mas nunca deveria ter se tornado a minha vida em si.

Depois de tanto tempo experimentando vários níveis de medo, é claro que você vai proteger com unhas e dentes aquilo que lhe proporciona algum equilíbrio. Porém, qualquer sinal normal de pânico ou uma breve sensação de desgraça pode derrubar a gente desse pedestal e fazer bater aquela preocupação "será que estou voltando à estaca zero?". Naqueles momentos, eu intensificava a minha rotina — calçava os tênis duas vezes por dia e me esforçava ainda mais. Eu odiava correr então. Eu me sentia como um hamster que se inscreveu por própria e espontânea vontade para girar numa rodinha nova, mas que se viu incapaz de sair dela. Eu podia muito bem ter continuado assim, se algo catastrófico não tivesse acontecido menos de um ano depois do divórcio.

A mulher que eu amava como uma segunda mãe, que me deu o meu primeiro emprego e me ensinou a ser adulta, que me abraçava e ria de mim e dava gritinhos com as minhas fofocas, partiu. E, na sua morte prematura, ela levou consigo uma alegria que nunca mais vi em ninguém. Nos dias e nas semanas seguintes, enquanto nós, que ficamos para trás, começávamos a entender o que tinha sido tirado da gente, fomos tomados pela dor. Eu corria na esperança de aliviar o luto, na esperança de que a minha ferramenta fosse capaz de fazer o que fizera nos últimos nove meses. E ela fez. Correr me ajudou muito, muito mesmo. É difícil chorar correndo — para começar, acho que eu me sentiria como se estivesse num clipe dos anos 1990, correndo aos prantos sob a chuva vestindo algo deslumbrante — e correr nos força a compreender, no sentido literal da palavra, que o mundo continua girando mesmo quando achamos que ele não deveria, mesmo quando isso nos deixa com ódio. Não sou a primeira pessoa a usar a corrida para tentar superar uma grande perda — o maratonista mais velho do mundo, Fauja Singh (nos seus joviais 107 anos), começou a correr com quase noventa para superar a perda da esposa e dos filhos.

No entanto, embora correr fosse um alívio, um acontecimento horrível de grande magnitude também me mostrou que havia limitações na atividade. E isso era algo que eu precisava aprender. Reluto em dizer que a perda de uma amiga tão amada possa trazer algo positivo. Simplesmente não dá. Mas esse momento me fez entender que não se deve temer a tristeza verdadeira nem se esconder dela. Isso não quer dizer que você vá cair na armadilha da depressão e da ansiedade outra vez nem que nunca mais vai se recuperar. É possível se proteger da tristeza, mas também é possível aprender a reconhecer a diferença entre uma emoção natural e valiosa, como o luto, e uma irracional e insalubre, como o pânico. Eu diminuí o meu cronograma de corridas cada vez mais intensas e me permiti ficar triste de vez em quando. Ao fazer isso, lembrei por que passei a amar tanto o esporte.

Correr não é como mágica, e hoje eu sei que não posso esperar que a corrida me deixe protegida de toda a tristeza verdadeira da vida. Mas, durante períodos difíceis, sem perceber, eu tinha criado uma estratégia de enfrentamento que me ajudou todos os dias desde o momento que me vi no chão da sala, sem fazer ideia de como ia me levantar. É algo que me tirou de uma gaiola que eu mesmo criei, que me impulsionou para novos empregos, novas experiências, para o amor verdadeiro e me deu uma sensação de otimismo e confiança de que posso ser mais do que apenas uma mulher com uma ansiedade debilitante. Me deu uma nova identidade, que já não vê o perigo e o medo em primeiro lugar. Não é exagero dizer que saí correndo de uma vida infeliz. A corrida transformou tudo.

2 KM - NA SAÚDE E NA DOENÇA

Estou correndo por um circuito de três ruas do bairro. Não consigo ir mais longe, porque posso ter um ataque de pânico. Preciso ficar perto de uma zona segura. Sou tão lerda que um passeador de cachorro me ultrapassa e preciso parar a cada minuto, os pulmões e as canelas pegando fogo. Vozes na minha cabeça sussurram coisas conflitantes: "Continue, você está indo melhor do que ontem." "Por que está tentando fazer isso? Você é muito ruim." E a mais cruel: "Você sabe que isso não vai fazer o seu marido voltar a te amar, certo?" Essa voz específica fica martelando e se transforma no processo: "Você falhou. Agora seu relacionamento é com a ansiedade, pare de tentar lutar contra isso. Você não tem vergonha de ter terminado a vida assim?" Estou tentando me livrar desses pensamentos, mas é difícil. A minha visão está esquisita e os meus braços tremem. Eu faço a mim mesma a minha pergunta diária: é ansiedade ou algo pior? Não sei. Só sei que o meu corpo dói e que me sinto inútil. Minhas pernas estão pesadas e estou nervosa. Depois de doze minutos, vou para casa, me perguntando se vou conseguir repetir esse esforço tão grande amanhã.

* * *

Este livro não é sobre um grande caso de amor que deu errado. Escrevê-lo tantos anos depois do colapso do meu casamento parece quase uma fraude, já que este foi tão breve e, em retrospecto, um grande erro. Mas não é algo do qual eu me arrependa totalmente, pois me forçou a admitir que havia algo maior e muito pior a ser enfrentado. O divórcio foi um catalisador para me obrigar a lidar com a ansiedade, então, de certa forma, sou grata. A história que vou contar aqui fala sobre um outro tipo de amor: o amor próprio (entra música emotiva).

Como boa parte deste livro vai falar sobre ansiedade, talvez seja útil examinar exatamente o que essa palavra significa. O que ela significa *de verdade*. Porque as preocupações que temos numa noite insone de domingo não configuram um transtorno de ansiedade. Isso não é ruim! Ficar ansioso de vez em quando é normal, todo mundo se preocupa com um monte de coisas diariamente — empregos, relacionamentos, dinheiro, o fato de o presidente dos Estados Unidos ser o Donald Trump. Mas *ansiedade* como transtorno é um negócio diferente. Embora eu fique feliz de ver que mais gente está se abrindo sobre isso com cada vez menos vergonha, às vezes acho que o termo foi um pouco diluído. Em primeiro lugar, não é uma competição — se alguém diz que tem pensamentos ansiosos, respeite e escute. Porém, acho que a palavra é usada de forma muito livre às vezes. Sem dúvida, a escala é variável, mas suspeito que, quando alguém diz que é ansioso, é possível supor que se trate apenas de uma tendência a se preocupar. Numa tentativa de ser mais honesta e ter menos vergonha do meu pânico, sou cada vez mais aberta a respeito da minha ansiedade — dos terrores do passado e dos vestígios que sobraram. Talvez, no entanto, eu não seja direta o suficiente, porque muitas vezes tudo que recebi dos interlocutores foi um aceno de cabeça, um gesto de compreensão e, de vez em quando, nem mesmo uma reação. E isso sempre me surpreende, porque, se a maioria das pessoas pudesse passar um tempinho com o meu cérebro, ficaria chocada com o quanto ele pode ser esquisito e intolerável. O alívio real vem quando converso com outras pessoas que enfrentam o problema. Uma amiga certa vez me falou que decidira que estava sendo perseguida pelos vizinhos. A ansiedade por trás desse pensamento vago e esquisito era complexa e impressionante, mas eu *entendi*. Como nós duas temos pensamentos estranhos e assustadores, conseguimos colocar completamente para fora as nossas obsessões irracionais, sem medo de sermos julgadas.

No fim, o que estou dizendo é que ansiedade é uma coisa complexa, conturbada e sombria. Não são apenas ataques de pânico ou medo de lugares lotados — coisas horríveis que qualquer pessoa consegue entender com facilidade —, mas obsessões incansáveis, pensamentos assustadores, compulsões exaustivas, mal-estar físico e, como consequência, uma tristeza profunda. Acho que à medida que avançamos na discussão dos transtornos mentais, também é importante garantir que esteja claro o quanto eles podem ser macabros e basicamente bizarros. Não se conquista progresso e aceitação simplesmente abordando temas gerais sobre saúde mental ou destacando histórias de superação — a verdadeira compreensão é falar de maneira franca sobre a falta de esperança, o medo e a feiura disso tudo. A escritora Hannah Jane Parkinson escreveu sobre a vida com transtorno bipolar de forma tão honesta que ajuda a ver a realidade da doença. Ela faz isso sem qualquer constrangimento ou rodeios. "Uma vez, fui internada e passei

22 horas numa 'suíte de saúde mental' (leia-se: uma sala pequena e sem ar com duas cadeiras) esperando por um leito na ala psiquiátrica (acabaram achando um em outra clínica de outro bairro). Depois que tive alta, interrompi abruptamente a terapia e fiquei sem assistência psicológica contínua."[20]

A ansiedade não vai embora e se instala até controlar a sua vida. Acompanha você nas festas, no trabalho, nas férias com a família, na segurança dos cobertores. Ela afeta o seu dia a dia de modo diferente das preocupações normais. Se você está preocupado com uma entrevista de trabalho, esse nervosismo tende a passar depois da reunião. Uma pessoa ansiosa, no entanto, terá preocupações que só vão se multiplicar. A entrevista pode transcorrer perfeitamente bem, mas esses pensamentos vão continuar, se expandindo e se transformando. Vão tomar conta de você, e o domínio é como o de um vício. Ansiedade e depressão combinadas são os transtornos mentais mais comuns no Reino Unido — até 7,8% da população cumpre os critérios de diagnóstico.[21]

Quem se preocupa com uma questão específica pode muito bem experimentar um estresse profundo, mas quem tem ansiedade provavelmente terá uma sensação vaga de medo e nervosismo *constante*. Imagine que essa pessoa tenha tido sucesso na entrevista de emprego: enquanto as pessoas sem ansiedade podem ter preocupações sensatas sobre como será o primeiro dia no trabalho — se vão se dar bem com os colegas ou se estarão à altura dos desafios de um novo emprego —, quem tem ansiedade se preocupará com uma série de coisas que podem não parecer proporcionais ou racionais. Como vão lidar com o trajeto até o trabalho? E com a nova rotina? Será que vão cair na frente dos colegas? Será que serão demitidos no primeiro dia? E se tiverem um ataque de pânico no escritório? E se um incêndio começar e as saídas de emergência não forem bem sinalizadas? E se o cachorro morrer enquanto elas estão fora? (Eu já tive esse medo muitas vezes.)

Eu me lembro de, um pouco antes de começar a sexta série, ter passado pelas preocupações normais sobre o primeiro dia — fazer amigos, achar a aulas muito difíceis, me enturmar. Mas, faltando poucos dias para o início do ano letivo, eu me sentia esmagada por essas preocupações. Ficava deitada na cama pensando no trajeto que eu faria até a escola, se eu iria me atrasar, a possibilidade de não ficar amiga de ninguém e se eu voltaria a ver os meus pais de novo depois que saísse de casa (eu disse que a ansiedade pode se multiplicar). Chorei todos os dias daquele ano, desesperada por ter que ir ao lugar que me deixava tão assustada e triste. Eu não conseguia superar aquilo, e não melhorou com o tempo. Em vez disso, as minhas preocupações só se transformaram, se agarraram a outras coisas, espalharam raízes dentro da minha cabeça. Foi o meu primeiro período mais longo de ansiedade, e foi o mais angustiante, porque eu só tinha onze anos e não sabia o que diabos estava acontecendo. Uma amiga querida que conheci aos treze anos me disse que costumava contar para a mãe sobre "a menina triste" da turma dela. Era eu. Que apelido...

Também há diferenças físicas importantes. Embora a preocupação possa fazer o estômago ficar frio ou as palmas suarem, esses sintomas provavelmente vão desaparecer assim que a situação estressante passar. Para uma pessoa com ansiedade, os sintomas físicos são zilhões. É sério. A ansiedade pode impactar o corpo de muitas formas — incômodo no peito, tontura, dores de cabeça e coisas ainda mais estranhas. Eu, por exemplo, tenho tremor em um olho, pernas irrequietas, zumbido no ouvido e fico com o rosto ardendo. Uma ótima descrição para um perfil em aplicativo de encontros, não acham? Sintam-se à vontade para usar.

Na escola, muitas vezes eu ficava bastante nauseada. Tinha dores de cabeça, tontura e achava cada vez mais difícil respirar. Pensava sempre que o médico poderia descobrir o meu problema, então sempre pedia para faltar na escola. Com o número de sintomas físicos causados pela ansiedade, não é de se espantar que as pessoas muitas vezes acreditem estar muito doentes. Eu disse antes que a ansiedade é uma coisa evasiva. Sorrateira, podemos dizer. Ela é capaz de imitar outras doenças incrivelmente bem. Medos relacionados à saúde podem nos consumir — quando alguém que nunca teve um ataque de pânico passa por um, a suposição mais comum é que seja um enfarto ou derrame. Depois, pode virar uma preocupação com tumores cerebrais, esclerose múltipla, Parkinson. A lista é longa. E a saúde física dentro de um quadro de ansiedade não é uma preocupação menor. Um estudo na Noruega mostrou que pessoas que sentem esses medos constantemente têm uma chance 73% maior de desenvolver doenças cardíacas em dez anos do que pessoas que não sentem.[22] Sorte nossa, hein?

Ansiedade e preocupação são coisas diferentes. É importante enfatizar isso, porque, se quisermos entender melhor a saúde mental e ao mesmo tempo reduzir o estigma, é preciso entender como a ansiedade pode ser séria. Assim como depressão não é "estar triste" e depressão pós-parto não é "loucura", ansiedade não é nervosismo. Ela é bastante comum. Embora a estatística de saúde mental mais comumente citada seja que uma a cada quatro pessoas sofrerá com algum transtorno mental ao longo da vida, esses problemas podem soar muito vagos — um número grande de pessoas, provavelmente, não sabe que ansiedade e depressão são os transtornos mentais mais comuns.

Então, embora *existam* outros motivos para uma pessoa sentir preocupações avassaladoras, a ansiedade é o principal fator em vários problemas de saúde mental. Antes de continuar descrevendo quais, quero dizer algo óbvio. Não sou especialista no assunto e, se você acha que pode estar sofrendo com qualquer um desses transtornos, PROCURE UM MÉDICO. Como disse a atriz Carrie Fisher sobre a sua bipolaridade: "A única lição para mim, ou para qualquer um, é que precisamos buscar ajuda. Não é uma doença tranquilinha. Ela não vai embora."[23]

Então, sem mais delongas, aqui estão alguns dos transtornos de ansiedade mais comuns[24] (que rufem os tambores mais sem graça do mundo, por favor):

- Transtorno obsessivo-compulsivo (TOC)
- Síndrome do pânico
- Fobias — como agorafobia ou claustrofobia
- Transtorno de ansiedade social (fobia social)
- Transtorno do estresse pós-traumático (TEPT)
- Transtorno de ansiedade generalizada (TAG)

Aproximem-se para podermos falar um pouco sobre cada um deles!

TOC

É importante para mim começar dizendo que TOC NÃO TEM NADA A VER COM FICAR ARRUMANDO OS ARMÁRIOS DE CASA. Da próxima vez que ouvir alguém me dizendo que tem TOC porque as toalhas dessa pessoa precisam estar alinhadas para o mesmo lado, vou até a casa dela dobrar todas as toalhas em esculturas horrivelmente elaboradas de cisnes, que nem aquelas dos hotéis chiques.

Apesar de o termo ser muito mal-empregado, TOC é uma doença bem desagradável, da qual se acredita que 1,2 pessoa a cada cem sofra no Reino Unido.[25] Ela se apresenta de duas formas principais: obsessões e compulsões. As duas envolvem pensamentos invasivos, indesejados e aterrorizantes. Não são só ideias estranhas com as quais a sua mente se ocupa às duas da manhã de um sábado, quando você de repente pensa nos seus pais transando e odeia o seu cérebro por traumatizá-lo (embora você tenha a minha compaixão). Não, os pensamentos invasivos dos quais estou falando "grudam" na cabeça. Numa terça à tarde comum, do nada você pode se imaginar matando o seu filho ou pulando na frente de um trem, mas em vez de atribuir isso a um tique mental engraçado, você fixa naquilo. O pânico e a repulsa tomam conta de você por pensar numa coisa tão horrível — será que você é um assassino? Será que seria capaz de matar o próprio filho? O terror começa a consumir você por inteiro e isso induz padrões de pensamento cada vez mais emaranhados para tentar "neutralizar" o pensamento inicial. Tente argumentar com o seu cérebro exausto e em pânico sobre a possibilidade de você ser ou não um pedófilo por doze horas seguidas e aí me diga se acha que a sua necessidade de alinhar os sapatos de um jeito organizado é TOC.

Em *Mad Girl*, livro de memórias sobre transtornos mentais, a escritora Bryony Gordon descreve em detalhes como essas obsessões se arraigaram. Uma fobia de germes que a deixava "tão apavorada de ter sangue nas mãos que comecei a lavá-las o máximo possível, e a ironia é que elas logo começaram a rachar e sangrar".[26] Depois, Bryony passou a achar que podia ter assassinado alguém. O cérebro com TOC pode chegar a esse ponto. Uma vez, dirigi em torno de uma rotatória várias vezes pensando que tinha atropelado uma pessoa. Não tinha ninguém ali. Mas o meu cérebro não se convence.

Quando não está caindo num abismo tentando parar os pensamentos horríveis, talvez esteja agindo de forma compulsiva. Esse padrão é mais ou menos assim: você imagina a sua família morrendo num acidente horrível. Entra em pânico com esse pensamento e tenta achar uma forma de impedi-lo. Então, a mente barganha consigo mesma. É só ligar e desligar aquele interruptor 25 vezes ao entrar no quarto que ninguém vai morrer. Mas não se esqueça de fazer isso! Ah, você acha que pulou uma vez? Bom, pule mais cinco vezes só por garantia. E talvez seja bom colocar mais um pulinho de reserva — só por precaução. Lave as mãos até elas ficarem em carne viva, sangrando e rachadas. Algo ainda parece errado? Faça de novo. Porque se você ferrar tudo a sua família pode morrer. Aos nove anos, eu achava que a minha mãe morreria se eu não apagasse a luz do jeito certo. E eu não sabia exatamente que jeito era esse, apenas que eu "sentiria" quando fosse. Isso significava ligar e desligar a luz por horas. Sim, parece idiota, mas eu tinha nove anos e achava que a minha mãe ia morrer. Não é algo com que se possa discutir racionalmente quando se tem TOC. Assim é a doença. É o labirinto mental impossível no qual você se encontra. Tem um bom motivo para o TOC ser chamado de "doença da dúvida".

Ah, e só para dar uma melhorada no clima, vou dizer que também gosto, sim, de uma toalha bem-pendurada.

Para quem tem TOC sem compulsões físicas, há apenas um ciclo de pensamentos irracionais zumbindo pelo cérebro. Maz (nome fictício) é divorciado e sua ex-mulher tem a guarda das crianças. Maz me disse que é engolido por pensamentos incansáveis de que os filhos vão se ferir gravemente. "São imagens de acidentes, das crianças chorando, de vê-las escapando por um triz de um carro ou caindo de varandas ou seja lá a merda que for." Maz pensa que os filhos morreram quando não consegue entrar em contato com a ex. Assim, começa a entrar fisicamente em pânico, o que só leva a outros pensamentos invasivos. Às vezes, Maz se convence de que os pensamentos são premonições ou de que já aconteceram, e então corre para ver as crianças. O alívio sempre é fugaz, pois há limite para a garantia de que está tudo bem (eu costumava passar horas pesquisando TOC no Google para tentar me acalmar, mas funcionava só por um tempinho — quando funcionava —, e acabava estimulando novos medos, porque eu acabava dando credibilidade a eles). Mesmo sem compulsões, você está sempre tentando contrabalançar os pensamentos terríveis, o que pode causar exaustão e sofrimento enorme. Maz sente que se torna uma casa vazia quando está em meio aos pensamentos invasivos: "Eu mal consigo me expressar ou respirar, a luz da manhã e o ar doem, fico convencido de que nada vai acabar bem."

Eu conheço esse sofrimento. Às vezes, as ruminações ficam tão ruins quanto um velho disco arranhado. Você está tão exaurido mentalmente que começa a repetir palavras, frases e dizeres para si mesmo. Não conseguir sair do círculo faz a pessoa com TOC perder as esperanças. Isso, por sua vez, provoca medo, depois sintomas físicos, e daí de volta aos pensamentos obsessivos. Acha que estou sendo dramática demais? Posso garantir que, quando muito, estou minimizando apenas por falta de espaço.

Síndrome do pânico

É caracterizada por ataques de pânico — uma distorção extrema da reação de luta ou fuga. O que é isso? A reação de luta ou fuga é uma reação humana básica desengatilhada quando sentimos uma emoção negativa, como o medo. Obviamente, é muito normal sentir medo quando se está em perigo.

A reação evoluiu para que possamos agir rápido numa situação ameaçadora: lutar ou fugir. A adrenalina liberada nesse momento permite que sejamos capazes de nos mover mais velozmente, nos dá força e aguça os nossos reflexos — alguns acham que é o que provoca demonstrações incríveis de força durante momentos críticos, como as mães que conseguem levantar um carro sozinha para tirá-lo de cima do filho. O nome desse fenômeno é ótimo: "força histérica".

Porém, ataques de pânico podem acontecer quando não existe perigo real por perto e podem ser causados por alarmes falsos. A adrenalina e o cortisol produzidos passam a trabalhar contra nós e iniciam sintomas como hiperventilação, tontura e tremores que só acabam quando o medo passa. Só que o perigo parece tão real que é difícil acreditar que não há nada a temer. Então os ataques recomeçam.

Antes de eu explicar os variados sintomas provocados por episódios assim, é útil descrever como é *ter* um deles de fato. O pior ataque de pânico que já tive aconteceu em Finchley, no norte de Londres. Poderia ter sido em qualquer lugar. Eu tinha dezoito anos e dirigia por uma rua principal durante uma tempestade terrível. Os carros começavam a seguir em fila, bem devagar, a chuva torrencial obrigava os motoristas a atravessarem um verdadeiro lago no meio da rua. Meu coração batia rápido e a minha pele de repente pareceu congelada, embora eu suasse muito. Quando me aproximei do "lago", um ruído branco berrou nos meus ouvidos e tudo começou a ficar preto. Manchas e flashes surgiam diante dos meus olhos e eu não conseguia respirar. De verdade. Eu arfava, mas o ar parecia não entrar nos meus pulmões. Cada parte do meu corpo tremia e nada mais parecia real. Pernas e braços pareciam destacados do tronco e eu, de fato, pensei que fosse morrer naquele carro, cruzando uma rua em meio à tempestade.

É claro que eu não morri. Atravessei. Encostei o carro e fiquei por uns vinte minutos chorando e tremendo sem controle até conseguir ir embora. Obviamente, evitei aquele cruzamento por anos.

Eleanor Morgan, autora de *Anxiety for Beginners*, descreve de forma ainda mais visceral o primeiro ataque de pânico que teve. O primeiro é o mais assustador; é ele que faz a gente acreditar que está morrendo. Depois, você talvez saiba que não está, embora o seu corpo insista em dizer que você está errado. Mas o primeiro, meu Deus... Morgan estava na escola e correu para o banheiro, achando que ia vomitar. Mas, em vez disso, o cubículo começou a rodar em torno dela, e as paredes "pareciam massa de vidraceiro".

"Nada fazia sentido para nenhum dos meus sentidos [...] O que, senão a morte, poderia ser o fim de uma queda livre física e mental daquela proporção?"[27]

Como os de Eleanor, os ataques de Beth começaram na adolescência. Ela conta que os sintomas a aterrorizavam porque pareciam uma doença física, como ocorre com tanta gente no início. "Por muito tempo as pessoas definitivamente não acreditaram em mim quando eu tentava explicar como me sentia. Quando isso começou, os sintomas eram os mesmos de um ataque cardíaco, meus braços ficavam pesados, meu corpo todo ficava entorpecido e formigando, eu não enxergava, meu corpo parecia estar desligando. Era assustador. As pernas viravam gelatina, eu tremia, ficava com frio, meu estômago revirava, eu ficava tonta. Aliás, tudo isso acontece até hoje. É algo que pode me derrubar até o dia seguinte, ou seja, é bem divertido. Eu fico tão tensa durante esses episódios que quando volto a ficar calma eu me causo mais mal ainda. Odeio não ter controle sobre essas coisas, então, minha forma de lidar é tentar reprimir. Nunca funcionou."

Os ataques de pânico de Catherine também começaram na escola. Mais especificamente durante um período de estresse: as provas do vestibular. Como é comum, os sintomas no início eram físicos. "Quando eu era adolescente e não entendia que tinha ansiedade ou estava tendo ataques de pânico, meus sintomas eram físicos — coração acelerado, pernas fracas, visão borrada, nó no estômago, hiperventilação etc.", contou Catherine. "Quando busquei saber mais sobre os sintomas e a reação de luta ou fuga, minhas respostas físicas suavizaram-se e os sintomas se tornaram mais mentais. Meus ataques de pânico, hoje, se manifestam como uma sensação de tensão e visão ligeiramente borrada, e, em geral, são incontroláveis, com pensamentos rápidos correndo e sensação de dissociação."

Ter síndrome do pânico significa passar por vários desses episódios por dia — eles podem durar até vinte minutos, mas já foram registrados ataques ainda mais longos. Imagine o medo que apenas um ataque de pânico pode provocar. Tremor, dificuldade de respirar, náusea, dor no peito, medo de morrer. A queda violenta depois que a adrenalina deixa o corpo. Imagine, ainda, o quanto você se esforçaria para evitar que isso se repetisse. Assim como eu fazia no carro, pessoas com síndrome do pânico muitas vezes evitam um lugar onde tiveram um ataque, o que pode limitar os seus lugares "seguros" de forma assustadoramente rápida. Embora a tentativa de não prenunciar um ataque talvez pareça sensata, na verdade, isso só reforça o medo ao legitimá-lo. Uma pessoa com síndrome do pânico vive com pavor de um ataque, mas também tem temores mais genéricos, o que quer dizer que, no fundo, nenhum espaço é realmente seguro.

Catherine identificou a causa dos ataques e embora cada um seja diferente, reconheço vários gatilhos meus na fala dela: "Me sentir fora de controle ou achar que não sei o suficiente sobre alguma coisa. Por exemplo: ir ao centro da cidade sem um plano de como voltar para casa, fazer coisas espontâneas ou ir para uma aula ou prova na faculdade sem me preparar."

"O segundo tema dos gatilhos parece ter a ver com saúde, coisas como efeitos colaterais de antibióticos ou achar que posso estar tendo reações alérgicas. Às vezes, eu também entro em pânico por causa do medo de desmaiar. Se estou com muita fome ou faço exercícios físicos pesados demais, posso ter um ataque de pânico por medo de desfalecer."

Embora ainda tenha crises, Catherine fez algo que eu não fiz na idade dela: buscou ajuda. Começou a fazer terapia cognitivo-comportamental (TCC) e também usa estratégias de enfrentamento quando sente que está para ter um ataque.

"No momento do pânico, minha estratégia mais comum é respirar fundo, beber água e dizer na minha cabeça: 'Não tem ameaça alguma, vai ficar tudo bem, fique calma.' Eu posso me destacar da situação se o pânico for bastante ruim, mas, em geral, me obrigo a ficar e passar por aquilo para provar a mim mesma que o motivo do pânico não vai me fazer mal. Em termos de prevenção, baseio-me sobretudo no estilo de vida: durmo uma quantidade correta de horas, me alimento bem, tomo vitaminas, saio para caminhar. Procuro me manter saudável e desestressada. Se estou ansiosa, consigo reconhecer quando estou forçando demais e quando preciso de um tempo para mim."

Fobias

Quase todo mundo tem medo de alguma coisa estranha. O NHS estima que dez milhões de pessoas no Reino Unido tenham algum tipo de fobia.[28] Minha mãe odeia ratos. Por anos, ela não permitiu nem que a palavra sequer fosse dita na sua frente. Tínhamos que dizer "camundongo grande". Minha mãe é incrivelmente forte, inteligente e corajosa, mas eu já presenciei a transformação dela em maluca histérica quando confrontada com um "camundongo grande". Uma caminhada no campo há alguns anos virou uma comédia quando vimos um rato vinte metros à frente. "MANDA ELE IR EMBO-RA", gritava ela sem parar enquanto apertava o meu braço. Não ajudou eu começar a rir descontroladamente com esse pedido. Não sou uma filha muito boa. Ela pode escrever um livro sobre isso.

Fobias podem mudar uma vida. Tudo bem, minha mãe quase nunca entra em contato com ratos, mas outras pessoas não têm tanta sorte com os seus medos. E a sensação de perigo pode ser muito perturbadora, seja ele real ou não.

Em geral, as fobias caem em uma das duas categorias — específicas ou complexas. Minha mãe tem uma específica. Fobias de animais são comuns, assim como altura, sangue, vômito ou aviões. Se você tem medo de algo específico, normalmente faz o possível para evitar aquilo. Se tem fobia de aranhas enormes e não mora na Austrália, talvez não ache isso muito restritivo. No entanto, quando é algo impossível de evitar, você vê que o seu mundo encolhe. Eu desenvolvi medo de voar aos dezoito anos. Até então tinha me sentido bem em aviões, mas de repente não conseguia mais entrar em um. Ficava apavorada. Perdi férias divertidas em família, aventuras entre amigos e viagens de trabalho. De vez em quando, fazia percursos enormes de trem, fingindo que era uma forma divertida de viajar, mas me sentia ridícula e imobilizada. Eu tremia só de pensar numa viagem de avião, o que me dava uma sensação de restrição total.

Fobias complexas são ainda mais difíceis de superar. Esse termo em geral se refere à agorafobia e à fobia social. A primeira costuma ser entendida como medo de espaços abertos amplos (um deserto? A superfície lunar?), porém é mais comum que signifique ansiedade sobre como chegar sem desencadear pânico em locais onde o auxílio não seja óbvio. Pessoas ansiosas muitas vezes buscam por saídas de emergência — literais ou metafóricas. Isso pode significar opressão dentro do metrô ou num supermercado lotado. Mais uma vez, isso quer dizer que um agorafóbico talvez limite os lugares que frequenta. Na pior das hipóteses, pode significar ficar preso em casa — o único lugar em que alguém talvez se sinta seguro de verdade. A agorafobia frequentemente surge depois de uma experiência ruim — ficar preso num elevador ou sofrer um acidente. O professor Kevin Gournay, especialista na condição, estima que cerca de 1% da população do Reino Unido seja afetada por agorafobia severa.[29]

Talvez soe a você como claustrofobia — a diferença é pequena, mas importante. Claustrofobia é o medo extremo de espaços confinados ou fechados. Na agorafobia, há o medo de qualquer lugar que possa dificultar uma saída fácil, levando a um ataque de pânico ou ansiedade extrema.

Transtorno de ansiedade social

O transtorno de ansiedade social também é chamado de fobia social. Assim como se sentir um pouco triste não é depressão, ansiedade social não é ficar tímido na festa de fim de ano da firma. É uma doença incapacitante que pode incluir medos específicos, como o de conhecer pessoas novas, de falar em público, preocupar-se em passar vergonha e ter ataques de pânico em situações em que a pessoa é forçada a interagir com alguém. Quem tem ansiedade social tem uma qualidade de vida pior, está propensa a abuso de álcool e drogas e suicídio. No Reino Unido, acredita-se que cerca de cinco a cada cem pessoas tenha algum grau de ansiedade social, e ela afeta mais mulheres do que homens.[30] Talvez não seja surpreendente, mas o quadro tende a se desenvolver na adolescência e é improvável que melhore sem ajuda.

Ruchira me contou que tem medo da percepção dos outros sobre ela desde que se lembra por gente. Embora sempre tenha sido um aspecto desconfortável, só na faculdade o elemento de ansiedade se apresentou de fato. "Eu saía no meio de um seminário e ia hiperventilar no banheiro. Era impossível retornar sem que isso se repetisse. Era o que eu chamava de crise — antes disso, a minha ansiedade tinha me bloqueado de formas menores, como nervosismo em multidões, medo de olharem para mim e de ir a eventos, coisas que nunca percebi como diferentes ou que eu não precisava sentir."

Ruchira explicou que nunca pensou em si mesma como alguém que enfrentaria esse problema — mas, na verdade, quem pensa? "Sou muito confiante e extrovertida. Me divertia bastante saindo e conhecendo gente nova [antes], então, a ideia de que eu tinha ansiedade social me desconcertou. Acho que esse transtorno se apresenta de formas diferentes para diversas pessoas, e a minha versão tinha a ver com como sou avaliada em cenários profissionais ou pela minha aparência. 'Ser levada a sério' sempre foi uma fonte de ansiedade enorme, porque eu tinha construído uma hipótese de que a minha cara de nova significava que eu tinha que compensar isso ou contrabalançar os pensamentos dos outros antes que me conhecessem melhor."

A ansiedade chegou a níveis tão altos que Ruchira buscou ajuda, mas isso demorou um pouco. "Tudo isso veio numa época em que eu quase nunca saía de casa e estava no fundo do poço. A TCC me fez perceber que muito vinha de um medo de morrer ou de desmaiar na frente de alguém que eu achava que fosse me julgar. Essa mistura de pânico e ansiedade social que crescia descontroladamente havia anos tinha se transformado em algo que me impedia de caminhar em meio a multidões, entrar no metrô, pedir comida ou qualquer coisa sem explodir num ataque de pânico. A TCC ajudou muito — junto com uma receita de citalopram [ISRS]."

Como podemos ver, a ansiedade social não tem nada a ver com timidez.

Transtorno do estresse pós-traumático (TEPT)

O *Manual diagnóstico e estatístico de transtornos mentais* (*DSM*, na sigla em inglês) fornece definições de todo tipo de transtorno mental. Ele explica que os gatilhos de TEPT incluem exposição a: morte real, ameaça de morte, acidente grave ou abuso sexual. O trauma, independente do gatilho, causa muito sofrimento ou danos às interações sociais e habilidade de alguém trabalhar ou funcionar de forma normal.

O TEPT é mais compreendido da forma que ocorre em soldados após o combate — registrado historicamente durante a Guerra Civil Americana como "síndrome do coração irritável", na Primeira Guerra Mundial como "choque da granada" e na Segunda Guerra Mundial como "síndrome de esforço" ou "neurose da guerra".[31] Hoje já se sabe que o TEPT afeta quem passou por abuso sexual, violência, acidentes, parto traumático e desastres. Os sintomas incluem repetir mentalmente o incidente, ter pesadelos, evitar pensamentos e situações relacionados ao gatilho; sensação de insegurança, ataques de pânico e dificuldade de dormir e de concentração. Segundo os números do NHS, estima-se que o TEPT afete uma em cada três pessoas que têm uma experiência traumática, embora não se saiba exatamente por que algumas pessoas são afetadas e outras não.[32]

Pacientes não apenas vivenciam o gatilho claramente, eles também podem reviver a experiência em flashbacks, quando uma palavra, cheiro ou barulho os faz pensar que o trauma está acontecendo de novo. É compreensível que a pessoa com TEPT, muitas vezes, faça de tudo para evitar qualquer coisa que possa provocar um flashback — mudando a sua rotina ou restringindo os lugares que frequenta. Essas pessoas ficam hipervigilantes, atentas para o perigo a todo momento. Isso pode provocar muita ansiedade por causa da pressão mental constante para ficar alerta.

Outros tipos de TEPT já foram definidos, de modo a refletir melhor as diferentes experiências com a doença. Entre eles: TEPT de início tardio, quando os sintomas emergem mais de seis meses após o trauma; e TEPT complexo, que engloba traumas ou abuso crônico e prolongado (alguém que sofreu anos de violência doméstica, por exemplo).

Como acontece com todos os transtornos mentais, os pacientes podem viver por anos com os sintomas antes do diagnóstico. Nicola foi diagnosticada com TEPT já adulta, tendo sido sexualmente abusada pelo pai quando adolescente. Ela só caiu em depressão depois de sair do emprego na Força Aérea Real e voltar à vida civil. Embora tenha sido ofertada assistência psicológica, ela achava difícil falar sobre o que tinha acontecido, em parte porque um terapeuta não "saberia como é passar por isso".

É comum que quem sofre de TEPT tenha medo do estigma. Pessoas que sofrem abuso sexual podem evitar pedir ajuda o mais rápido possível por medo de serem culpabilizadas ou desacreditadas. A isso, somam-se os sentimentos de vergonha e culpa experimentados por muitas pessoas com TEPT.

Tenho a sorte de não vivenciar esse transtorno terrível em nenhum sentido verdadeiro, embora a hipervigilância me seja familiar. Depois de ser perseguida há alguns anos, fui avisada pelo serviço de auxílio psicológico de apoio a vítimas de que poderia apresentar alguns sintomas de TEPT. Não achei provável, já que o meu problema não era tão sério quanto o das pessoas que sofrem desse transtorno, mas com certeza me senti hipervigilante — buscando e sentindo perigo em todo lugar. Eu olhava várias vezes embaixo da cama, trancava e destrancava portas, testava o meu alarme e me sentia à flor da pele, propensa a me assustar com qualquer barulho ou movimento. Também já estava me sentindo bastante ansiosa, com todos os sintomas de sempre ligados no máximo. Como em todas as doenças ligadas à ansiedade, pode ser difícil decifrar qual se está vivenciando. Se parece que você pode estar sofrendo de TEPT, há muitos recursos disponíveis — começando pelo seu próprio médico, mas incluindo organizações de saúde mental que disponibilizam informações on-line, como Mind e Combat Stress (para a saúde mental de veteranos), associações de psiquiatras e de transtorno do estresse pós-traumático. Há links para algumas delas, no Reino Unido, ao fim do livro.

Transtorno de ansiedade generalizada (TAG)

Olá, velho amigo! O transtorno de ansiedade generalizada é meio o que parece — um nível flutuante, mas excessivo de preocupação que não pode ser ignorado. Estima-se que quase 6% das pessoas sofrem de transtorno de ansiedade generalizada no Reino Unido,[33] e o *DSM-5* (a quinta edição do sistema de diagnóstico mais popular para transtornos mentais nos Estados Unidos) diz que o tempo de sofrimento pré-diagnóstico é importante — em geral, seis meses, o que destaca a diferença entre aqueles com preocupações baseadas em algo específico da vida e aqueles para quem as preocupações não vão passar, não importa o que aconteça. Esse tipo de ansiedade significa que você se preocupa mesmo quando não há nada errado de verdade ou reage de forma desproporcional a qualquer risco real. Quando supera uma preocupação, outra aparece, e, em todos os casos, a mente sempre pende para o pior cenário possível.

Essas preocupações quase sempre têm um efeito físico também. A pessoa pode "sentir" uma sensação de ruína iminente, dores de cabeça, insônia ou esgotamento completo o tempo todo. Outras consequências divertidas do TAG que eu mesma vivenciei eram uma memória de curto prazo terrível, dificuldade de me concentrar em qualquer coisa e uma sensação gigantesca de irritação comigo mesma e com os outros. Há inúmeros outros sintomas que eu às vezes ainda pesquiso em sites médicos duvidosos como um agradinho para mim mesma (mentira: eu faço isso sempre que sinto alguma dor esquisita). O transtorno afeta mais mulheres do que homens e é um fator contribuinte em alguns casos de depressão, apressando a necessidade de tratamento.

Muito se escreve sobre o estresse no mundo moderno. O Escritório de Estatísticas Nacionais do Reino Unido calcula que 137,3 milhões de dias de trabalho tenham sido perdidos por conta de doenças ou acidentes, e que um terço desses dias tenham a ver com transtornos psicológicos.[34] Somos constantemente bombardeados pela informação que a vida é uma fonte inesgotável de preocupações — dinheiro, trabalho, família, relacionamentos. Esses problemas podem fazer com que até a pessoa mais relaxada se sinta ansiosa. Mas ter TAG quer dizer que você se preocupa *freneticamente* com essas coisas, além de uma série de outras que parecem se associar à preocupação inicial. Posso passar horas me preocupando com dinheiro, o que parece um foco racional, mas a minha mente me leva de imediato para um cenário em que estou desamparada, falida e sendo perseguida por cobradores. Ou de repente me sinto dominada por um medo absurdo de doenças, ou fico pensando se ofendi alguém no trabalho, se lembrei de apagar uma vela em casa. Uma preocupação vai puxando a outra até a mente fervilhar e eu me sentir quase desesperada. Essa rede intrincada se forma na velocidade da luz, e você não sabe por onde começar a lidar com tanta bagunça.

David sofre de TAG, tendo vivido com ansiedade desde sempre. "No pior estágio, o transtorno se manifesta de forma física e emocional. Meu corpo fica tenso, as palmas suam, fico bastante irrequieto e incapaz de me concentrar por longos períodos. Se estou pensando em alguma coisa, fico com dores de estômago fortes, palpitação, suores. Mental e emocionalmente, ele se manifesta com preocupação constante, pensamentos acelerados — a incapacidade de racionalizar as coisas ou conviver com a incerteza. Por exemplo, se não tenho certeza de como será uma reunião no trabalho, fico obcecado com isso o dia todo e não me concentro em mais nada até resolver. Tenho fobias de algumas coisas — voar, intoxicação alimentar e problemas de saúde em geral. É exaustivo em todos os aspectos."

Exaustivo porque o seu corpo todo está tentando gastar a adrenalina em excesso. A adrenalina que vem com o TAG é extraordinária. Minha posição *default* na vida é ficar deitada na cama, dormindo. Porém, no auge da ansiedade, fico com a energia de uma gazela jovem. Poderia fazer polichinelos por horas se não estivesse tão ocupada me sentindo uma merda e mastigando as cutículas enquanto bato os pés e falho em me concentrar em qualquer coisa por mais de trinta segundos. A adrenalina vem como uma onda violenta, derrubando tudo com uma força inacreditável. Você acorda com ela correndo para a sua barriga, subindo pela garganta, dizendo que o perigo está próximo. Adrenalina: ótima em um momento real de crise, péssima quando não há nada com que se preocupar. Parece verdadeira demais para ser ignorada, então, você não faz isso. Alguma coisa deve estar errada. Numa crise de verdade, a adrenalina (e os seus irmãos horríveis, noradrenalina e cortisol) pode ajudar você a puxar uma criança de baixo de um carro com uma força hercúlea. Com a ansiedade, você só se sente fisicamente doente — uma pilha de nervos, suada, trêmula, nauseada. Isso contribui para um ciclo que se retroalimenta: o medo é uma sensação física e a adrenalina pode causar um ataque de pânico. Depois que passa, a pessoa procura razões para justificar o episódio, ruminando pensamentos obsessivos em busca de uma causa legítima. E então gasta muito tempo temendo outro episódio, o que leva a adrenalina extra... e assim por diante.

O outro sintoma de TAG que sempre acho avassalador é a sensação de RUÍNA iminente que ele pode trazer. Eu me lembro de visitar um supermercado com a minha mãe há vários anos e, de repente, sentir que o mundo estava prestes a acabar. As cores da loja pareciam todas erradas e as pessoas ao meu redor eram sinistras e hostis. Eu conseguia sentir a minha energia despencando, como se um dementador do *Harry Potter* estivesse sugando toda a alegria do meu corpo. Eu ali com aquele pavor extremo e as pessoas ao redor simplesmente comprando comida para o jantar. A sensação de ruína é bastante assustadora — você sente que *deve existir* um motivo para ela — e, como as ondas de adrenalina, é difícil de se livrar dela e atribuí-la à ansiedade quando todas as suas células estão dizendo que o perigo se aproxima.

Essa sensação de ruína não é exclusiva minha ou dos meus colegas ansiosos do século XXI. Em 1773, o médico londrino George Cheyne escreveu *The English Malady*, um livro em que aborda a sua própria ansiedade, descrevendo o seu "medo, pavor e terror".[35] Ele pode não ter passado por isso dentro de um supermercado, mas a sensação é a mesma.

Descrevi alguns dos transtornos de ansiedade mais comuns. Mas talvez você não tenha a sensação de ruína iminente, ou os ataques de pânico, ou o tremor esquisito no olho. Isso não quer dizer que não tenha ansiedade nem que a sua experiência seja anormal. Eu poderia escrever um livro apenas sobre os vários sintomas, ou cursar um Ph.D. feito inteiramente de pensamentos insanos e neuroses que tive durante a vida. Só que ninguém leria um livro como esse, provavelmente nem eu. Digo isso para reassegurar que, mesmo que nada do que escrevi aqui se pareça com o que você sente, não quer dizer que a sua ansiedade seja menos horrível ou, de alguma forma, não afete a sua vida tanto quanto a dos outros. A saúde mental não é um jogo de Super Trunfo (isso provavelmente denuncia a minha idade) e, se a ansiedade trouxe algo de positivo para mim, foi aprender a ter mais empatia com o sofrimento alheio. Todo mundo tem problemas. Não minimize os seus nem os compare com os dos outros. Ter uma família amorosa ou um bom emprego não quer dizer que você precisa ficar quieto quando está sofrendo de algum transtorno psicológico — não importa o quanto eles pareçam pequenos. Você sabe melhor do que qualquer um se alguma coisa parece errada na sua cabeça e, se identificar isso, procure ajuda. Esses sintomas, seja lá como eles forem para você, costumam piorar quando a pessoa não intervém. O que funcionou para mim foi terapia, medicamento e corrida. Para você, a ajuda pode ser algo diferente. Faça um esforço sério para buscá-la. Será a melhor coisa que pode fazer por si mesmo e por aqueles que o amam.

A ansiedade não é uma coisa nova. A literatura grega e a latina fazem inúmeras referências a sintomas de medo e preocupação. No século XVII, o pesquisador de Oxford Robert Burton descreveu a ansiedade no seu livro *A anatomia da melancolia*, no qual escreveu que "o que não pode ser curado deve ser suportado"[36] — um ditado muito bom que serve ainda hoje. Ataques de pânico eram chamados de "pantofobias" no século XVIII, e todos nós já ouvimos a frase "ataque de nervos". Em 1869, o médico norte-americano George Miller Beard descreveu a neurastenia — que significa fraqueza nervosa — como uma doença que acometia cada vez mais a classe média.[37] Ele acreditava que as pessoas estavam assoberbadas pelo avanço rápido da sociedade moderna. Nem me fale sobre avanço rápido, Beard: tente usar um parquímetro sem celular, cartão de crédito ou diploma de matemática hoje em dia.

Sigmund Freud escreveu que "ansiedade [é] um enigma cuja solução jogaria uma torrente de luz em toda a nossa existência mental".[38] Ele passava muito tempo pensando sobre esse problema em particular, e, a princípio, achou que a ansiedade tinha algo a ver com o trauma do nascimento. Depois, sugeriu que provavelmente também tinha a ver com o instinto de morte ou alguma forma de agressão operando dentro de nós. Acima de tudo, pensou que era conectada ao desamparo dos bebês — que não podem sobreviver sem o auxílio dos outros, criando um trauma duradouro. Mas, bem, Freud também criou a teoria edipiana, então, estou chocada que ele não tenha, como Philip Larkin, atribuído a ansiedade ao monte de merdas e traumas que os pais colocam na nossa cabeça.

Apesar dessa variedade de material, a ansiedade como transtorno mental independente só foi reconhecida com a publicação do *DSM-3*, em 1980, que possuía um capítulo inteiro sobre o tema.[39] Entre eles, estavam transtornos fóbicos, fobia social, síndrome do pânico, TAG, TOC e TEPT. Uhú! Fomos reconhecidos! É bom finalmente receber algum tipo de apoio… Gostaria de agradecer à minha família, aos meus amigos e ao meu cachorro.

Esse diagnóstico independente foi importante para que a ansiedade não viesse embolada com outras questões psicológicas (embora, é claro, muitas delas se sobreponham). E isso coincidiu com a introdução de tratamentos que podem de fato funcionar. Hoje, graças a Deus, vivemos numa época em que os medicamentos não apenas são eficazes, como também têm o benefício adicional de não serem um castigo horrível. Não somos mais do tempo dos chamados tratamentos "por tentativa" que fizeram pacientes psiquiátricos sofrerem por tempo demais: trepanação (fazer um buraco na cabeça para reduzir a pressão), lobotomia (que envolvia cortar conexões neurais no cérebro para aliviar certas doenças mentais graves), diatermia (usar corrente elétrica no cérebro para dar choques em pacientes com psicose) ou submersão em água congelante para tratar mulheres com histeria. Mulheres histéricas aparecem muito na história — de Hipócrates, que achava que os úteros femininos andavam, ao médico inglês Thomas Sydenham, que escreveu que a histeria era uma doença de que quase todas as mulheres sofriam — "quase nunca há uma totalmente livre dela".[40] Os vitorianos eram loucos para tentar proporcionar orgasmos às mulheres — quisessem elas ou não — para fazê-las parar de ficar infelizes ou irritadas talvez por não serem as esposas perfeitas subservientes que eles esperavam. Entre 1864 e 1889, entradas de um hospital psiquiátrico na Virginia registraram motivos que levaram à doença. Incluíam: preguiça, vaidade, decepção amorosa, "doença feminina", problemas femininos imaginários, ciúme, religião, asma, masturbação e "maus hábitos".[41] Por serem preocupantemente vagas, embora não tenham sido listadas como razão principal para admissão, elas parecem difíceis de refutar.

Se quiser ler mais sobre como as mulheres com problemas de saúde mental foram tratadas ao longo dos anos, leia *Tristes, loucas e más*, de Lisa Appignanesi.[42] De forma fascinante, ela mostra como somos muito mais propensas a sermos categorizadas como pacientes psiquiátricas ou "desequilibradas" do que os homens.

Em geral, há um consenso de que o tratamento mais eficaz para a ansiedade é a terapia, e muitos dão crédito a Freud por trazê-la ao primeiro plano. Seu famoso tratado sobre o tratamento de Josef Breuer da paciente Anna O. (que mais tarde revelou-se ser a austríaca Bertha Pappenheim, fundadora da Liga de Mulheres Judias) é amplamente considerado como o início da psicanálise. Adivinha com o que ela foi diagnosticada? Isso mesmo, histeria.

A terapia cognitivo-comportamental (TCC) hoje é vista como um dos tipos mais eficazes para transtornos de ansiedade — e é recomendada pelo NHS.[43] Desenvolvida nos anos 1960 por Aaron Beck, é uma forma de terapia que envolve reexaminar os seus padrões de pensamento e desafiar os comportamentos negativos. A TCC também é recomendada em caso de depressão, esquizofrenia e transtorno bipolar, e há evidências de que pode ajudar com fadiga crônica, comportamento agressivo e problemas de sono. Já tendo sido atendida por terapeutas que adoravam voltar ao início da minha infância e a partir daí passar por toda a minha vida na tentativa de encontrar o elemento-chave que me deixava ansiosa, fiquei aliviada em tentar TCC e cortar boa parte desse processo. A primeira coisa que recebi foi uma lição de casa — uma folha de papel com retângulos. Neles, eu tinha que escrever os meus pensamentos mais irracionais e o que eu achava que aconteceria se o pior deles se realizasse. Às vezes, as folhas ficavam deste jeito:

Grande preocupação: E se eu começar a ouvir vozes e acreditar que alienígenas estão tentando me abduzir?

Probabilidade: ALTA.

Conclusão: Terei que ir para um hospício e nunca mais vou ver a minha família.

Depois, a lição de casa exigia que eu escrevesse de novo a preocupação e considerasse uma conclusão mais realista:

Grande preocupação: E se eu começar a ouvir vozes e acreditar que alienígenas estão tentando me abduzir?

Probabilidade: Na verdade, bem baixa — em 2014, relatos estimam que 0,7% da população do Reino Unido mostrou sintomas de psicose.[44]

Conclusão: Embora exista uma chance mínima de eu talvez ter uma doença psicótica, há muita gente que vive uma vida plena enquanto lida com problemas sérios de saúde mental, e, hoje em dia, muito poucos acabam no que eu chamo de "hospício". Haveria um plano de ação e eu teria bastante apoio.

Esse método me deixou cética — eu lidava com preocupações catastróficas havia anos; parecia simplista demais escrever as minhas preocupações e tentar reformulá-las. Mas querem saber de uma coisa? Começou a funcionar. Eu escrevia essas conclusões alternativas e logo as esquecia. Depois, quando aparecia uma preocupação nova e *mais assustadora*, eu tinha o meu surto normal e começava e cair no abismo da catástrofe. No entanto, nesse momento, algo me impedia — eu lembrava da folha de exercícios e me perguntava se seria capaz de enxergar um resultado diferente, se por acaso poderia escolher o quão longe levaria esse pensamento. Ainda faço isso às vezes, quando sinto os meus pensamentos acelerando e tenho que refreá-los.

A TCC funcionou para mim e para muitos outros que tiveram a sorte de ter acesso a ela. Porém, o tempo da lista de espera atual do NHS significa que os medicamentos ainda são a primeira opção.[45] Enquanto escrevia este livro, muitas das pessoas com quem falei ainda estavam na fila por um número limitado de sessões de TCC, tomando remédios enquanto esperavam. A classe de medicamento mais comum a ser receitada para transtornos de ansiedade são os inibidores de seletivos da recaptação de serotonina (ISRS), que, acredita-se, aumentam os níveis de serotonina química no cérebro. Após carregar uma mensagem entre as células nervosas no cérebro, a serotonina, em geral, é reabsorvida por elas. Os ISRS bloqueiam essa absorção, o que significa que mais serotonina fica disponível para passar outras mensagens entre células nervosas próximas. Também é possível que lhe ofereçam inibidores seletivos da recaptação de serotonina e noradrenalina (ISRSN), que aumentam os dois componentes químicos, ou benzodiazepinas, que têm efeito sedativo e não podem ser usados por um período longo porque são viciantes. Falando por mim, esses remédios são simplesmente incríveis por um tempo curto, quando enfrentar o dia se torna algo muito difícil. Mas tenha em mente que o médico não vai receitá-los por mais de duas semanas, e por bons motivos. Sobretudo se você chegar ao consultório com olhos esbugalhados, elogiando o remédio e insistindo em voz alta que precisa de mais. Essa não foi a minha jogada mais sutil.

Independente de quais medicamentos sejam receitados, você vai começar com uma dose baixa e será monitorado pelo médico para ver se precisa de uma dose mais alta e para checar os efeitos colaterais. Não espere alívio imediato; em geral, essas drogas só fazem o efeito completo de duas a quatro semanas após o início do tratamento. Sei que esses dias parecem intermináveis, mas não pare de tomar os remédios nem perca as esperanças.

Como acontece com tantas coisas relacionadas a transtornos mentais, tomar remédios ainda carrega um estigma enorme. Isso, em parte, acontece porque quem não teve motivos para tomá-los acha difícil entender por que as pessoas o tomam. Também tem a ver com ignorância ou falta de instrução sobre o que os medicamentos realmente *fazem*. A divulgação em determinadas mídias não ajuda, para dizer o mínimo. UMA NAÇÃO VICIADA EM PÍLULAS DA FELICIDADE, o *Daily Mail* gritava no fim de 2017[46] — dizendo que nós, que tomamos antidepressivos, fazemos isso em busca de uma solução fácil ou de um barato que não existe.

Então, para deixar claro: tomar antidepressivos *não* quer dizer que você é louco. *Não* quer dizer que você é perigoso. Eles *definitivamente* não fazem você virar um robô incapaz de sentir emoções. Mas ainda assim sentimos vergonha ou hesitamos em contar isso para as pessoas que amamos. Uma pesquisa de 2011 mostrou que uma em três mulheres no Reino Unido vai tomar antidepressivos na vida, mas 18% não vai contar isso para a família e uma em dez não vai contar para o cônjuge.[47] Eu mesma hesitei em dizer ao meu parceiro que tomava remédios, preocupada de que ele pensasse mal de mim. Ridículo, eu sei. E ele não pensou. Mesmo.

Eu não deveria ter que explicar por que é tão importante não julgar alguém por tomar remédios quando essa pessoa está sofrendo. Eu amaria viver num mundo onde tomar ISRS fosse como tomar paracetamol para uma dor de cabeça. Mas ainda não estamos nesse ponto. Eu utilizo de forma intermitente há anos, mas não contei a ninguém por medo de parecer anormal. Eu não conhecia ninguém que tomasse e não queria ser diferente. A questão, porém, é que eu conhecia. Um monte de gente. Quando enfim comecei a contar às pessoas (devagar e com cuidado), muitos amigos e familiares disseram que também já tinham tomado por algum motivo em determinado momento da vida, fosse por meses, ou até mesmo anos. Alguns insistiram que nunca iam parar. Outros ficaram surpresos por eu estar sendo tão sincera, e me aconselharam a não dizer isso a possíveis empregadores, mostrando que o estigma é *real*.

Não cheguei a conclusão alguma sobre por quanto tempo vou continuar fazendo uso deles, mas sei que, pessoalmente, eles me tiraram do abismo do desespero e me devolveram a um lugar no qual eu poderia pensar sobre outra coisa que não a morte e a destruição. Eles não fizeram as minhas emoções sumirem, mas me permitiram sentir algo diferente de infelicidade completa. Eles me deram a chance de começar a descobrir o que me ajudaria a ser feliz de verdade. Porque, sinto muito decepcioná-los, esses remédios não fazem ninguém feliz — mesmo que reportagens alarmistas alardeiem a existência de drogas alucinantes. Eles só oferecem uma chance de não se sentir absurdamente triste. Esses remédios não funcionam para todos, no entanto, e podem vir com alguns efeitos colaterais muito sérios. Eu tenho suores noturnos (nojentos e divertidos de explicar para um novo parceiro), e você pode sentir náusea, tontura ou redução da libido, mas não é sempre que isso acontece, e será preciso decidir sozinho o quanto disso você consegue aguentar. De qualquer forma, não fique assustado ou proíba a si mesmo de tomar o remédio por medo de gente que vai julgar você sem nunca ter experimentado as suas tristezas e as suas preocupações. Sorte a delas, mas faça o que é melhor para você.

Se você precisa de mais argumentos, uma pesquisa de 2018 (publicada na *The Lancet*) estudou a eficácia de vinte e um antidepressivos e descobriu que todas as drogas testadas eram mais eficientes que um placebo em adultos com transtorno depressivo grave.[48] Infelizmente, os dados não revelam qual remédio tem maior probabilidade de funcionar melhor para cada indivíduo. O estudo durou seis anos e foi aplaudido por muitos especialistas, que o anunciaram como um golpe ao estigma duradouro que ainda cerca os medicamentos para ansiedade e depressão.

Apesar de toda a terapia e dos medicamentos que tive a sorte de receber, nunca consegui me equilibrar por completo. Os remédios me tiraram da ruína, a terapia garantiu que eu conseguisse manter os meus pensamentos mais ou menos sob controle; no entanto, sempre achei que as duas coisas só podiam me ajudar até um certo ponto. Era como se eu estivesse sempre parada timidamente no topo de uma montanha, enquanto todos passavam por mim esquiando e me chamando lá para baixo (nunca esquiei e me parece absolutamente assustador). Tudo bem — nenhuma cura é milagrosa e não se pode esperar alívio total com um só remédio. Fico feliz de ter sido ajudada por ambas as ferramentas, e ainda sou grata por terem me levado a um estágio em que eu conseguisse encontrar outras coisas para ajudar.

Coisas que podiam me auxiliar a estar feliz de verdade, não apenas "controlada".

Não que estar controlada seja algo ruim, mas pode ser decepcionante. Quando você chega lá, parece incrível — é como se tivesse conseguido ultrapassar um obstáculo gigantesco. Mas então você descobre que há outros obstáculos adiante, e é frustrante quando você também quer superá-los. É outra pequena fonte de aborrecimento que transtornos psicológicos muitas vezes trazem — não importa quão longe você chegou na sua recuperação ou na gestão da doença, há sempre outros níveis para superar, novos medos para confrontar. A jornada nunca acaba — não há final feliz para as preocupações. É um processo longo e, às vezes, lento, mas uma vez nele, você vai ver o quanto é melhor do que a alternativa. Isso não quer dizer que você não vai desanimar de vez em quando, então lembre-se do quão longe você chegou. E, correndo o risco de parecer um palestrante motivacional, o seu progresso é só seu. Quando percebi ser capaz de entrar no metrô sem desmaiar pela primeira vez em dezesseis anos, fiquei mais orgulhosa que um pai de aluno numa apresentação de escola. O sentimento foi indescritível, e carrego essa lembrança comigo quando não me sinto tão orgulhosa ou competente quanto os outros ao meu redor. Um passo de cada vez.

3 KM - QUE SOFRAM AS CRIANCINHAS

Hoje, corri por dez minutos sem checar o cronômetro. É algo inédito — em geral, não consigo deixar de ver o progresso que consegui (ou, pior, o que não consegui). Dez minutos parece um marco — uma conquista concreta que não posso desprezar. Dez minutos em linha reta, para longe do santuário da minha casa. Como sempre, a minha mente protestou no início — começando com perguntas do tipo "e se" —, tentando me fazer voltar para casa. Porém, depois de cinco minutos, eu parei de escutá-la. Estava preocupada com os grupos de crianças de uniforme escolar comendo frango frito na frente do portão do colégio e com as mulheres com seus carrinhos de bebê enormes e suas sacolas de compras, o que me forçou a ir para a rua. Me afastei da via principal e segui morro acima. Meus braços pareciam acionar o meu corpo, balançando de um lado para o outro enquanto eu me apoiava na parte da frente da planta dos pés e acelerava. O trajeto me deixou feliz, como se eu estivesse acostumada a fazer isso todos os dias, como se os meus membros só estivessem fazendo o que amavam. Cada parte do meu corpo parecia vez sincronizada pela primeira vez, como se eu fosse uma corredora natural e não uma amadora. Consegui chegar a dezoito minutos e, com isso, veio a euforia física.

A infância é, espera-se, uma época para aprender e explorar, livre de certos pesos da vida adulta. Também costuma ser a época em que nos exercitamos mais, embora um estudo da University College London de 2013 tenha descoberto que crianças britânicas não chegam nem perto de fazer exercício suficiente.[49] E é importante que elas façam um monte. A Organização Mundial da Saúde (OMS) recomenda que crianças entre cinco e 17 anos façam ao menos uma hora de atividade física por dia, para fortalecer o coração e os ossos, aumentar a mobilidade e manter um peso saudável. Uma pesquisa feita na Noruega em 2017 foi além, mostrando que exercício moderado a vigoroso em crianças de seis a oito anos diminui a probabilidade de aparecimento de sintomas de transtorno depressivo grave dois anos depois.[50] Inevitavelmente, o estudo também mostrou que, quanto mais velhas ficavam as crianças, menos atividade física elas faziam por dia. Talvez seja por isso que agora é possível comprar um Fitbit desenhado especificamente para crianças — encorajando-as a dar duzentos e cinquenta passos a cada hora. Suspeito de que não teria funcionado numa menina como eu.

Durante a infância, eu não fazia essa hora exigida; não fazia nem quinze minutos de exercício por dia. Eu estava determinada a fazer sempre o menos possível sem ser repreendida. Desde muito cedo, percebi que a garota gordinha com pouco espírito de equipe provavelmente não seria escolhida para o futebol ou corridas de revezamento. Um orgulho juvenil e uma dose saudável de inibição fizeram com que eu nem mesmo tentasse. Durante anos, fiquei de fora de cabos de guerra, taco, testes de aptidão, natação e tênis. Eu não corria para pegar o ônibus. Eu não brincava nem de correr para beijar os meninos (embora ache que eles também não fossem fazer fila para isso, aqueles idiotas). Não me arrependi de nada disso até bem mais tarde.

Em vez disso, eu ficava parada a maior parte do tempo. Fazia outras coisas. Lia, pintava, descobri a TV e comia *muito*. Não desenvolvi habilidades em basquete nem ganhei nenhuma corrida de revezamento. Em vez de fazer essas coisas, foquei em aperfeiçoar o meu problema de ansiedade. É claro que eu não sabia que tinha um problema de ansiedade. Só chorava sem parar quando minha mãe saía, imaginando que coisas horríveis aconteceriam com ela no mundo perigoso e terrível do outro lado da porta. Ficava doente com mais frequência do que as outras crianças. Me assustava com coisas que nem eram dignas de tal reação — uma pintura surrealista, uma música, um barulho alto de carro. Não queria experimentar coisas novas. Meu peito doía muito. Meu estômago doía. Eu tinha pesadelos e me preocupava demais com as pessoas que amava para uma criança tão pequena.

Embora o NHS estime que trezentas mil pessoas tenham transtorno de ansiedade, apenas de 2% a 5% das crianças com menos de doze anos são afetadas.[51] Eu fui uma delas. Sorte minha!

Lembro-me de exemplos anteriores de ansiedade de separação, mas a minha recordação mais clara de ansiedade quando criança foi aos sete anos, numa festa da escola com a minha mãe. O meu peito começou a doer na fila da barraca de comida. Doía demais. Fiquei quieta e segurei o meu pescoço, tentando respirar normalmente. Pedi à minha mãe para irmos para casa, mas tínhamos acabado de chegar e não havia nada de errado comigo — pelo menos, nada que eu conseguisse explicar de maneira adequada. No fim, acabamos indo embora cedo porque não dei sossego. Estava me sentindo estranha e esquisita. Mesmo aos sete anos, eu sabia que minha casa poderia oferecer a segurança que eu queria.

Esse pequeno episódio seria apenas um gostinho do que viria depois, ainda que fosse levar muitos anos até eu ter alguma ideia do que havia de errado comigo.

A ansiedade me acompanha desde que consigo me lembrar, indo e vindo ao longo dos anos. Quando pensava ter conseguido lidar com ela ou bani-la para sempre, ela reaparecia triunfante, trazendo consigo sintomas novos e ainda mais aterrorizantes.

Aos onze anos, comecei a sexta série e a mudança me fez entrar em parafuso. Eu chorava todos os dias, como muitas outras crianças que odeiam mudar de escola e fazer novos amigos, mas não parou por aí. Desenvolvi tiques de TOC — engolir sempre que tinha um pensamento ruim ou negativo, piscar para neutralizar medos sobre a escola e, o mais nojento, cuspir — como se livrasse meu corpo dos sentimentos ruins o mais rápido possível. Eu não tinha ideia do que aquilo significava, só sabia que "precisava" fazer aquelas coisas. A questão é que isso me consumia. Eu me lembro de muitas vezes perder o ponto de ônibus de manhã porque não tinha piscado do jeito certo. Era impossível vencer — os objetivos mudavam o tempo todo, minha própria mente inventava novas formas de tentar me enganar ou me pegar no pulo. Se eu não estava piscando, estava evitando rachaduras na calçada — coisas pequenas que me paralisavam. Parece bobo lembrar como as calçadas eram desconcertantes para mim, como eu precisava refazer os meus passos e começar tudo de novo se tivesse "errado".

Essas rotinas tomavam horas do meu tempo, em parte para fazer e em parte para esconder — eu estava decidida de que quem convivia comigo não podia saber dos meus problemas. Também me peguei dissociando pela primeira vez, o que, para mim, continua sendo o meu sintoma de ansiedade mais assustador, e o único do qual não consigo me livrar totalmente. Embora acredite-se que o cérebro dissocia em momentos de muita ansiedade numa tentativa de se proteger, eu só me sentia pior com aquilo, como se estivesse me afogando e as minhas pernas não funcionassem quando eu mais precisava delas. O lugar e todos ao meu redor começam a parecer irreais. As cores ficam intensas, os sons são dissonantes e parece que estou enrolada em plástico-bolha, incapaz de voltar à realidade. Senti isso pela primeira vez numa festa de *bar mitzvah*, e fiquei tão assustada que não me lembro de mais nada daquela noite.

No auge do episódio, olhei para o meu próprio rosto no espelho e não me reconheci, não só porque o meu cabelo e a minha pele estavam horríveis naquela manhã. É uma experiência estranha e traumatizante. Lembro-me de sair de férias com uma amiga quando eu tinha dez anos. Só consegui durar uma noite, na qual tudo e todos pareciam estranhos e sinistros. Achei que, de algum jeito, eu devia estar quebrada (tive ansiedade de separação por anos — os meus pobres pais deviam ficar desesperados por um tempo sozinhos). Quando estou estressada, isso ainda volta. Ao ficar presa numa névoa de ansiedade e depressão ao vinte e poucos, a dissociação fez com que eu achasse que todos ao meu redor eram atores num reality show ruim — minha adrenalina estava bombando e minhas emoções, intensificadas, o que por algum motivo deixava os meus entes queridos parecendo bonecos de papelão. Eu não conseguia atravessar essa barreira e me conectar com eles — tudo parecia falso e encenado, como se eu estivesse no vale da estranheza. (A hipótese do vale da estranheza diz respeito a objetos humanoides que parecem quase seres humanos reais, mas não exatamente. Assim, eles podem nos deixar apavorados e desesperados.)

Ainda acho que é por isso que, mais velha, comecei a me preocupar com a possibilidade de ser psicótica. Os seres humanos têm um desejo inato de se conectar com os outros. Sofremos quando os nossos laços se quebram — um relacionamento amoroso terminado ou uma amizade desfeita —, porque precisamos nos sentir próximos dos outros. Com a dissociação, tudo isso acaba. É como se colocassem uma parede de vidro entre você e as pessoas que ama, borrando e distanciando vocês. Eu costumava olhar para a minha família e ver desconhecidos. Nada me assustava mais que isso.

O que mais? Bem, eu arranhava e cutucava a minha pele até ela sangrar e produzir uma cicatriz, puxava fios de cabelo (uma forma suave de tricotilomania, que causa uma urgência enorme de puxar o cabelo para provocar um alívio intenso, mais comum em adolescentes que em adultos) e mordia os lábios até eles sangrarem. É muito divertido ter essas cicatrizes adulta. "Por que você tem cicatrizes nas pernas, Bella?" "Ah, é porque eu puxo e arranco os pelos até sangrar quando sinto que estou perdendo o controle. Alguém quer outro drinque?"

Não contei a ninguém sobre esses sintomas, por mais aterrorizantes que eu os achasse. Estava envergonhada e com medo de que, se falasse sobre o que estava sentindo, coisas ruins aconteceriam. Ainda não sei que coisas ruins seriam essas, mas a ameaça delas parecia bastante real para uma criança infeliz de onze anos. Eu sentia a ruína iminente o tempo todo. Se tivesse lido Kafka como uma criança estranhamente precoce, teria concordado com a descrição dele sobre a preocupação. "A sensação de ter no meio do corpo uma bola de lã que rapidamente se enrola, puxando para si os seus inúmeros fios desde a superfície do corpo."[52] (Mas não li, é claro; eu lia Enid Blyton.)

Hoje em dia, felizmente, a ajuda está mais disponível para crianças que exibem os sintomas que eu demonstrei na infância — instituições beneficentes como a Young Minds oferecem informações excelentes e aconselhamento, caso você conheça uma criança que precisa —, mas não tenho dúvida de que muitas ainda sofrem com pensamentos assustadores e compulsões que não contam para ninguém. Por mais empatia que meus pais tivessem, não acho que pararam para pensar de forma séria sobre se eu tinha problemas de saúde mental. "A Bella fica nervosa" era com certeza um refrão comum, mas a suposição era basicamente que aquilo tudo ia passar quando eu crescesse. Talvez se eu tivesse dito a eles que estava fazendo pactos cada vez mais complicados comigo mesma para eles não morrerem, eles teriam se preocupado mais. Só que eu não disse.

De qualquer forma, de fato passou quando cresci. Pelo menos por um tempo. Tendo sido uma criancinha estranha, desabrochei na adolescência, priorizando a minha vida social acima de todo o resto. Pela primeira vez na vida, eu me sentia enturmada — sem tiques esquisitos, sem me dissociar do mundo ao meu redor, sem dores no peito, sem me preocupar se a minha mãe ia morrer se eu me esquecesse de piscar o número certo de vezes. Eu andava por Londres feliz como os meus amigos, achando que os anos anteriores tinham sido apenas um azar.

Descobri pessoas incríveis e a possibilidade de me divertir, o que de muitas formas quer dizer que consegui empurrar os meus sintomas de ansiedade de sempre para o fundo da minha mente — o que me tornava uma adolescente mais sortuda do que a maioria. É senso comum que os anos da adolescência são, na melhor das hipóteses, delicados e, na pior, insuportáveis. Não só por causa das provações normais da puberdade, que já são ruins por si só. 50% das doenças mentais da vida adulta começam antes dos 15 anos e 75% se mostram até os 18. Acredita-se que a incidência de transtornos de saúde mental em adolescentes esteja crescendo: em 2017, um estudo do Departamento de Educação descobriu que uma em cada três garotas adolescentes sofre de ansiedade ou depressão — um aumento de 10% em uma década. Condições neuropsiquiátricas são a principal causa de invalidez em jovens no mundo todo, e, se não forem tratadas nesse período crucial da vida, há risco de os adolescentes perderem oportunidades e educação, além de enfrentar isolamento e estigma. Em outras palavras, é essencial enfrentar esse problema cedo, e está ficando cada vez mais óbvio que o exercício pode ser uma parte importante disso. Se o NHS recomenda sessenta minutos de exercício por dia, dos cinco aos 18 anos, pelos benefícios físicos, a Royal College of Psychiatrists, maior organização profissional de psiquiatria do Reino Unido, também enfatiza os benefícios do exercício regular para mentes jovens.

Eu, como muitos, não enfrentei as preocupações cedo o suficiente — estava ocupada demais suprimindo-as e trabalhando para me passar por uma pessoa "normal". Eu matava aulas de educação física e ficava sentada, alimentando sem saber a semente de preocupação contida há tanto tempo em mim. Nos últimos anos, houve muito progresso para desmontar o estigma e a vergonha dos transtornos mentais — ainda fico maravilhada com as mudanças, embora sempre haja mais a ser feito. Porém, mesmo 15 anos atrás, a minha única compreensão sobre o tema tinha a ver com psicose — ainda assim, uma versão dramatizada e imprecisa dela. Não aprendemos sobre saúde mental na escola e ninguém falava abertamente sobre isso, exceto de forma leviana e com a certeza de que nunca nos afetaria, era algo que só acontecia com outros. Mas isso não era verdade — dois amigos próximos tiveram episódios psicóticos nessa época. Eles voltaram a aparecer de vez em quando após o tratamento, mas nunca mais foram os mesmos. A gente não entendia o que tinha acontecido, sentindo que era melhor passar uma borracha naquilo e seguir em frente. Então, nunca pensei que pudesse estar doente ou precisar de ajuda com as minhas preocupações. E assim, claro, aos poucos elas voltaram. Comecei tendo problemas para respirar — talvez fosse asma (não: ataques de pânico). Depois, passei a ter dores de cabeça e fiquei preocupada de estar com um tumor cerebral (não: veja a observação anterior). Eu me sentia doente e cansada o tempo todo. Desmaiei numa boate e entendi que isso significava que eu estava muito doente.

A primeira manifestação dos transtornos de saúde mental de longo prazo, em geral, acontece na adolescência, embora o tratamento costume vir depois. Nesse sentido, eu era bem pontual. Não sabia o que estava acontecendo, mas comecei a usar os meus próprios métodos (de novo) para enfrentar os sintomas, criando desculpas incrivelmente complexas e ridículas para explicá-los. Virei a motorista da vez quando saíamos à noite, caso algo de ruim acontecesse com as garotas que estavam bebendo (na verdade, era porque eu tinha pavor de ataques terroristas e achava que ter um carro me ajudaria de algum modo). Já não pegava metrô, e fazia piadas sobre como eu não queria ser tratada pior que gado (eu tinha ataques de pânico em espaços confinados). Não dirigia em estradas, caso tivesse uma crise de pânico e batesse o carro, mas dava um jeito me oferecendo para dirigir em outros momentos. Parei de andar de avião, embora isso fosse mais difícil de explicar — tive que admitir que tinha medo, e odiei falar a verdade sobre isso. Se fôssemos a um bar ou uma boate sem saída de emergência óbvia, eu começava a me sentir mal na mesma hora. Não sabia o motivo disso, e virou motivo de piada eu levar paracetamol e suco de maçã para todo lugar, como se fossem as minhas armas e pudessem de alguma forma me ajudar em qualquer emergência. Logo perdi a atitude despreocupada que pensara ser para sempre minha.

Eu fazia amigos e namorados saírem de cinemas e teatros nos quais eu me sentia presa. Cancelava constantemente os meus planos se achasse que tinha algo "estranho" sobre o evento, e, ainda assim, não conseguia ligar os pontos para perceber que tinha ansiedade. O meu primeiro namorado, pobre coitado, teve que aguentar um monte de comportamentos estranhos que eu mesma nunca entendi, que dirá conseguir explicar para ele. Chorei muito em refeições. Saí correndo de muitos jantares. O escritor Scott Stossel acertou em cheio ao descrever a vida com ansiedade na sua autobiografia: "Eu saía de encontros, largava provas e tinha surtos em entrevistas de emprego, aviões, viagens de trem, percursos de carro e apenas caminhando pela rua."[53] Perdi amigos porque não conseguia explicar o motivo pelo qual eu vivia desmarcando compromissos. Mesmo assim, achei que era um preço que valia a pena pagar "para estar segura".

Os meus mecanismos de enfrentamento eram péssimos, mas eles me fizeram aguentar por alguns anos. Até certo ponto, eu ainda conseguia curtir a vida e ainda me sentia relativamente "normal", só às vezes doente, e muitas vezes sem fôlego. Ia demais ao médico, com queixas variadas, tentando tratar sintomas sem conhecer a causa. Muitas vezes me pergunto se, caso soubesse o que havia de errado comigo, eu teria dados os passos que hoje sabemos que ajudam a aliviar a ansiedade: respirar direito, mindfulness, exercício. É provável que não.

Eu era envergonhada demais para fazer qualquer coisa que pudesse parecer estranha ou chamar atenção. Em relação a evitar atividade física, eu não estava sozinha. Uma pesquisa da Sport England mostra que, em quase qualquer idade, as mulheres se exercitam menos que os homens.[54] Os motivos são complexos, mas o feedback mostrou que o esporte é associado a talento natural, agressividade, não ser feminina e ser competitiva demais. O medo de ser julgada também aparece muito.

Para ser direta, eu não queria fazer exercício porque achava que as pessoas ririam de mim. Eu não era boa em esportes coletivos e sentia que pareceria boba se tentasse. A escola de meninos no fim da rua tinha hectares de campos esportivos — futebol, críquete, rugby, corrida. Eles pareciam estar em movimento todos os dias da semana. Mas a gente ficava com aulas de ginástica desanimadas, onde jogávamos bolas a esmo ou nos faziam subir num cavalo com alças velho e empoeirado. No sexto ano, a escola deixou claro que estávamos por conta própria. Fazíamos caminhadas pelo parque local, o que eu entendi que significava "fumar nas moitas". Nessa aula de educação física, eu era boa. Campanhas educativas como a "This Girl Can" se esforçaram para mostrar a mulheres e meninas que exercício é vital para o bem-estar, e que não se deve ter vergonha disso, mas é difícil acabar com o estigma, em especial quando as meninas têm aulas mistas de educação física e ficam preocupadas com os comentários dos garotos, algo que um estudo mostrou ser um dos principais problemas.

Embora não seja listado como a principal razão para a relutância feminina em fazer exercícios, sempre suspeitei que o machismo tem um papel forte. As coisas estão mudando, mas, na minha época, esperava-se que os garotos jogassem futebol e as garotas fizessem colares de flores ou desenhos de giz... ou apenas ficassem em silêncio. Infelizmente, isso não parece ter mudado tanto. Em 2016, a jornalista esportiva Anna Kessel escreveu um livro, *Eat, Sweat, Play*, encorajando garotas a se exercitarem. Ela descreve ter visto de fato a diferença de expectativas colocadas em garotos e garotas em relação a esportes — e nenhuma das duas táticas é encorajadora. Ao assistir, por acaso, a uma aula de futebol para garotos, ela vê que as crianças não são nem encorajadas, nem elogiadas, mas repreendidas quando falham. "Muitos faziam esforços sem convicção, e o professor mal reconhecia a existência deles."[55] Mas, ao menos, o professor parecia estar presente. Kessel depois assiste ao mesmo treinador dando aula para um grupo misto. Com as garotas, escreve ela, ele demonstrava certa resignação. "Ele não parecia acreditar que valia apena investir nelas."

Além disso, preocupações com imagem corporal frequentemente fazem as garotas (como eu) não querer participar das atividades. Isso também passa para a vida adulta. Uma pesquisa da *Cosmopolitan* em 2015 descobriu que a maior parte das mulheres entrevistadas se sentia intimidada na academia — e 14% temia que os homens as julgassem.[56] E não é só na academia. A única parte de correr que eu odiava no começo (e ainda odeio) é a quantidade de homens que me vê como um alvo quando estou passando. Homens já bloquearam o meu caminho, correram ao meu lado, buzinaram de carros, dirigiram devagar perto de mim; numa ocasião memorável, um me agarrou pela cintura quando passei. Odeio precisar escolher as ruas pelas quais devo correr, imaginando se não vai ter um cara bêbado o suficiente para me atacar, ou saber que, como está calor e preciso usar shorts, algum idiota pode achar que tem o direito divino de criticar a minha roupa — como se fosse um juiz do *Project Runway*, em vez de um tarado nojento.

Na pré-adolescência, eu me preocupava com esse tipo de intimidação. Estereótipos rígidos de gênero ainda não tinham sido contestados na época em que eu estava no ensino fundamental, e os garotos riam se você *tentasse* se juntar a eles no campo de futebol. Percebi que esse comportamento mais ou menos desencorajador piorou muito quando me tornei uma adolescente que se sentia esquisita com o seu corpo em desenvolvimento. No brilhante livro *Running Like a Girl*, sobre treinar para uma maratona, Alexandra Heminsley fala de uma antipatia adolescente similar em relação aos exercícios. "Meu corpo, outrora fonte de tanta diversão, agora era mais como uma camisa de força em que eu não podia confiar. Quando não estava atormentada com a aparência dele, me preocupava com a forma que ele podia ter no futuro."[57]

É difícil rastrear com precisão, mas muitos especialistas acreditam que quem não gosta de esportes na escola tem uma probabilidade muito maior de continuar inativo na vida adulta.[58] Eu me matriculei na academia local aos 16 anos, achando que devia pelo menos ver se estava errada em descartar totalmente os exercícios. Numa única visita, flertaram comigo, levei bronca por usar uma máquina da forma errada e riram de mim na sala de musculação. Não pisei mais numa academia por quase uma década e meia. Uma reação exagerada? Talvez, mas eu já era uma novata insegura e a atmosfera que encontrei era mais do que desagradável, era inóspita.

Como se vê, não fiz nada que poderia ter ajudado e, apesar de todas as minhas ridículas salvaguardas mentais, estava me encaminhando para o que suponho que uma tia vitoriana chamaria educadamente de "colapso nervoso".*

Saí da escola sem ter muita ideia do que fazer em seguida. Ir à faculdade em outra cidade estava fora de questão, eu tinha

---

* Isso não é de forma alguma um termo médico, eu só gosto dele. Sinto como se estivesse trancada numa torre com teias de aranha, usando um vestido de noiva. Me deixem, tá?

medo demais de me mudar. Não estava claro de onde vinha esse medo, mas inventei as minhas desculpas confiáveis de sempre — Londres era muito divertida, a vida no campus parecia tediosa, eu queria ser diferente. De todas as coisas que a ansiedade me impediu de fazer, ir à faculdade longe de casa é a que mais me causa ressentimento. Passei a década de meus vinte anos presa à adolescência, levemente suspensa no espaço. Talvez a faculdade tivesse me empurrado mais rápido para a vida adulta. Todo mundo que eu conhecia prosperou de uma forma que eu não consegui — se aventurando num novo mundo independente, fazendo novos amigos, escolhendo como viver.

Em vez disso, fiquei na minha cidade, mas nem isso era seguro o suficiente para mim. A faculdade que escolhi ficava no centro da cidade. O dia da matrícula já tinha sido assustador, e eu só tive que segurar o pânico por tempo suficiente para pegar a minha carteirinha. Meu pai precisou me encontrar no meio da manhã para me dar um estímulo e me impedir de fugir em pânico. Acho que isso significa que ele foi comigo no meu primeiro dia de aula. Como você pode imaginar, estou me sentindo bem descolada neste momento. Mas não tão descolada quanto me senti na época, claro.

A faculdade transcorreu bem, e passei com ótimas notas. Brincadeirinha. Eu desisti depois de seis meses. Simplesmente não dava. Não era capaz de enfrentar o pânico que sentia cada vez que tinha que ir ao centro da cidade. Eu sofria com ataques de pânico gigantescos durante as aulas e precisava ir embora. O estranho nos ataques de pânico é que, embora você ache que a sala toda está olhando para você, é mais provável que ninguém tenha notado nada. Eu me sentia derrotada — os perigos pareciam presentes em todo canto e eu estava exausta de me proteger. Eu vivia pingando de suor, exausta e tremendo, em lágrimas por ser tão inútil.

Nesse ponto, os meus pais tinham entendido que algo não estava bem e me enviado a um terapeuta que, com tranquilidade, me disse que eu estava tendo ataques de pânico e tinha transtorno de ansiedade generalizada. Pode parecer absurdo que eu tenha levado 19 anos para entender que tinha um problema de saúde mental, mas isso é mais comum do que se imagina. Estima-se que uma em cada quatro pessoas no Reino Unido sofra de um problema de saúde mental ao longo da vida, e não é difícil imaginar que muitas delas passem por isso sozinhas, sem receber um diagnóstico definitivo ou ajuda apropriada. Enquanto escrevia este livro, conversei sobre o tema com um amigo, que confessou ter sido recentemente diagnosticado com ansiedade e depressão (as duas muitas vezes andam de mãos dadas). Ele tem 34 anos e passou quase metade deles pensando que tinha uma mentalidade "triste" e que não havia nada de errado com ele. Foi preciso uma crise no relacionamento para ele procurar ajuda, e ficar genuinamente surpreso ao descobrir que estava doente. Quando isso se confirmou, ele começou a se tratar. Foi um alívio saber que a vida podia ser melhor, mas fiquei incrivelmente desanimada por ele supor que a tristeza era a sua sina. A história desse meu amigo não é rara.

Quando descobri o que havia de errado comigo, os ataques de pânico cederam por um tempo. Foi como se, ao saber o que estava acontecendo, eu tivesse liberado um pouco do medo. Aquela coisa de que conhecimento é poder e tudo o mais. Eu sabia que não ia morrer numa crise, então não tinha episódios tão frequentes. Quem dera fosse tão simples com todos os sintomas de saúde mental. Mas fiquei envergonhada demais com o termo "ansiedade" — tendo passado anos tentando ser igual a todos os outros, parecia um fracasso ter que reconhecer que eu não era. Mesmo que essa diferença não fosse culpa minha, com certeza parecia ser. Eu fazia uma piada, sempre minha primeira linha de defesa (e o meu instinto até hoje, talvez você tenha notado), e tentava minimizar.

Embora atualmente eu tenha alguma ideia de com o que estava lidando, *ainda assim* não consegui enfrentar a questão de forma significativa. Talvez tenha ficado confiante — eu sabia o que era um ataque de pânico e isso parecia ser o bastante. Não passei muito tempo pesquisando quais outros sintomas podiam acompanhar esses ataques ou se eu teria a doença pelo resto da vida. Parecia algo que eu estava apenas experimentando, usando essas preocupações até crescer de verdade e superá-las. Recebi uma receita de betabloqueadores, originalmente desenvolvidos para problemas cardíacos, mas que acalmam os efeitos colaterais físicos do pânico — como coração acelerado e palmas suadas. Esses remédios costumam ser receitados para quem odeia falar em público e para músicos antes de uma grande apresentação. São muito eficazes para o corpo, mas não ajudavam em nada o meu turbilhão mental. Essas pequenas pílulas não curam a ansiedade nem aliviam os seus medos, só ajudam um pouco com os sintomas do dia a dia.

Então, durante um bom tempo, vaguei, completamente perdida, como muitas pessoas de 19 anos. Quando entrei na faculdade de arte e tive um ano fantástico, em que fiz amigos e relaxei, achei que tinha perdido o medo de vez. Mas a ansiedade sorrateira tinha outras ideias, claro. No meu segundo ano, tudo desmoronou. Começou aos poucos. Eu me senti esquisita na jornada normal de ônibus até a faculdade. De repente, algo pareceu errado e o mundo ficou sombrio e ameaçador. Acabei entrando no prédio, saindo na mesma hora e tendo o pior ataque de pânico que já tivera, no estacionamento da faculdade. Foi bem pior do que uma crise normal. Eu não estava só sem ar ou tonta, alguma coisa parecia ter se revirado no meu cérebro, e eu não tinha nenhuma medida de comparação. Os meus pensamentos zuniam num ritmo nunca experimentado. As palavras grudavam no fundo da mente, como um disco riscado. As cores estavam intensas demais — como faixas luminosas atrás dos meus olhos. Até os meus amigos preocupados pareciam diferentes — desconhecidos usando máscaras familiares. Sentei no estacionamento tentando me livrar desses novos sintomas estranhos, engolindo o ar e esfregando as mãos sem parar.

Como eu não tinha ideia do que o meu cérebro estava fazendo, fui para casa quase imediatamente alegando uma dor de cabeça, e atribuí aquilo a um lapso. Mas não consegui subir no ônibus no dia seguinte. Nem no outro. Matei aulas na faculdade por uma semana e me escondi na casa dos meus pais, sentindo-me errada, um pânico surgindo na boca do estômago no minuto em que eu acordava. As pessoas muitas vezes se sentem mais ansiosas pela manhã, quando o hormônio do estresse, cortisol, se eleva. Você acorda sentindo como se já tivesse bebido três litros de café, e a sensação de ruína iminente vem logo. Isso pode fazer com que começar o dia pareça a pior coisa do mundo, como se você já soubesse que será difícil demais lidar com o que virá antes mesmo de escovar os dentes.

A sensação estranha de que o meu cérebro tinha se revirado não passou. Os meus pensamentos estavam em curto-circuito, dançando uma música que eu não conseguia ouvir, e fazendo isso muito mal — chutando partes do meu crânio, caindo e machucando os meus olhos. Quem sofre de ansiedade vai reconhecer pensamentos do tipo "e se" — quando a mente faz perguntas para si mesma, na maioria das vezes sem aviso. Podem ser óbvias, como "E se eu desmaiar na reunião?"

ou "E se ninguém gostar de mim?", um tipo de questionamento com o qual eu já estava acostumada. Mas as perguntas agora pareciam mais sinistras. Eu havia me sentido tão estranha naquele dia no estacionamento que me preocupava em estar sentindo mais do que mera ansiedade. Então, o meu cérebro fez a pergunta "óbvia": e se eu estivesse ficando maluca?

São pensamentos intrusivos, incrivelmente comuns — todos nós os temos. "E se eu empurrasse essa velhinha escada abaixo?" seria um exemplo. Essas ideias aparecem nos nossos cérebros e nos surpreendem pela sua estranheza, mas não significam que queremos empurrar velhinhas escadas abaixo. Em 1978, o proeminente psicólogo e especialista em TOC Stanley Rachman fez uma sondagem com um grupo de estudantes saudáveis e um grupo de seus pacientes, e descobriu que quase todo mundo nos dois grupos tinha tido pensamentos desse tipo. O mais crucial, porém, é que os que não sofriam de TOC podiam facilmente esquecer essas questões sem se perturbar ou atribuir qualquer significado ou peso aos pensamentos. O grupo de pacientes não conseguia fazer isso; em vez disso, os pensamentos os paralisavam, e eles ruminavam e obcecavam com o que o pensamento intrusivo devia significar. Uma pessoa com ansiedade ou TOC podia pensar: "E se eu empurrasse essa velhinha escada abaixo?" e se convencer de que queriam fazê-lo, preocupando-se de ser um monstro ou até um assassino em potencial. Isso pode levar alguém a inventar um complicado quebra-cabeça mental para "neutralizar" tais ideias. Essa pessoa pode ter um pensamento intrusivo e, na mesma hora, ter que conjurar uma imagem da sua família estando segura ou pensar numa palavra específica para cancelá-lo.

O meu cérebro perguntou se eu estava louca e, é claro, eu surtei. Alguém sem ansiedade talvez risse disso, ignorasse essa questão. Não eu! Parei de dormir e passei cada minuto possível me desdobrando para tentar rejeitar essa ideia. O problema é que, quanto mais você tenta se reconfortar, mais o cérebro, esse espertinho, dá a volta em você. Parece infinita a capacidade dele de conseguir nos aterrorizar mais do que imaginamos.

Aparentemente da noite para o dia, os meus pensamentos "e se" tinham ido das preocupações usuais "E se o avião em que estou cair?" para "E se todo mundo estiver me perseguindo?". As duas coisas eram bastante irracionais, mas uma era familiar e baseada em algo com um pé na realidade. A outra parecia impossível de provar ou refutar — mas a minha mente se sobrecarregava pensando. Eu colocava sintomas, pensamentos e estatísticas no Google. Deitava na cama revirando os resultados na cabeça, assoberbada pela enxurrada de ideias — pareciam milhares por segundo. "E se eu estiver louca?" "E se eu achar que todo mundo está me perseguindo?" "E se eu matar a minha irmã?" "E se o site de conselhos em que acabei de clicar estiver errado?" "E se eu for perigosa?" "Ok, agora vou repassar todas essas ideias na minha cabeça e discutir com elas." É exaustivo pra caramba.

Esses tipos de pensamentos obsessivos foram analisados em toda a história humana — sobretudo na forma de moralidade religiosa. A importância da fé e do medo da Igreja vistos em eras anteriores tornam esse argumento compreensível. Pensamentos intrusivos sobre Deus instigavam terror em quem era afetado. Em 1691, o bispo John Moore publicou um panfleto sobre esses pensamentos que me fez sorrir quando li pela primeira vez. Ele não só descreveu meu cérebro de *millenial* de uma forma bastante precisa, mas a rota que ele sugeriu para lidar com os pensamentos é uma que recebi de inúmeros especialistas vivos e livros modernos sobre o assunto:

"Quando esses pensamentos surgirem, não fique deprimido [...] Também não lute violentamente contra eles, pois a experiência nos ensina que eles aumentam e inflam com a oposição veemente, mas dissipam e definham e não dão em nada quando são negligenciados e não nos preocupamos demais com eles [...] Não é, portanto, um combate furioso com pensamentos melancólicos, que apenas vão enfraquecer e afundar o corpo, piorando a situação, mas uma suave aplicação de coisas confortáveis para restaurar a força e recrutar o espírito lânguido que deve anular e dispersar esses tumultos desordeiros na mente."[59]

Quem imaginaria que um bispo vivo durante o Grande Incêndio de Londres me traria tanto alívio?

Nunca comentei em detalhes sobre essa época da minha vida com ninguém. Principalmente porque, como disse antes, eu tinha vergonha. Mencionei alguns dos pensamentos a pessoas próximas e queridas. Eu me lembro de uma noite chorando histericamente na cama enquanto o meu pai tentava me acalmar. "Mas talvez eu ache que todo mundo é um robô", disse, aos prantos, com ele me assegurando de que eu não achava isso. Mas eu não tinha certeza se acreditava no que ele dizia e sabia que ver a filha soltando ideias tão esquisitas provavelmente era demais para alguém que não era profissional. Então, eu não entrava em detalhes com ninguém. Em vez disso, só dizia que estava enlouquecendo e deixava as pessoas pensarem o que quisessem com isso.

Mas você está comprando este livro (espero que não vá roubá-lo da livraria) e talvez esteja pensando que a minha ansiedade de mulher privilegiada não é tão paralisante quanto eu penso. Então, vou tentar ser brutalmente honesta sobre o meu processo naquele maldito momento da minha vida.

Dentro de três dias depois daquela situação no estacionamento, estas foram as coisas que passaram pela minha cabeça:

Aquilo foi assustador e novo, talvez não seja ansiedade.

Se não é ansiedade, estou ficando louca?

O que é loucura? Acho que é psicose.

Ah, merda, eu sou psicótica.

Pessoas psicóticas acham que a TV está mandando mensagens para elas. Eu acho isso?

Não, é claro que não. Mas eu acabei de ver TV e me perguntar se acho. Então, DEVE SER PORQUE ACHO.

Não, você não acha, porque sabe que tem ansiedade e isso é só medo.

Não, eu me sinto dissociada e estranha, e todo mundo em todo lugar parece falso e de mentira.

Será que eu acho que estou no Show de Truman*? Acho que todo mundo ao meu redor está atuando?*

Não, isso é só um sintoma de desrealização, você já teve isso.

Mas eu ainda estou pensando. Eu ACHO isso, sim — portanto, estou louca. Vou ter que ir viver num hospício e vou começar a ouvir vozes.

Estou ouvindo vozes? Será que a voz na minha cabeça quando estou pegando no sono é um sinal de decadência?

Estou tentando pegar os meus amigos no flagra, tentando provar que eles estão atuando, embora saiba racionalmente que não estão. Será que não confio mesmo em ninguém?

O mundo parece um cenário de filme falso? É tudo achatado e estranho. E se eu achar que tudo é falso e nada é real?

E se eu matar os meus pais porque acho que eles são robôs e não souber que fiz isso?

E se eu estiver vivendo numa simulação? E se eu, na verdade, estiver morta? Ok, eu vou só repassar todas essas ideias e discutir com elas por horas.

Houve outros milhares de pensamentos como estes e não estou exagerando quando digo que não pensava em mais nada quando estava acordada. Nada mesmo. Não conseguia nem comer. Não conseguia dormir — em vez disso, fechava os olhos e via personagens de desenho animado surreais fornicando atrás das minhas pálpebras (alucinações hipnagógicas). Não dava para dormir quando eles estavam me chocando com atos depravados que fariam um astro pornô corar de vergonha.

A frequência e a intensidade dos pensamentos me faziam sentir como se estivesse sendo assolada repetidamente por ondas, sem tempo de me recuperar antes do ataque seguinte. Eu não tinha tempo de me restabelecer após uma pergunta "e se" antes da outra chegar. Não aceitei o conselho do bom bispo; em vez disso, passei todo o meu tempo tentando discutir com os pensamentos ou refutá-los, aceitá-los, colocá-los de lado. Nada funcionou. Minha cabeça era um nó bagunçado de informações irracionais e, consequentemente, eu hiperventilava, chorava e vomitava cada vez que um novo pensamento entrava no meu cérebro, como se eu pudesse expeli-los do meu próprio corpo.

Minha ansiedade generalizada também não estava indo embora. A exaustão de lutar contra os próprios pensamentos não impedia o meu corpo de tremer de adrenalina. Eu não conseguia comer nada e o meu estômago vivia revirado — eu me sentia tão fraca que mal conseguia reunir forças para fazer qualquer coisa. Não que eu tivesse algo para fazer. Eu não podia voltar à faculdade, não queria ver ninguém. Só ficava na cama, levantando e chorando enquanto andava sem rumo pela casa, mergulhada no meu cérebro, pensando, pensando, pensando.

Nesse ponto, eu era completamente incapaz de ajudar a mim mesma. Minha irmã, gentilmente, refere-se a esse período como "a época em que você ficava olhando pras paredes". Assim, as pessoas tiveram que se envolver. Tenho o privilégio de ter uma família capaz de jogar dinheiro no problema. Meu médico, que já tinha me receitado betabloqueadores, me ofereceu um medicamento antidepressivo antiquado com propriedades sedativas, e avisou que, se eu quisesse fazer terapia, precisaria ficar seis meses numa lista de espera. Chorei com a desesperança dessa informação. Quase todos os dias, penso nas pessoas suicidas por todo o país que não têm acesso a tempo aos serviços que podem ajudá-las.

O serviço médico sempre foi deficiente no Reino Unido no que diz respeito à saúde mental, mas cortes recentes não ajudaram as muitas pessoas com problemas sérios que não estão sendo atendidas com rapidez suficiente ou pelo departamento certo, apesar de o governo ter prometido um bilhão de libras extras para a área.[60,61,62] O NHS introduziu o programa de Melhoria do Acesso a Terapias Psicológicas (IAPT, na sigla em inglês) em 2008, anunciando, em 2016, a meta de que 75% das pessoas com problemas de saúde mental seriam atendidas dentro de seis semanas, e 95%, dentro de um tempo máximo de dezoito semanas.[63] Embora esse objetivo seja melhor do que nada, tente explicar para uma pessoa em pânico e com medo que ela tem que ficar como está por, possivelmente, quatro meses. Uma amiga minha já foi internada diversas vezes por problemas mentais, e a história dela é cheia de sessões canceladas, listas de espera, viagens demoradas até um hospital longe de casa e ser diagnosticada erroneamente porque nunca visitava o mesmo médico. Isso não significa que o NHS não esteja dando o seu melhor, porque está — só não tem os recursos para tratar todos de forma adequada.

Tive a sorte de poder consultar quase de imediato um psiquiatra incrivelmente gentil, que ouviu enquanto eu contava cada pensamento horrível que tinha suportado, argumentava com ele que devia estar louca e chorava muito, inconsolável. Ele explicou que aquilo pelo que eu estava passando ainda era ansiedade, e que os pensamentos obsessivos que eu tinha faziam parte disso (eu falei que TOC não tem a ver com organização extrema). Ele me deu antidepressivos, aos quais me opus veementemente (eles me pareciam uma derrota), mas que tomei porque queria morrer e, de alguma forma, sabia que isso não era normal. Bryony Gordon descreve essa relutância em sua autobiografia *Mad Girl*, dizendo que ler a bula sobre possíveis efeitos colaterais era desencorajador ("longa como *Guerra e paz*"), mas que ela não ligou, porque preferia ter osteoartrite do que TOC naquele momento. Eu me lembro de pensar a mesma coisa. Isso meio que acaba com a ideia de que nós, que tomamos antidepressivos, estamos buscando algum tipo de barato fácil imaginário.

"Esperança é uma coisa com penas", segundo Emily Dickinson, "que se empoleira na alma." Nas semanas seguintes, me arrastei devagar na direção de uma espécie de luz fraca. Quando os medicamentos começaram a funcionar, eu estava de malas feitas para ir ver amigos na universidade em Nottingham. Sentei no trem olhando entorpecida pela janela, enquanto os pensamentos intrusivos passavam pela minha cabeça. "E se eu achar que esse cenário é falso?" "E se os meus amigos tentarem me envenenar?" "Por que eles fariam isso? É loucura." "Você não está louca, é a ansiedade falando..."

Consegui passar pela visita. Consegui ir algumas vezes às lojas. Até passei uma noite num pub. Mas estava acabada por essa ruptura no meu cérebro. Sentia que a minha mente tinha sido danificada sem possibilidade de recuperação pelos pensamentos, pela ansiedade, pelas ideias de morte. Embora os pensamentos estivessem recuando lentamente, eu não fazia ideia de como seguir a vida como se nada tivesse acontecido. Ainda estava buscando algo para me tranquilizar, ainda pesquisava sintomas no Google sem parar, ainda estava assustada.

E também estava furiosa. Furiosa de ter sido sobrecarregada por esse medo que, nos dias bons, ficava no meu estômago e, nos dias ruins, vazava por todo o meu ser, como se o meu corpo fosse o hospedeiro de um gremlin assustador que me odiava. Todos os outros ao meu redor faziam parecer que a vida podia ser divertida e despreocupada. Por que eu não conseguia fazer isso, mesmo que por um dia?

Mesmo com o meu cérebro se acalmando, fiquei deprimida. A tristeza foi jogada sobre a minha ansiedade como um cobertor molhado sobre o fogo. Tudo parecia perdido e eu sentia muita culpa por ser tão inútil. Até o meu cachorro me fazia chorar. Eu olhava nos olhinhos lacrimosos dele e achava que ele merecia uma dona melhor.

Eu tinha sido tirada de uma crise por aqueles que me amavam, porque não conseguia sair dela sozinha. Mas não consegui ajudar a mim mesma de jeito nenhum. Estava timidamente do outro lado, mas ali também não havia alívio. Eu tinha vinte anos, sem diploma e sem emprego. Estava com mais medo do que nunca. Eu me perguntava se algum dia me libertaria de verdade de minha mente preocupada, o que parecia improvável. A vida parecia ter parado antes de eu ter a chance de tentar fazer alguma coisa de verdade.

4 KM – É TARDE DEMAIS
PARA TENTAR?

Estou correndo com a minha irmã pela primeira vez. É a primeira vez que corro com alguém. Ela é alta e bizarramente forte, e sempre me zoou por ser baixinha (tenho 1,73 metro, sou baixinha apenas pelos padrões da minha família de gigantes) e pela minha incapacidade de fazer queda de braço com ela ou abrir potes com facilidade. Ela começou a correr alguns anos antes de mim, muito tranquilamente, fazendo meias-maratonas mesmo depois de beber uma garrafa de vinho na noite anterior. Ela nada em lagos em janeiro, enquanto eu fico na margem usando dois casacos e rindo dela. A nossa abordagem em relação a exercícios é muito diferente. Mas aqui estamos, num dia de verão, ditando o ritmo uma da outra (ou quase), e estou até conseguindo conversar enquanto sigo com dificuldades. Saímos de fininho enquanto o resto da família dormia depois de um almoço pesado, e abrimos caminho entre o vilarejo onde os meus pais moram, passando por galinhas e ovelhas pastando em campos, trotando em frente ao pub local onde costumávamos comer quando crianças. Chegamos a estradas rurais e acabamos correndo ao lado de cercas vivas, levantando lama ao passar. Em segredo, eu estava explodindo de alegria por conseguir acompanhar a minha irmã de pernas longas. Embora eu sempre tenha achado muito engraçadas as piadas dela sobre a minha natureza ansiosa e frágil, ainda é incrível poder fazer com ela algo que exige força e resistência. Enquanto seguimos, falamos sobre os últimos meses, e absorvo o elogio que ela me faz por eu tentar lidar com a minha ansiedade. Então, sempre a irmã mais nova (e mais competitiva), ela decide que estou indo devagar e acelera o ritmo. Depois de ela dar a volta até chegar em mim algumas vezes, começamos a rumar para casa e descubro que consegui correr por vinte e quatro minutos sem checar nenhuma vez o meu progresso. Antes, eu achava que correr era uma missão solitária, algo para fazer de forma acanhada e quase se desculpando. Mas aquela primeira corrida com a minha irmã passou voando, e resolvi não esconder a minha paixão crescente de outros corredores, apesar da minha marcha lenta e incapacidade de fazer queda de braço.

Por que tenho ansiedade? O que a causa? Pode ser difícil ter uma doença tantas vezes mal compreendida, mas também é difícil quando há tão pouco na ansiedade que pode ser facilmente explicado — até pelos especialistas. O NHS lista vários motivos para alguém ter um transtorno de ansiedade como TAG, incluindo:

- Superatividade em áreas do cérebro envolvidas em emoções e comportamento.
- Um desequilíbrio dos componentes químicos cerebrais serotonina e noradrenalina, envolvidos na regulação do humor.

- Os genes que uma pessoa herda — estima-se que quem tem um parente próximo com TAG tem cinco vezes mais chance de desenvolver o transtorno.
- Um histórico de experiências estressantes ou traumáticas.[64]

Há, claro, uma tonelada de outras razões. Fatores biológicos, sociais e psicológicos têm muitas vertentes e camadas contribuintes. A vida moderna é cheia de estresses que podem muito bem piorar o quadro. Trabalhar horas demais, a jornada até o trabalho, finanças, solidão e desigualdade — tudo isso pode fazer alguém com tendência a pensamentos ansiosos ou baixa disposição deteriorar-se em pouco tempo. Vivemos de forma menos comunitária e hoje as nossas unidades familiares são atomizadas. O nosso círculo de amigos e entes queridos muitas vezes está espalhado — em 2017, havia 3,9 milhões de pessoas vivendo sozinhas entre os 16 e 64 anos. É muita gente em risco de isolamento.

A pobreza também é um enorme fator na qualidade de saúde mental. O Centro de Justiça Social (CSJ, na sigla em inglês), um *think thank* conservador, descobriu que crianças e adultos do grupo de renda familiar mais baixa (os 20% mais pobres) têm três vezes mais chance de ter problemas comuns de saúde mental que aqueles no grupo mais alto (os 20% mais ricos).[65] Têm nove vezes mais chance de ter transtornos psicóticos. O relatório identifica seis fatores que tornam os grupos de menor renda vulneráveis às doenças mentais:

- Desemprego.
- Falta de oportunidades.
- Probabilidade de ficar endividado.
- Falta de qualificações.
- Crise familiar.
- Vícios.

Além daqueles que vivem em famílias de baixa renda, negros e grupos de etnia minoritária no Reino Unido sofrem, desproporcionalmente, de transtornos mentais. Pessoas nesses grupos têm mais chance de ser diagnosticadas e internadas, mais chance de experimentar um resultado ruim com os tratamentos e mais chance de se desligar dos serviços de saúde mental tradicionais. Isso não é surpreendente quando se sabe que pessoas desses grupos têm mais probabilidade de serem detidas sob a legislação de saúde mental, às vezes contra a própria vontade, do que seus correspondentes brancos. Além disso, "pessoas negras têm 40% a mais de chance de serem recusadas quando pedem ajuda dos serviços de saúde mental do que as brancas", segundo o CSJ.[66]

Portanto, há motivos para algumas pessoas serem mais afetadas do que outras. E alguns dos buracos em que elas estão passíveis de tropeçar podem ser consertados com o financiamento, os recursos, a educação e a compreensão cultural certos. Há muitas coisas que precisamos resolver na nossa sociedade, e há muita gente com quem estamos falhando. Por vezes, lidar com um fator específico pode ajudar muito na recuperação. Mas, quando você está em sofrimento, às vezes os argumentos válidos não querem dizer nada.

Bem no fim da lista do NHS mencionada anteriormente vem uma última razão para ansiedade — e é nela que sempre acabo pensando: "Muitas pessoas vão desenvolver TAG sem nenhum motivo aparente."[67] O mesmo pode ser dito sobre TOC (é causado por trauma? Doenças físicas? Genética?), ansiedade social e uma série de outros transtornos. E pode ser frustrante viver com isso. Algumas pessoas nunca vão saber por que têm ansiedade ou depressão, e se não sabem a origem do problema, como podem esperar "consertá-lo"? Essa incerteza me confundiu muito por um tempo, quando eu estava sofrendo. Meu avô era um homem ansioso, muito preocupado com questões de saúde (fossem reais ou imaginárias). Mas bastou isso para eu nascer tão infeliz? Se sim, por que o meu pai ou a minha irmã não eram ansiosos? Foi porque eu tive amidalite quando era mais jovem? Até a minha mãe entrou na dança — teria sido porque ela me deixou com uma babá aos dois meses de idade? Ela se sentiu culpada. Ainda se sente. Pesquisas recentes descobriram células cerebrais em ratos que parecem controlar a ansiedade — será que a chave está no meu hipocampo?

Parecia importante isolar a causa original dos problemas, importante o suficiente para eu repassar o início da minha infância com um terapeuta interessado que parecia achar que encontraríamos a resposta se eu me dedicasse bastante. Eu queria, mas não aconteceu. Foi o suficiente para me fazer pesquisar a possível ligação entre doenças físicas e o início dos problemas de saúde mental. Pesquisei substâncias químicas cerebrais e caí cm buracos da internet que sugeriam razões ridículas — inventadas por gente desesperada como eu, desejando algo a que pudessem atribuir o problema e, assim, resolvê-lo. Corte os laticínios! Quem dera fosse tão fácil.

Apesar de às vezes parecer que a ansiedade é uma doença completamente moderna, ela existe há tanto tempo quanto nós, embora já tenha sido chamada de muitas coisas diferentes. Era reconhecida num sentido religioso há muito tempo — no contexto do pecado, redenção e julgamento divino. Hipócrates menciona fobias nos seus textos — especificamente, de flautas. Filósofos existencialistas como Heidegger acreditavam que a ansiedade era causada pela percepção de que nossa existência é finita. Que alegria.

É reconfortante saber que outros passavam por sofrimentos similares há centenas de anos? Acho que depende de cada um.

Eu sempre encontrei algum consolo em saber que grandes pensadores de eras passadas também lutaram contra pensamentos intrusivos e pânico físico. Mas isso também mostra como fizemos pouco progresso para nos livrar da ansiedade. E isso não é tão encorajador. Especialmente porque muitos de nós ainda sofremos com ela hoje.

A vida não pode ser uma jornada ininterrupta de felicidade inabalável, em que se lida com os problemas com estoicismo e um sorriso. Nunca foi, apesar do que alguns tabloides querem que acreditemos sobre os anos da guerra. Sempre haverá tristeza e preocupação misturadas às coisas boas.

No entanto, a ansiedade está crescendo — pelo menos, é disso que a mídia quer nos convencer. Costumo encarar com cinismo as matérias que frequentemente falam sobre "epidemia de ansiedade", como se transtornos psicológicos fossem contagiosos e pudessem nos tornar zumbis. Mas apesar da minha irritação com boa parte da cobertura midiática, as estatísticas parecem indicar, sim, um aumento global do transtorno. Números da Organização Mundial da Saúde (OMS) relativos a 2016 mostram que a incidência de transtornos mentais comuns subiu no mundo todo. Entre 1990 e 2013, o número de pessoas sofrendo de ansiedade e/ou depressão cresceu quase 50%, de 416 milhões a 615 milhões.[68]

Então, é compreensível você sentir que a ansiedade é mais prevalecente na idade moderna. Junto a um crescimento real do transtorno, esses números provavelmente são impulsionados por um conjunto de coisas — uma melhor definição do que de fato significam a ansiedade e a depressão, um diagnóstico mais rápido e a disponibilidade de estatísticas oficiais, todas coisas boas, se pensarmos bem.

Contudo, mesmo que haja dados mais claros disponíveis sobre doença mental, mesmo que você saiba que fatores biológicos atuavam contra você desde o começo, ou consiga ver um acontecimento traumático que desencadeou tudo, isso ajuda? Parte de viver com uma doença mental é confrontar essa aparente injustiça e aceitar que você foi sorteado na loteria da ansiedade. Saber que os transtornos mentais fizeram parte da vida durante as eras pode significar muito pouco, mas saber que você não está sozinho é outra coisa. Posso nunca vir a saber por que recebi a capacidade de me preocupar tanto, mas me abrir mais significou conhecer gente que entende, pessoas com empatia e boa vontade. Não estar sozinha com esses pensamentos assustadores e tristes é uma das melhores formas de manter os pensamentos longe. Para alguns, isso pode significar se abrir com amigos e familiares. Para outros, pode significar encontrar um grupo de apoio — seja na sua comunidade ou on-line. Não fique sentado se perguntando "Por que eu?", como eu fiz tantas vezes. Procure ajuda. "Nós" é bem melhor que "eu" no que diz respeito à saúde mental.

Não quero entediar você até fazê-lo se converter, querido e estimado leitor, documentando o restante dos meus vinte e tantos anos. Tem um bom motivo para todos nós (bom, a maioria) concordar com o velho clichê de que os trinta são a recompensa pelos anos anteriores. A maioria das pessoas acha a época dos vinte anos difícil. (Se você não acha, o que está fazendo? Já está ocupado demais forjando uma grande carreira e indo dormir cedo? Eu te odeio.) Eu não era diferente. Oprah Winfrey certa vez falou sobre essa época: "Quando eu tinha vinte anos, era uma alma perdida. Esta não é uma década para achar a sua alma."[69]

Não sei se eu diria que era uma alma perdida, mas a minha ansiedade definitivamente não sumiu. Aliás, ela até piorou. Eu tomei os antidepressivos, consultei alguns terapeutas, com resultados variados. Um deles insistiu que eu falasse sem parar sobre a minha infância para destravar o problema. Outro rabiscava muito enquanto eu falava, o que eu achava ao mesmo tempo hilário e intimidante — será que eu era tão chata assim? (Provavelmente.) Certa vez, memorável e torturante, fui ver um homem bastante bonito que usava mocassim e um anel no dedinho. Ele me fez deitar num enorme divã de couro e conversar com meu eu de cinco anos de idade. "Acalme-a, Isabella, segure a mão dela e diga para ela não ter medo." Não estou exagerando ao dizer que comecei a sentir sinais de pânico físico pelo horror desse absurdo. Depois de dar a ele um cheque de valor *surreal*, fugi da sala dele e nunca mais voltei. Meu eu de cinco anos podia ir à merda.

Eu trabalhava como jornalista, mas me sentia insuficiente, estúpida e insegura boa parte do tempo. Nunca me candidatava a uma promoção nem levantava demais a voz. Pode não ter sido só por causa da minha ansiedade, aliás — uma pesquisa recente feita por várias universidades importantes perguntou a 985 mil pessoas em 48 países para avaliar a afirmação: "Eu me vejo como alguém que tem autoestima alta." Os pesquisadores descobriram que em geral, os homens têm autoestima mais alta que as mulheres. Além disso, eu não consegui morar sozinha por anos, e mesmo assim me mudei para o outro lado da rua, motivo de piada para os meus amigos. É engraçado, mas, na verdade, não. Eu não conseguia abrir as asas e criar uma vida independente; o meu cérebro não me deixava. E se, e se, e se? Melhor ficar perto de casa. Não arrisque. E se o quê, exatamente? Qualquer coisa, tudo.

Acho que eu vivia uma espécie de vida pela metade. Conseguia trabalhar, o que me torna incrivelmente sortuda, já que trezentas mil pessoas com transtornos mentais de longo prazo perdem o emprego a cada ano, segundo um estudo encomendado pelo primeiro-ministro britânico e publicado em outubro de 2017. A minha chefe era gentil com os meus momentos de ansiedade, e se esforçava para tentar entender, mesmo quando eu mesma não entendia. Eu socializava dentro dos meus limites. Não ia longe — seria difícil, uma vez que eu não pegava nem o metrô. Sendo assim, eu vivia dentro das fronteiras que criara para mim mesma, pintando a minha vida naquela tela minúscula. Eu me enganava dizendo que era suficiente — às vezes, quando repetimos algo muitas vezes, começamos a acreditar. A minha ansiedade ia e vinha. Às vezes, eu ficava arrogante e achava que tinha superado a grande crise do fim da adolescência, e inevitavelmente era arrasada por outra baixa. Tive um caso malfadado que durou até mais ou menos os meus vinte e seis anos e o fim desse relacionamento me devolveu direto para os mesmos sintomas e horror que eu experimentara seis anos antes.

Mais uma vez, fui consumida por um ciclo de pânico, pensamentos intrusivos, e beirava a histeria a cada instante. Era feroz e muito pior do que antes. Mais uma vez, voltei ao psiquiatra delicado que eu consultara antes, e insisti para ser internada. Como antes, ele foi gentil e paciente. "Escute este homem velho, Isabella", disse ele. "Fins de relacionamentos causam a pior dor que se pode sentir."

Ah, como eu chorei.

Então, tomei mais remédios, olhei para as paredes, me retraí. Lembro da minha mãe me arrastando para as lojas para me animar, e de chorar olhando sapatos (talvez esse devesse ser o título da minha autobiografia). Lembro-me do meu pai me confortando até eu dormir, como se eu fosse uma criança impotente, o que eu, de certa forma, era. Exceto que, na verdade, não. Estava tudo errado, de ponta-cabeça, uma versão sombria da minha juventude. A crise que eu tanto temia que acontecesse de novo tinha voltado com tudo para me recordar de que eu nunca estaria livre do medo. Apesar de todo o apoio, toda a bondade e todo o amor que tive a sorte de receber, eu sabia em segredo que isso significava que eu não conseguiria me recuperar de fato desta vez. Não direito. A ansiedade de sentir de novo aquele nível de pânico pareceu completamente justificada. Eu tinha vivido como uma avestruz, a cabeça enfiada na terra, torcendo para ficar bem ao minimizar a mim mesma, não me pressionar, nunca arriscar. Mas eu arriscara, porque não dá para evitar, e caído. Eu implorei para ser internada, mesmo que à força, qualquer coisa para sair daquela vida que eu achava difícil demais. Eu me sentia privada da armadura certa para o jogo, e, dessa forma, não queria jogar.

Se você está um pouco irritado com a minha recusa idiota de lidar com os meus problemas, tudo bem. Com a vantagem da retrospectiva, eu ainda estou irritada comigo mesma. Tornei tudo mais difícil do que o necessário. Fiz tudo que não se deve fazer ao ser diagnosticado com um transtorno mental — me escondi, tentei argumentar com isso, deixei que me dominasse. Mas muita gente faz o mesmo. Não é uma grande surpresa, né? Não quando consideramos como as doenças mentais foram tratadas pela imprensa durante anos, e quando pensamos como as pessoas falam casualmente sobre "lunáticos" e "gente maluca". Fora isso, há a suposição clássica que você vai enfrentar por parte de algumas pessoas da sua vida que veem a depressão ou a ansiedade como uma fraqueza e deixam claro que você poderia apenas se controlar. Embora essas visões estejam esmaecendo um pouco, elas não vão embora por completo, e não culpo quem sinta que é arriscado demais falar sobre isso. Acontece que, no fim das contas, falar é a única forma de acabar com o preconceito. Igualmente importante é que, quanto mais discutirmos os problemas de saúde mental, mais pessoas saberão como conseguir ajuda eficaz, e menos pessoas vão confiar nos próprios mecanismos bobos. Escrever este livro me animou, porque muitos jovens me disseram que procuraram ajuda logo. É incrível ouvir que as novas gerações não estão esperando e se escondendo, e fico cheia de admiração por quem busca auxílio de imediato. Só que ainda há muito a fazer, e ter a coragem de buscar ajuda não adianta se os recursos não estiverem disponíveis no momento certo.

Ainda nesse ciclo de ignorar a minha ansiedade, minimizá-la para os outros e torcer para ela ir embora, conheci um cara. No início, ele não parecia gostar muito de mim, o que, é claro, tornou-o ainda mais interessante. Fiquei por perto discretamente, me encontrando com ele quando ele sugeria, me segurando quando ele sinalizava uma falta de entusiasmo. Nunca exigi ser levada a sério, dada a minha falta de amor-próprio e a minha total gratidão por alguém gostar de mim mesmo que um pouco. Um comportamento vergonhoso, digno de um capacho, que ainda me faz encolher de leve enquanto digito. Eu só sentia fortemente que aquele homem adulto, vários anos mais velho do que eu, completaria a minha vida de forma que eu mesma não conseguia. Nada mais tinha me empurrado para o que eu considerava vida real — talvez um parceiro conseguisse? Uma ideia completamente ridícula — como você pode ter uma relação decente se você não está bem? Ainda assim, insisti.

Certa vez, vi uma comédia romântica bem ruim na qual uma personagem apela para a melhor amiga fazer uma mudança na sua vida. Uma frase ficou na minha cabeça, e peço desculpa por parafraseá-la, mas não vou assistir de novo (tá bom, talvez eu assista). "Algumas pessoas chegam a uma encruzilhada na vida — ou escolhem seguir em frente e fazer algo assustador, ou viram pessoas ocas. Quando conhecemos essas pessoas, nos perguntamos: o que aconteceu para elas ficarem assim?"

Essa frase ficou na minha cabeça porque eu sabia que era uma pessoa oca. Boa conduta exterior me tornava apta a imitar muito bem uma adulta completamente formada, de vez em quando engraçada, mas era só isso. Olhando para dentro, não havia nada, nenhuma massa escondida. Só uma casca. Uma bela casca, mas não é suficiente. Amigos da época podem ler tudo isso com surpresa ou até mesmo uma leve incredulidade. "Ela não era tão ruim assim", imagino que alguns diriam. "Ela não estava tão triste." Mas é isso que acontece quando você aperfeiçoa viver com ansiedade durante anos. Você esconde, encobre, descarta com desculpas elaboradas qualquer atividade que possa deixar você com medo. Se já teve um ataque de pânico, você saberá que parece que todo mundo consegue ver — como se você fosse um caminhão de bombeiro vermelho e buzinando numa biblioteca silenciosa. Mas, na verdade, você é como um pato, sereno na água. Toda a atividade furiosa acontece sob a água enquanto você está nadando e chutando.

É possível fazer um bom trabalho para parecer mais do que uma concha. E eu insisti nesse romance. Ele era um cara inteligente, estável, gentil, sem os problemas que eu tinha (esse era outro pensamento insano — todo mundo tem problemas, todo mundo tem esquisitices, é claro que ele tinha as dele). E o interesse dele acabou crescendo. A ponto de ele me pedir em casamento depois de três meses de um namoro estável. Entrei em pânico. Era isso que eu queria, é claro — um relacionamento normal para me dar a força e a personalidade que me faltavam. Se eu não conseguia ser um indivíduo completo, então outra pessoa podia grudar em mim e ajudar a melhorar minha média. Mas foi tudo tão às pressas, tão decisivo que a minha reação ao pedido dele foi, no máximo, moderada. Eu disse sim, subi no ônibus e fui para casa. Lá, irrompi em lágrimas na mesma hora e fui correndo pedir ajuda para a minha mãe (ela disse que era normal agir daquela maneira, parabéns, mãe). Bem, como aquilo poderia parecer certo? Nada mais parecia.

Um dos maiores problemas da ansiedade é que ela causa insegurança sobre o que é mera preocupação irracional, o que é legítimo. Quando você sabe que tem uma ansiedade grave, se acostuma com o fato de que a maioria dos seus problemas pode ser creditada à doença. Em vez de supor que estou tendo um derrame, em geral percebo: "Ah, é o pânico de novo." Quando sinto tontura; quando sinto fome; quando sinto frio; quando sinto sono; quando sinto dores de estômago; ou quando sinto vontade de chorar, tendo a confiar na Navalha de Occam — a explicação mais simples em geral é a melhor. É uma coisa estranha não confiar mais no seu instinto de que algo possa estar errado. Você nunca sabe se a ansiedade está mascarando algo sério ou se os sintomas são criados por ela. É uma coisa perigosa, que imita outras doenças se você se preocupar com elas e vomita problemas que podem ser qualquer coisa. Atualmente, tenho dor nas costas. Minha mente está se divertindo muito inventando teorias insanas sobre isso. É *dor nas costas*. Todo mundo tem isso. Mas o meu cérebro está me levando em direção a várias outras sugestões, todas bem mais exóticas. Como você pode imaginar, os médicos me adoram: minhas consultas têm muito "já que estou aqui…".

A internet — não pesquisem sobre doenças no Google, pessoal, isso só faz a gente achar que contraiu algum vírus tropical — está cheia de gente diagnosticada com ansiedade por um profissional, mas que ainda se preocupa com sintomas que possam indicar câncer, diabetes, psicose ou uma miríade de outras coisas. No fundo, elas sabem que é a ansiedade, mas não dá para ter certeza. Tudo isso para dizer que sim, provavelmente é isso, mas a preocupação não vai embora. É preciso encontrar um equilíbrio entre não ignorar sensações e instintos e não se deixar levar por eles. Não dominei isso, ainda.

Então, eu estava ansiosa pra caramba sobre casar e não sabia se era porque eu sempre me sentia assim ou porque a minha mente estava tentando ser minha amiga e me dissuadir da ideia, para variar um pouco. Passei muito tempo tentando descobrir, mas como seria possível? Eu nunca tentara compreender como a minha ansiedade funcionava — não de forma séria — e não confiava na minha cabeça. Às vezes, era irredutível de que tudo estava bem e as minhas preocupações eram irracionais; outras vezes tinha bastante certeza de que meu relacionamento não era bom. Não mencionei isso a ninguém — já estava tudo em andamento, todo mundo gostava do meu namorado; eu tinha mais ou menos o que achava ser "a idade certa"; e não conseguia pensar num motivo para jogar fora a minha vida e a segurança prometida pelo relacionamento. Além do mais, raciocinei que, de toda forma, o problema era comigo.

Então casamos. Tive tempo para me acostumar com a ideia e estava comprometida de verdade com isso. Houve alguns alertas antes, mas a minha autoestima estava no chão, então, aguentei algumas coisas que hoje nem sonharia em permitir. O dia do casamento foi *ótimo*, aliás. Recomendo demais fazer uma cerimônia se você tem um parceiro legal e quer usar uma coisa divertida. Tivemos um grande dia de relaxamento e bebidas que incluiu os meus cachorros e um monte de tiramisu. Não sei muito sobre como fazer um casamento funcionar (leia-se: nada), mas o dia em si pode ser bem divertido! Amigos, família, música e todo mundo tem que comentar como você está linda. Pense nisso. E me convide, eu ainda amo festas de casamento, apesar de a minha ter sido uma enorme precursora da desgraça. Pelo amor de Deus, faça no fim da tarde. Ninguém quer começar a beber champanhe às onze da manhã. Pelo menos, não se pretender ainda estar acordado às onze da noite.

Eu não fiquei nem um pouco ansiosa no dia, no fim das contas. Fico ansiosa em domingos tediosos, mas, aparentemente, não no dia em que me caso depois de ter tido opiniões conflitantes exaustivas sobre a coisa toda. Meu cérebro é um fanfarrão, não acham? Enquanto saíamos de lua de mel, meio que pensei que talvez o casamento fosse a solução, e que dali em diante eu ficaria bem. *Não!* Passei a minha primeira noite sem dormir, sentindo-me aérea, chapada e estranha. As pessoas pareciam esquisitas, eu jurava que o chão estava se movendo, as cores estavam erradas. E não melhorou. Antes do casamento, eu tinha alimentado um medo de ter choque anafilático — por causa da comida, da maquiagem, da tinta de cabelo. Isso me consumiu da forma como fazem os pensamentos insanos (ideias irracionais parecem ter uma tendência de pular e grudar em novos medos, o que pode surpreender você e causar-lhe um surto — nunca há um momento de tédio), e passei muito tempo inspirando e expirando de forma esquisita, para checar se eu conseguia. Fui picada por uma abelha e precisei dormir três horas depois de um enorme ataque de pânico. Minha lua de mel foi assolada por esse medo idiota e patético — embora eu nunca tenha dito isso em voz alta, como sempre. Para piorar, eu sentia que podia desmaiar a qualquer momento e a dissociação voltou. Meu novo marido parecia um estranho e eu me sentia um autômato. Não soa como o início de um caso de amor incrível?

Num dos últimos dias, numa rua de comércio lotada, implorei para o meu marido não ir tomar café sem mim. Não por estar tão imersa na felicidade conjugal que não aguentava perdê-lo, mas porque estava assustada demais para ficar sozinha em público. Aos 29 anos, com um cachorro, um marido e supostamente uma previdência em algum lugar, eu não conseguia ficar sozinha por dois minutos. Uma vida inteira ignorando a minha ansiedade tinha me levado até aquele momento. Eu me sentia patética, e tenho certeza de que ele também achava que eu era.

Algumas pessoas crescem quando os outros precisam delas — a vulnerabilidade alheia faz com que elas se sintam mais fortes. Mas não é disso que uma pessoa ansiosa precisa. Não é disso que ninguém precisa, na verdade. Por mais que você queira alguém para apoiá-lo e protegê-lo, isso só deixa o seu cérebro com mais medo. Dá permissão para a sua mente sussurrar: "Viu — até as pessoas que você ama acham que a vida é assustadora e perigosa para você. É melhor ficar aqui e não arriscar sair."

Porém, a ansiedade faz outras pessoas reagirem de forma diferente. Algumas dizem para você aguentar; outras olham como se você fosse quebrar; algumas dizem que também se preocupam o tempo todo e você só balança a cabeça e sorri com a tentativa delas de entender. (*Você* já chorou de preocupação de ter matado a sua irmã porque caminhou no pedaço errado da calçada e causou a ira de algum espírito maléfico? É claro que a minha irmã estava bem e o meu cérebro só estava sendo babaca. Mas fale mais sobre como você também fica agitado em aviões...)

Teve um cara que teve uma ereção quando falei que estava tendo um ataque de pânico. Imagine. Ficar excitado com o medo de outra pessoa. Ele tentou colocar a minha mão lá, como se eu fosse ficar grata. Ainda não consigo conceber uma reação mais babaca à ansiedade, mas me conte, por favor, se tiver passado por uma!

Enfim, estou fugindo do assunto. Evite *esse* cara. E não deixe os outros encorajarem a sua ansiedade por causa de um amor equivocado ou uma necessidade de se sentirem melhor consigo mesmos. Muita gente vai fazer isso, é um saco. Aprenda os sinais e fuja deles.

Claro, você só está ouvindo o meu lado. Mas veja só. Eu o amava. Achava que estava indo bem. Eu com certeza estava decidida a aguentarmos e fazer aquilo tudo funcionar, não importa o que acontecesse. Mas, em segredo, eu era uma pessoa oca e estava ficando muito ruim em esconder isso. É difícil concordar com planos de longo prazo quando você tem medo de ir ao supermercado no fim da rua. Eu sei que toda hora falo desse supermercado, mas é só porque é uma referência muito forte do quanto eu estava paralisada (e não porque eles estão me pagando).

Fomos aos trancos e barrancos até o Natal, que foi quando tudo começou a se desfazer. Ou talvez já estivessem se desfazendo, mas os acontecimentos colocaram mais pressão. O meu marido sofreu um acidente de carro assustador que nos abalou e o traumatizou. Embora ele tenha saído ileso fisicamente, se retraiu, seu humor piorou e sua boa índole de sempre desapareceu.

Ele insistia que estava bem e, apesar de todas as provas em contrário, não forcei a barra. Achei que ia passar, que ele estava atravessando um momento de tristeza, mas eu estava horrivelmente errada. Uma viagem de fim de semana acabou comigo chorando num restaurante chique (com prataria de verdade), pedindo que ele fosse mais gentil comigo. Comecei a pedir isso vezes demais. Supus, egoistamente, que eu fosse o elemento quebrado na parceria, e foi muito ingênuo imaginar que sempre seria eu a receber cuidados. Ele precisava de ajuda, mas, como tanta gente que se vê deprimida ou ansiosa, não pedia nem discutia o assunto. Como eu digo, ninguém é "estável", ninguém é totalmente resolvido, e, por mais idiota que isso soe, busquei alguém que parecia estar mais no controle do que eu. No fim das contas, encontrei alguém que também tinha vulnerabilidades e preocupações. E não consegui ajudá-lo de jeito algum.

Assim, estávamos os dois infelizes. Ele não percebia o quanto eu estava assustada e eu não percebia que ele podia ter caído na própria escuridão. Ele se recusava ou não conseguia conversar, e eu não queria explodir a mina que estava no nosso quarto, então, seguimos com essa tentativa fajuta de casamento enquanto eu ficava cada vez mais ansiosa, e ele, cada vez mais raivoso. Dormíamos de costas um para o outro.

Nesse ponto, eu estava com uma agorafobia relativamente grave. Vivia espantando pensamentos intrusivos e estava tendo ataques de pânico de novo. Não conseguia pegar um transporte público, nem ir para o centro da cidade, nem experimentar coisas novas. Tive que tirar uma licença de duas semanas do trabalho porque a minha mente ficou presa no velho ciclo familiar e todo o transtorno voltou. Não conseguia entender como isso tinha retornado, e estava furiosa. Não vi o gatilho, que depois ele se tornou óbvio. Meu casamento estava fracassando.

Há pouco tempo, li uma entrevista com o ex-jogador do Arsenal, Tony Adams, em que ele diz que o seu casamento funciona porque ele e a mulher não precisam um do outro.

Eles se amam, mas também ficariam perfeitamente bem sozinhos. A escolha de estar juntos é deliberada, não baseada na necessidade de apoio, dinheiro ou conforto que o outro oferece. Ele já não precisa ser levantado por outra pessoa, e hoje entendo essa abordagem. Eu tinha misturado amor e necessidade. Tinha procurado conforto e, em vez disso, recebido cada vez menos atenção, pouquíssimo afeto e frieza. E provavelmente eu merecia muito disso, certo?

O dia em que o meu marido foi embora foi o primeiro dia em que eu tinha ido ver um terapeuta novo, por insistência dele. Voltei cheia de esperança, com cupcakes e balões de encher para o aniversário dele. Eu ia dizer que sentia que as coisas podiam melhorar; que o terapeuta simpático tinha me garantido que, com um pouco de esforço, eu podia superar as minhas ansiedades e me tornar uma esposa melhor, uma adulta melhor. Mas ele se sentou à mesa, sem comer os cupcakes, e me disse que estava me deixando. Já descrevi como me senti ao ouvir isso; como implorei, supliquei e chorei. Mas nada funcionou; aparentemente, ele estava planejando me deixar havia muito tempo e tinha encontrado um lugar para morar havia semanas. A decisão dele estava tomada, e a minha única opção era aceitar. "Nunca deveríamos ter casado", foram as últimas palavras que me lembro de ele ter me dito. Também me recordo de um momento real de tentar recuperar o fôlego, como num filme ruim. O cachorro chegou a chorar. E, aí, meu marido foi embora.

A humilhação foi total. Tínhamos fracassado, mas, principalmente, *eu* tinha fracassado. Fracassara em ser alguém que conseguia fazer o que os outros pareciam fazer todos os dias ao redor do mundo — amar e ser amada. Por muitos motivos, porque relacionamentos são complicados e seres humanos são confusos; mas, acima de tudo, culpei a minha ansiedade. Eu me sentia maculada por ela.

Quase todo mundo na Terra já teve um término horrível e eu não sou especial por ter a ansiedade além dele. Lidei com a dor inicial como a maioria das pessoas, embora não me lembre de muito sobre as primeiras semanas. Não havia frases de inspiração que me dessem forças, nem músicas empoderadoras que me fizessem sentir que ia ficar tudo bem. Só me lembro de deitar muito no chão (talvez para garantir que ele não fosse tremer de forma traiçoeira de novo).

O engraçado foi que, nos dias que se seguiram, não me senti ansiosa. Senti um rol de outras coisas horríveis, incluindo raiva e tristeza, mas não ansiedade. Havia um alívio perverso em destruir tudo a tal ponto — eu me sentia quase destemida. Sem nada com que me importar, eu não precisava ter medo de perder. No fim, o casamento tinha tornado tudo pior, não melhor. De repente, fiquei inquieta — eu queria fazer *alguma coisa*. E como não sou Bear Grylls ou Amelia Earhart, não saí numa aventura global incrível e corajosa, simplesmente fui correr.

Aquela primeira corrida para cima e para baixo do beco foi abastecida, principalmente, pela raiva. Eu queria muito sair de dentro da minha própria cabeça e não sabia como. Fora gritar e socar alguma coisa, achei que me mover o mais rápido possível podia funcionar. Afinal, eu não conseguia me mover tão rápido, mas ainda parecia *alguma coisa*. Quando terminei os meus três minutos bufando e resfolegando, manquei para casa sentindo que tinha meio que atingido o meu objetivo. Eu me sentia fisicamente péssima, mas havia deixado os pensamentos de lado por um momento. Tinha saído do ciclo de infelicidade em que estava desde bem antes de o meu marido ir embora e feito algo diferente — algo sobre o qual ninguém mais sabia além de mim.

Às vezes, quando chegamos ao limite, uma coisa pode fazer a diferença. Quando estamos muito por baixo, até uma pequena mudança pode ser um lampejo de esperança. Ao olhar ao redor e perguntar às pessoas o que elas tinham tentado quando estavam passando por tempos difíceis, recebi todo tipo de respostas: algumas engraçadas, algumas óbvias e algumas simplesmente excêntricas. Os seriados estavam entre os favoritos — maratonar *The West Wing* (eu também recomendo isso) — assim como ler. Exercícios coletivos também foram respaldados, como aprender um instrumento em grupo e o bom e velho círculo de tricô. Um ex-colega fez trabalho voluntário para o máximo de instituições e ONGs possíveis até todos os seus horários estarem ocupados cuidando dos outros e ele não ter tempo de ficar pensando nos próprios problemas. Cozinhar também parecia popular: uma entrevistada me disse que comeu batata gratinada todos os dias até se sentir melhor, outro cozinhou todas as receitas de frango em que conseguiu pensar. Uma foto enviada por um estranho numa rede social me alertou sobre um hábito incrível de montar Lego, formado depois de um rompimento. Cerâmica foi outra atividade, esculpir algo, fazer algo. Criar, em vez de destruir.

As pessoas também me contaram sobre desafios maiores — viagens ao Himalaia, retiros de meditação com votos de silêncio e se inscrever para ultramaratonas. Admiro esses desafios, mas eles me pareceriam inatingíveis. No entanto, acima de tudo, as pessoas disseram que se exercitavam. Longas caminhadas — feitas sem objetivo final ou rota —, como descreveu muito bem um amigo: "Caminhar! Caminhar sem rumo por horas e horas, ouvindo música, parando para ver as pessoas. Sentar em bancos, se estiver sol, fechar os olhos e deixar o sol aquecer o seu rosto." Ioga para focar a mente e relaxar o corpo, boxe para se libertar da adrenalina e raiva. E corrida. Correr apareceu muito, então, a minha escolha não foi muito original — mas eu tinha farejado algo.

A vida não mudou, eu continuei indo trabalhar; continuei chorando no banheiro; continuei desviando do olhar no rosto das pessoas quando eu tinha que explicar que meu casamento já tinha acabado. Eu ligava para o meu marido e perguntava se ele tinha mudado de ideia (spoiler: não, nunca). Empacotei todas as coisas dele enquanto o cachorro assistia com desconfiança, resmungando enquanto eu enfiava camisas em sacos de lixo e livros em caixas de papelão que nem uma louca. Quando ele veio buscar tudo, notei que estava sem a aliança. Aparentemente, ele estava procurando pela saída muito antes de eu notar. O que me recusei a ver ainda me surpreende. Minha adorável irmã vinha e ficava muito tempo comigo — sem eu notar, ela meio que se mudou e me acordava de manhã, me obrigava a tomar banho, me fazia comer. Eu não conseguia ignorar o término nem ignorar as ansiedades longamente cultivadas, mas podia sair disso por alguns minutos por dia quando colocava meus tênis velhos, saía de fininho de casa depois de escurecer e ia para o beco onde tinha corrido naquele primeiro dia.

Eu sempre voltava ao mesmo ponto de partida. Sempre corria com a mesma música. Ficava sem fôlego e me sentia gigantesca a cada tentativa. Mas notei que estava correndo por mais tempo, que parava menos e que até deixava a música ridiculamente raivosa em que eu confiava terminar e outra começar.

Também notei mudanças físicas. Estava dormindo melhor em vez de simplesmente ficar olhando para o teto enquanto a minha irmã dormia do meu lado. A respiração e o calor dela me davam algum conforto. Uma simples garantia de que nem tudo fora arrancado de mim. Eu não era tomada por uma onda de adrenalina sempre que tinha um pensamento intrusivo ou momento de pânico. Eu não chorava no momento em que acordava. Progresso! Bem, mais ou menos.

Eu não estava pensando com clareza sobre muita coisa nesse ponto. Cada dia era extenuante, e eu precisava dar tudo de mim para levantar e ir trabalhar. Certamente não estava tentando de fato aliviar as minhas preocupações a longo prazo ou achar uma panaceia, mas até eu conseguia ver que as minhas corridas noturnas estavam diminuindo o peso que senti logo depois do colapso do meu casamento.

Na quarta noite correndo (às vezes, eu me sentia uma fraude falando "correndo", sendo que nessa fase estava basicamente arrastando os pés), cheguei no fim do beco e não parei. Pode não parecer um passo grande, mas eu tinha tanto medo de sair sozinha e da minha zona de conforto que senti que estava indo para a Nova Zelândia. Emergi numa rua principal e segui com todo cuidado, convencida de que os pedestres e os motoristas riam do meu passo lento. É um medo comum em iniciantes — você tem certeza de que está sendo seguido por um farol que grita: "Sou novo nisso e estou indo mal, por favor, ria de mim." O único conselho que posso dar é que você não está. Eu não corri pelos primeiros trinta anos da minha vida. Nunca notei nenhum de vocês — os iniciantes, os velocistas incríveis, nunca mesmo. Se notei, foi só para ficar maravilhada pelo fato de que vocês queriam, bem, levantar do sofá e se mexer tão rápido. É preciso ignorar isso e aceitar a minha palavra aqui: seja como for, a maioria das pessoas não levanta os olhos do celular (o que é um novo problema quando você começa a correr, acredite; falarei mais sobre isso depois).

Ninguém nem piscou. Ninguém gritou em completo horror. E eu não caí desmaiada de medo. Corri mais cinco minutos naquela noite e fui para casa eufórica, sentindo que tinha superado uma barreira que eu enxergava desde que conseguia me lembrar.

Daquela noite em diante, senti algo mudar dentro de mim. Uma mudança minúscula, quase imperceptível, que sei hoje que devia ser esperança. Fiz playlists de corrida cheias de músicas rápidas e agressivas para me encorajar. Li coisas em fóruns de corrida, impressionada com aqueles posts casuais sobre pessoas correndo trinta e dois quilômetros por diversão. Pesquisei tênis de corrida on-line antes de voltar atrás, estupefata com tantas opções coloridas.

Enquanto isso, amarrava o meu par velho e caindo aos pedaços toda noite e saía. E ia um pouco mais longe a cada vez. Meus pulmões queimavam, minhas canelas doíam e eu odiava cada minuto, mas, dentro de uma semana, estava fazendo dez minutos por vez. A pura teimosia me energizava. Eu não ia rolar para o lado e desistir. Ia fazer aquilo, mesmo que não soubesse por quê.

Segundo pesquisas feitas por uma equipe da University College London, leva-se, em média, 66 dias para adotar um novo hábito e fazê-lo durar.[70] Isso exige repetir uma ação de forma consistente e dentro do mesmo ambiente. Estritamente falando, não acho que correr pode ser chamado de hábito, mas sem querer eu estava usando essas diretrizes para tentar fazer a minha nova atividade durar. E esses 66 dias podem ser úteis se você quiser começar a correr, porque muitas vezes ouço pessoas dizendo de imediato que "odeiam". Eu também costumava dizer isso, mas, como nunca tinha corrido de fato, era uma desculpa fraca. Você não odeia correr. Você acha chato desconfortável ou frio. Tudo isso pode mudar com tempo, forma e equipamento. 66 dias devem funcionar...

Na segunda semana correndo no beco, minhas pernas começaram a queimar. Cada vez que o meu pé tocava o chão, uma dor aguda subia pelas batatas da perna, e eu fazia caretas durante toda a corrida. Talvez seja assim que ela deva ser, pensei comigo mesma. Talvez fosse sinal de progresso? É claro que não era. Uma pesquisa rápida no Google revelou que eu estava com canelite. Isso provavelmente aconteceu porque eu estava usando tênis inadequados que tinham ficado oito anos dentro de um armário, porque estava correndo rápido demais ou pisando errado. Ainda não sei se piso certo, por sinal, mas não ia parar só porque as minhas canelas doíam. Desisti e fui a uma loja de corrida especializada. Esses lugares são muito intimidantes quando você entra pela primeira vez. Têm manequins magros com leggings apertadas, anúncios de bebidas energéticas e cerca de oito milhões de tênis para diferentes tipos de corridas. Eu quase virei as costas e fui embora direto quando vi no canto uma *esteira* em que você é filmada enquanto eles tentam ver que tipo de tênis você precisa. Mas fiquei, morri um pouco em cima daquela máquina e voltei para casa com tênis fluorescentes que custaram uma quantia absurda de dinheiro. Eu tinha investido grana no meu experimento de corrida. Agora estava comprometida.

O escritor Charlie Brooker escreveu sobre começar a correr há alguns anos.[71] Ele também teve o momento intimidante do tênis — quando você percebe que ou está dentro, ou está fora. "Finalmente aceitei e comprei um par decente para substituir as porcarias que eu estava usando. Quando isso aconteceu, comprei uns shorts de corrida pretenciosos. Não um, mas vários… Mal consigo me olhar no espelho."

Armada (ou calçada?) com os sapatos adequados, esperei que a canelite melhorasse e voltei para a rua. Sempre que queria ir para casa, barganhava mais dez segundos. Quando me sentia nervosa numa rua nova, dizia a mim mesma que sempre podia dar meia-volta. E, assim, comecei a ir aos poucos para o mundo. Se, antes, eu não conseguia chegar até a rua de comércio do meu bairro porque começava a entrar em pânico, agora estava correndo por ela. Eu me vi explorando os arredores com novos olhos — admirei uma ponte que nunca tinha notado, descobri uma ruela cheia de casas antigas. Comecei a notar rostos familiares — o grupo de mães com carrinhos no café local; o homem bebendo cidra em frente ao quartel de bombeiros; o dono da loja de tapetes que cuidadosamente conserta as suas mercadorias na calçada. Depois de anos chafurdando dentro da minha mente, eu estava olhando para fora. Correr estava me permitindo uma folga das preocupações. Quando estava ocupada me concentrando tanto em não cair ou não tropeçar numa velhinha com o seu carrinho de compras, eu não tinha tempo de entrar em pânico.

Mesmo nos momentos em que eu sentia os velhos sinais familiares de ansiedade, o ato físico de correr significava que eles não ganhavam tração. O movimento rítmico — pernas passando, braços balançando — fica tão regular que pode começar a ser calmante. De lado a lado, iam os meus braços. Um pé, depois o outro. Corpo balançando. Era hipnotizante. A respiração, de que eu era tão consciente antes, era automática. Inspire, expire. Continue, mesmo quando doer. Eu precisava de oxigênio para continuar e isso significava que eu não tinha tempo de me preocupar se *conseguia* respirar ou se a minha garganta estava fechando. Eu fiquei mais dura comigo mesma. Uma pontada, uma onda de adrenalina ou um pensamento ruim: não dava atenção a nada disso enquanto corria. Essas coisas tinham todos os meus outros momentos enquanto eu estava acordada, mas não naqueles poucos minutos a cada dia.

Um mês depois do meu marido sair pela porta, eu tinha chorado baldes, bebido qualquer vinho em que conseguia colocar as mãos, fumado cigarros suficientes para me envelhecer uma década e corrido mais longe do que jamais achei possível. Tinha corrido na chuva torrencial e no escuro, e tinha corrido bêbada, cansada, chorando ou furiosa. Às vezes, tudo isso junto. Eu tinha comprado os tênis e baixado um aplicativo de corrida. Pela primeira vez em muito tempo, me sentia no controle de algo, por menor que fosse. Não dependia de mais ninguém para correr e não me sentia em cacos quando fazia isso. Eu ainda não sabia, mas tinha formado um hábito com sucesso. Estava viciada.

5 KM - EXERCÍCIO É INTIMIDANTE

Esta é a minha segunda corrida do dia e nenhuma delas foi boa. Não estou correndo para nada; estou correndo para fugir; esperando que a corrida domine as minhas emoções e me dê um tempo. Só oito meses depois de uma reviravolta péssima ter me levado a esta atividade, algo bem pior aconteceu. Uma amiga da família morreu. Mas o termo "amiga da família" é insípido, sem emoção. Como descrever alguém que chamava a si mesma de minha segunda mãe; que me deu oportunidades; gritava comigo quando eu errava; me ajudou a virar adulta; e me trancava em banheiros até eu contar todas as fofocas boas? Uma dessas pessoas que fazia os outros se virarem e dizerem: "Quem mulher é essa? Quero ser amigo dela." Embora a sua morte tenha sido esperada após uma longa doença, parece ridículo que George, de todas as pessoas, tenha ido embora. O espaço deixado por ela é como a cratera de um asteroide — o vazio que fica é terra arrasada, profundo e violento. Então, corro o tempo todo. De manhã, de noite, sempre que tudo me assola e acho que vou desmoronar. Não estou sentindo nenhum barato com isso. Aliás, estou suando porque vou rápido demais, me machucando porque é melhor do que ficar sentada pensando nela. Não quero deixar isso se entranhar, então corro pelo Highgate Hill sem parar, até ser forçada a parar de forma violenta quando sinto uma pontada aguda de dor. Sento-me num banco no escuro e deixo a minha respiração voltar ao normal. E aí continuo, porque não quero ir para casa e não quero chorar. Ela era a pessoa mais corajosa que já conheci, então, não quero parar. Ainda não sei como processar esse luto, mas nesta noite chuvosa, correr pelo menos parece uma tentativa.

Não se pode culpar quem pense que o apetite por exercícios aumentou drasticamente nos últimos anos. O desejo inato de se mexer produziu tribos terríveis como os Tough Mudders, os adeptos dos Bootcamps, o pessoal do CrossFit e os praticantes dedicados de *spinning*. A cada semana, um novo treinamento é anunciado aos quatro ventos como o melhor exercício que se pode fazer — uma forma brilhante de evitar obesidade, osteoporose, doenças cardíacas e depressão. Alguns têm um elemento de competição desconfortável: um passeio suave não é suficiente, não quando você poderia estar no pedal por doze horas ou na ioga numa sauna fervendo.

No entanto, embora os registros da Sport England mostrem que 60% dos adultos (27 milhões de nós) fazem os cento e cinquenta minutos de exercício recomendados por semana, 26% faz menos de trinta minutos de atividade no mesmo período.[72]

Nada disso melhora com as medidas de austeridade que deram uma mãozinha na decisão de fechar centenas de parques desde 2014. Da mesma forma, conselhos locais reagiram a cortes orçamentários fechando piscinas públicas e reduzindo outras instalações esportivas. Faz diferença. Estudos mostram que a participação em esportes cai notavelmente em épocas de austeridade. Onde você vai para se mexer se o parque perto da sua casa estiver negligenciado ou, pior, perigoso? Não estou sendo dramática. Em 2017, o Comitê de Comunidades e Governo Local da Câmara dos Comuns descreveu os parques do Reino Unido como "estando num ponto de virada", dizendo que "se o valor dos parques e sua contribuição potencial não forem reconhecidos, as consequências podem ser graves".[73] Nem todo mundo tem dinheiro ou tempo de ir à academia. Com certeza, essas medidas não facilitam para que as pessoas se levantem e se mexam — apesar de todos os conselhos oficiais que dizem ser tão importante fazer isso.

Não são apenas os recursos limitados que podem fazer as pessoas adiarem os exercícios, nem as mensalidades muitas vezes exorbitantes das academias — às vezes, preocupo-me se a percepção de atividade foi deturpada, repelindo as pessoas totalmente à ideia. Parece cada vez mais que, ao menos no Reino Unido, o exercício foi gentrificado. Se o esporte costumava ser visto sobretudo como atividade masculina — com lama, testosterona e dor (perturbadora em si só) —, a imagem moderna de uma pessoa que malha parece ter ido em outra direção, que exclui o mesmo número de pessoas. É desanimador que as fotos de quem faz exercício hoje em geral mostrem pessoas brancas, ricas, elegantes, iridescentes. O Instagram e outras redes sociais corroboram essa percepção — fotos de mulheres magras com gomos na barriga ou de homens com bíceps rasgados em geral alienam mais do que inspiram. Já não é considerado suficiente ir nadar rapidinho na piscina local (quer dizer, claro que, num mundo normal, é); em vez disso, você precisa entrar para uma academia que tenha a própria linha de nutrição e venda um regime confuso de shakes de proteína.

Aulas exclusivas oferecidas por SoulCycle, Barry's Bootcamp e CrossFit são há muito populares nos Estados Unidos, e a presença deste tipo de atividade está crescendo no Reino Unido, com sessões que custam até quarenta libras em algumas localizações de alta demanda. Agora, você é julgado não só pelo tipo de exercício que faz, mas também pela roupa que veste. Basta analisar o aumento na popularidade de marcas esportivas, que custam mais que o seu vestuário normal — prometendo fios de prata, absorção de umidade e velocidade extra. Numa ocasião, fiquei quase tentada por uma legging que prometia dissolver a minha celulite enquanto eu corria. Elas funcionam mesmo? Eu adoraria saber. (Estou brincando, eu sei que não funcionam.) Hoje, qualquer loja de rua que se preze tem uma linha elegante de roupas esportivas, para você não continuar pensando que é aceitável vestir uma camiseta velha e uma legging sem elástico para se exercitar.

Essa reformulação da imagem do exercício anda de mãos dadas com a tendência bem-estabelecida de alimentação saudável, que encoraja as pessoas a cortar coisas antes básicas como açúcar, glúten e comida processada. O movimento recebeu tanta crítica pela sua ciência duvidável e abordagem insalubre que os praticantes logo passaram a falar, em vez disso, sobre "bem-estar". Um termo mais vago, aparentemente ligado a ouvir de maneira intuitiva o que seu corpo precisa, mas ainda usado pelas mesmas garotas impossivelmente magras, com a pele brilhando e sorrindo enquanto avisam para você não comer massa. Em teoria, todas elas pregavam uma atitude de "não julgamento" em que tudo era permitido, mas a mensagem que pareceu ser transmitida (ao menos para mim) era de privação, competição e imagem física.

Esqueça as revistas de fitness e moda de outrora, que você conseguia evitar se estivesse preocupado com expectativas irreais sobre o seu corpo. As mídias sociais, que quase todos nós usamos em graus variados, está lotada de pessoas saudáveis tirando selfies na academia, vangloriando-se da sua barriga ou filmando as suas sessões de musculação. Assim como eu me senti intimidada e rejeitada pelos exercícios quando adolescente, suspeito que muitas dessas novas tendências em exercícios e imagens façam as pessoas desistirem de tentar qualquer tipo de atividade. Se acha que não é do tamanho certo ou não tem dinheiro para aulas caríssimas, onde começar? E se o seu nível de condicionamento gira em torno de zero, como o meu girava há alguns anos, pode ser mais fácil se convencer de que aquilo não é para você. Essas pessoas não são da sua turma, então nem tente.

Toda vez que entro no Instagram, mesmo que tenha acabado uma ótima corrida e me sinta cheia de energia, fico um pouco desanimada com a imagem de alguma mulher ágil e maravilhosa levantando peso ou exibindo a barriga torneada sob a desculpa de mostrar o café da manhã. Parece simples demais, sorridente demais, arrogante demais. Eu nem estou me exercitando para ter um abdome sarado, então isso sequer deveria me afetar. Mas agora é fácil fazer a gente se sentir mal ou pensar que não estamos nos esforçando o suficiente. Em 2017, a Royal Society Of Public Health pesquisou mil e quinhentas pessoas de 14 a 24 anos e descobriu que quatro entre cinco das plataformas de mídias sociais mais populares eram prejudiciais à saúde.[74] O Instagram era a pior, provavelmente porque fotos são uma forma eficaz de se mostrar e fazer os outros se sentirem inadequados. Essa suposição é apoiada por uma pesquisa de 2016 que descobriu que as pessoas que viam imagens de inspiração fitness, ou "fitspiration" no Instagram tendiam a ser mais autocríticas depois.[75] É uma descoberta óbvia, mas péssima. Somos intimidados e desencorajados por aqueles que declaram nos inspirar com os seus corpos. Mas isso é claro. Nossos corpos não se encaixam. E como poderiam, quando tudo o que vemos é tão filtrado, tão tonificado, tão completamente inalcançável?

Marianne me contou que era uma atleta de nível olímpico quando adolescente, mas conforme foi envelhecendo, passou a se sentir cada vez mais desconfortável com o próprio corpo. "Fui ficando insegura sobre como queria que ele fosse, ou se a dor que ele estava me causando era normal. Então, parei de me exercitar. Virou doloroso demais engajar comigo mesma como um ser corpóreo. A ausência de uma história social ou imagem em que eu pudesse me encaixar e que pudesse utilizar para entender as minhas experiências me afastou muito do exercício, muito mesmo".

Certo ou errado, o grupo de pessoas que os exercícios tradicionais parecem atender aparentemente é restrito para algumas pessoas. Marianne viu o que estava sendo oferecido como, inutilmente, dividido em linhas binárias. "Com frequência parece que ou você está se exercitando 'como uma mulher (viés de gênero)' ou 'como um homem (viés de gênero)'; estou fazendo exercícios de mulher, usando roupas de mulher e exibindo o meu corpo de mulher num top esportivo da Adidas muito bonito. Para quem tem corpos femininos do ponto de vista biológico, roupas de exercício são sempre apertadas e mínimas. Tendo uma experiência com o corpo traumática por apenas estar nele, chegar ao ponto de conseguir me vestir para ir me exercitar várias vezes já é um esforço (e isso sem as complicações adicionais da ansiedade)."

Estamos decepcionando gente como Marianne, e isso é uma vergonha. Porque todo mundo que tem a sorte de ter um corpo apto devia se mexer mais. Talvez mais do que nunca, todos precisamos estar mais em forma. Para prevenir doenças cardíacas, diabetes e talvez até a demência. Um em quatro de nós é obeso, segundo a Organização das Nações Unidas para Alimentação e Agricultura (FAO), e esses números estão bastante ligados à privação social.[76] Estatísticas como estas deveriam ser suficientes para fazer as pessoas se levantarem e saírem, mas, aparentemente, não são. Aliás, é claro que é possível se exercitar estando acima do peso. Milhões de pessoas fazem isso — e, para muitas, o propósito não é emagrecer. Mas essas pessoas quase nunca aparecem em campanhas publicitárias positivas ou são festejadas pela nossa cultura centrada na imagem. Nicola, corredora de longas distâncias plus size, me disse que fica de saco cheio quando "olham para mim como se eu fosse maluca quando menciono corrida. Não é de se espantar que as pessoas tenham medo de começar".

Cansado da ausência de espaços de inclusão acolhedores para se exercitar e ser saudável, o movimento body positive interveio. A inciativa, que surgiu da aceitação do corpo gordo dos anos 1960 e foi consolidado por Connie Sobczak e Deb Burgard nos anos 1990, propõe-se a ser inclusiva, diversa e interseccional — celebrando corpos que nem sempre foram aceitos ou elogiados pela sociedade. Um dos objetivos é promover a mensagem de que exercícios devem ter a ver com prazer e diversão, não com punição e perda de peso. No Reino Unido, há um site que mostra a localização do professor body positive mais próximo de você — e há uma gama ampla de esportes: ioga, boxe, o que quer que você ache que pareça divertido. O site está listado no fim do livro.

Então, a imagem da boa forma — privilegiada, dispendiosa, monótona e inatingível — precisa mudar. Porque mesmo sem os benefícios físicos oferecidos pelo exercício, que todos nós conhecemos, ele pode dar um estímulo mental formidável. Já está claro o suficiente? Talvez mais de nós experimentássemos fazer exercício se soubéssemos que podia ajudar a nossa mente, não apenas o nosso coração. Talvez mais de nós fizéssemos exercício se não o achássemos tão intimidante.

Eu estive bem acima do peso em alguns momentos de meus vinte e poucos anos, e com certeza não vi um caminho claro para a boa forma. Como eu não conseguia usar roupas de lojas de marca, tinha menos probabilidade de ser seduzida pela imagem que o mercado fitness oferecia. Aliás, eu sentia repulsa pelos corpos torneados ao meu redor. Não conseguia sequer imaginar uma forma de ficar daquele jeito, e perdia qualquer vontade de me sentir melhor em vez de simplesmente ficar mais bonita. Era intimidante demais. Nenhuma dessas estrelas fitness loiras e sorridentes se pareciam comigo. Nem com metade de mim. Eu me sentia pesada e desconfortável, e tinha vergonha disso. Não tanto por ser grande, mas porque eu sabia que minha forma era vista por muitos outros como indulgente, preguiçosa e feia. Isso não ajudou nem um pouco com os meus sentimentos de depressão ou confiança baixa. Exercício tinha a ver com o corpo, o que parecia uma área com a qual eu não estava familiarizada.

Não é só quem está acima do peso que pode se sentir excluído. Um estudo de 2015 sugeriu que um motivo para a população de negros, asiáticos e minorias étnicas se exercitar menos que a população branca era uma sensação de que o esporte não atendia às suas necessidades.[77] Mulheres do Sudeste Asiático, por exemplo, relataram medo de discriminação racial em lugares que ofereciam aulas ou exercícios em grupo. Muçulmanos se preocupavam com a roupa apropriada e se o exercício era oferecido para turmas mistas. A corrida não está isenta dessas acusações. O fundador da The Running Charity, Alex Eagle, me disse que acreditava que "correr não é visto como acessível para muitos grupos de negros, asiáticos e minorias étnicas — é [visto] como um esporte tradicionalmente de classe média branca".

Mulheres asiáticas e negras têm participação mais baixa em esportes e exercícios em comparação às brancas. Pesquisas nos Estados Unidos mostram que isso começa desde cedo: a atividade física cai muito durante a adolescência, mais em garotas do que em garotos, e, especificamente, em minorias étnicas e meninas com histórico de baixa renda.[78] Uma análise de 2014 sobre o que impede as mulheres (além de imigrantes e minorias nos Estados Unidos e na Europa) de países sub-representados de se exercitar mostrou que responsabilidades como cuidados com as crianças e com a casa atrapalhavam a participação. Crenças culturais, isolamento social, escassez de instalações e espaços inseguros nos bairros também foram citados como barreiras à atividade física.[79]

Pelo menos parte disso se deve a representatividade — quem e o que você vê quando pesquisa uma academia ou um kit esportivo, ou vê quem representa o seu país em competições internacionais. Isso para não mencionar que a população negra, asiática e de minorias étnicas do Reino Unido também está sub-representada em posições de gerência e em instituições governamentais esportivas.[80] Para ser clara, as pessoas estão sendo decepcionadas por um mercado que não pensa de verdade nelas. Precisamos fazer melhor que isso. Ninguém deveria sentir que não vai ser bem-recebido no exercício, não quando se trata de uma coisa tão vital para o nosso bem-estar. É por isso que foi animador ver tantos elogios que o anúncio da Nike "Nothing Beats a Londoner" recebeu recentemente ao mostrar um grupo diversificado de 258 londrinos fazendo esportes em todas as áreas da cidade e todos os climas. Mais, por favor.

Para quem tem deficiências físicas, o desafio pode ser ainda maior. Segundo uma pesquisa da Sport England, apenas 18%

das pessoas com alguma deficiência ou doença limitante de longa data participa de algum esporte toda semana.[81] As academias podem parecer intimidantes e inacessíveis. Mas aqui no Reino Unido, o NHS dá ótimas dicas de como se exercitar com uma deficiência física, e a ONG Scope tem uma ferramenta que aconselha qual exercício atenderá às suas necessidades específicas.[82] Além disso, a Activity Alliance (antes conhecida como English Federation of Disability in Sports) tem uma seção útil no seu site, que pode ajudá-lo a encontrar uma academia local para atender às suas necessidades.[83] Você pode encontrar o site deles no fim do livro.

Há muitos motivos para as pessoas, em especial mulheres, não terem vontade de se exercitar. Mas como tenta mostrar a campanha "This Girl Can", esporte não tem nada a ver com ser magro ou viver o estilo de vida de um fanático por saúde. Não tem nem a ver com ser bom no exercício de sua escolha. Tem a ver com muitas coisas mais satisfatórias. Saúde física e mental, uma sensação de realização, uma forma de socializar, um momento para aliviar o estresse. Como mostrou a pesquisa, muitas vezes pensamos que homens têm "hobbies" que são positivos, enquanto mulheres apenas tiram "tempo para si mesmas", o que costuma ser desprezado como egoísta ou indulgente.

Exercício é algo que somos feitos para praticar. Os nossos músculos são feitos para ser trabalhados, os nossos braços e as nossas pernas (se temos a sorte de ser fisicamente aptos) foram feitos para se mexer. Em vez disso, frequentemente vemos o exercício como algo muito distante de nós — ou como algo valioso que deve ser suportado, ou como exclusivo e sério, e, às vezes, como forma de melhorar a nossa aparência. Não o vemos como uma tarefa diária, como escovar os dentes. Deveríamos.

Eu faço pela minha saúde mental, mas isso não quer dizer que não goste dos benefícios que vêm com ele — conseguir subir escadas sem problema, tomar um café da manhã enorme depois de uma corrida; sair com o meu namorado para correr no parque quando estamos de ressaca. E não me custa nada, não exige um kit supercaro, nem demanda que eu só coma soja e amêndoas.

Imagino que isso tudo possa soar um pouco presunçoso. Talvez seja, mas não é a minha intenção — e, por favor, tenha em mente quão pouca atividade fiz nos primeiros trinta anos de vida. Só agora que me exercito regularmente vejo como é trágico quando as pessoas que podem fazer isso não o fazem. Quantos anos desperdicei não dando a mim e ao meu corpo essas endorfinas, essa adrenalina e esse tempo. E, claro, sei que sou suspeita para falar, mas não precisa envolver uma aula de academia complicada com roldanas e pesos — por que reinventar a roda quando você pode correr, exatamente como os nossos corpos foram feitos para fazer?

A corrida recreativa existe há tanto tempo quanto os seres humanos. As pessoas já corriam no Egito Antigo, nas Olimpíadas há dois mil e setecentos anos, mas, ainda assim, a prática ficou fora de moda por boa parte da história.[84,85] Como me disse o escritor e pesquisador Vybarr Cregan-Reid, autor do brilhante livro *Footnotes: How Running Makes Us Human*:[86] "O exercício emerge num ponto de crise na nossa história em que há formas de desigualdade. A aristocracia grega inventou formas de exercício porque percebeu que tinha que ficar saudável para a guerra, e depois o exercício meio que desapareceu por centenas de anos e ressurgiu no século XIX. Até aquele ponto, há obviamente pessoas fazendo atividade física, mas não havia quem pensasse: 'Ah, preciso dar um número mínimo de passos' porque passava o dia trabalhando."

Atletas profissionais até podiam se exercitar, mas não se via muitos amadores nas calçadas vestindo lycra colorida. Um ponto de virada para a corrida veio quando um treinador chamado Bill Bowerman foi à Nova Zelândia em 1962 e se inspirou em Arthur Lydiard, que tinha inventado um programa de corrida no país. De volta aos Estados Unidos, Bowerman escreveu um panfleto sobre os benefícios de correr para quem não era atleta. O trabalho foi patrocinado pela Oregon Heart Foundation, e apareceu em bancos do estado. *The Jogger's Manual*, publicado em 1963, louvava as virtudes dessa nova e animadora tendência de fitness.[87] "O jogging", explicava o texto, podia ser feito "em qualquer lugar" e por "qualquer um — dos seis aos cento e seis anos de idade — homem ou mulher". Terminava de forma hilária com a mensagem: "Boa corrida!" Vou terminar este livro do mesmo jeito. Com o sucesso, Bowerman escreveu um best-seller sobre o assunto e iniciou uma tendência. Ele testou os seus argumentos em voluntários mais velhos para demonstrar os benefícios da corrida, e as pessoas logo lhe deram ouvidos. Esse trabalho mostrou que havia uma forma (mais ou menos) fácil de desenvolver um hábito e deixar para trás um estilo de vida sedentário.

Bowerman passou a colaborar com a Nike, e os anos 1970 viraram uma época de ouro para corredores amadores. Desde então, continuou sendo uma opção popular para quem busca ser menos sedentário e, como consequência, foi tema de vários estudos acadêmicos.

Eu *não* sou acadêmica, como muitos comentaristas de internet me disseram em alto e bom tom durante muito tempo, e mal posso começar a apontar na direção de todas as incríveis pesquisas aprofundadas sobre exercício, sobretudo a respeito da corrida, durante os anos. Mas espero poder levá-lo a uma pequena parte dela, ou ao menos mostrar que os meus argumentos a favor de correr não são fantasiosos. Os resultados de muitos estudos foram mistos, e vale destacar que o exercício não é capaz de ajudar todo mundo que está sentindo medo paralisante, tristeza ou luto. Ninguém espera que alguém com depressão severa e crônica simplesmente se levante e saia para dar uma corrida. Seria insensível, inútil e contraproducente. Nas épocas em que estive de cama, mal conseguindo me mexer, se alguém tivesse sugerido que uma corridinha me faria sentir melhor, eu nem teria reagido. De onde eu tiraria essa energia?

De fato, pelo menos um estudo provou que o exercício não ajuda a depressão clínica,[88] talvez porque muitas pessoas que sofrem de baixas severas de humor também são afetadas por retardo psicomotor — quando a mente e o corpo desaceleram, dando aquela sensação horrível de caminhar em areia movediça ou ter a cabeça cheia de nuvens. Isso torna saltar e correr quase impossível. Em vez disso, acho mais útil ver o exercício como uma arma dentro de um arsenal. Algo que pode ajudar quando você já colocou um pé para fora da escuridão.

O exercício também foi visto muitas vezes como maneira de *afastar* a depressão em potencial. O *American Journal of Psychiatry* fez o maior estudo desse tipo.[89] A pesquisa, publicada em outubro de 2017, foi feita com 33 mil pessoas sem sintomas de problemas de saúde mental e descobriu que aqueles que não faziam atividade tinham 44% mais probabilidade de experimentar depressão. Em 12% dos casos, se os participantes tivessem feito uma hora de exercício por semana, a pesquisa mostrava que a depressão poderia ter sido evitada. Portanto, a prática esportiva protege ativamente contra sintomas futuros, mas, infelizmente, o estudo não dizia o mesmo em relação à ansiedade. Que pena...

Mas calma lá! Pesquisas também mostraram que quem sofre de ansiedade *pode* desfrutar de benefícios do exercício para a saúde mental. Estudos comprovaram uma redução no cortisol (hormônio liberado em resposta ao medo ou ao estresse pelas glândulas adrenais como parte do mecanismo de fuga ou luta) quando as pessoas se levantam e se mexem. Além de mudanças físicas, também foi demonstrado que o exercício pode mudar a sua forma de pensar. No livro *Exercise for Mood and Anxiety: Proven Strategies for Overcoming Depression and Enhancing Well-Being*, os autores Jasper Smits e Michael Otto viram que o exercício imita alguns dos sintomas da ansiedade — batimento cardíaco rápido, suor, descarga de adrenalina — e que isso faz as pessoas terem menos chance de entrar em pânico quando sentiam esses sintomas mais tarde.[90] Isso faz sentido para mim — já não suponho que um pulso acelerado seja pânico e, assim, o medo quando eu sinto isso diminuiu.

Outra pesquisa trouxe um motivo diferente pelo qual o exercício pode reduzir a ansiedade, estudando ratos estressados (imaginar um rato estressado é um bocado horripilante).[91] A publicação no *Journal of Neuroscience* mostrou que, embora o exercício crie células cerebrais novas e carregadas de energia, ele também consegue desligá-las quando não são úteis. Dois grupos de ratos foram usados no estudo de controle — corredores e sedentários. Os corredores não só eram mais confiantes e dispostos a explorar os arredores, mas os cientistas descobriram uma série de novos neurônios presentes quando os testaram — neurônios que trabalhavam para acalmar o cérebro. Eles foram observados no hipocampo, a área associada com o processamento de emoções. Efetivamente, o exercício estava tornando os ratos mais resistentes a situações de estresse.

Os neurônios nos ratos corredores produziam mais ácido gamaminoburítico (GABA), um neurotransmissor cuja principal função é reduzir a excitabilidade neuronal em todo o sistema nervoso. Pessoas com depressão e ansiedade podem ter níveis mais baixos de GABA, e as pesquisas mostraram que o exercício liga os caminhos que reabastecem esses neurotransmissores.

Escrevi tudo isso sem nem mencionar *o barato*. Acho que preciso pedir desculpa aos meus treinadores, porque ainda não consegui vender direito o peixe da corrida. Quando eu falo barato, quero dizer a onda latejante e eufórica que se sente depois de correr. É algo difícil de descrever e muito fugidio. No passado, ele foi comumente creditado às endorfinas — hormônios liberados pelo corpo. Essas danadinhas interagem com os receptores do cérebro que reduzem os seus níveis de dor. A princípio, muitos especialistas acharam que era por isso que sentíamos esse "barato de corredor" — uma imitação pálida de morfina, mas uma forma bastante brilhante de se sentir eufórico, enérgico e saltitante sem usar drogas.

Esse barato pode estar programado nos humanos. Como me explicou Vybarr Cregan-Reid: "O motivo para termos cérebro é que nos movemos — o motivo para as plantas não terem cérebros é que elas podem criar a própria comida." Quando nossos ancestrais ainda dependiam de correr atrás do seu alimento (leia-se caçar, o que é bem diferente de pedir delivery no sofá), eles faziam isso sabendo que um fracasso na caçada significava a morte. David A. Raichlen, professor associado de antropologia na Universidade do Arizona, acredita que o desejo inato de sobreviver fosse uma ótima motivação para ir mais rápido, e que o barato subsequente possa ter ajudado a chegar à velocidade e à distância exigidas para pegar a comida.[92] Então, o exercício pode de fato fazer o corpo reagir melhor ao estresse.

Novas pesquisas questionam exatamente o quanto a produção de endorfina contribui com o barato do corredor.

Alguns estudos sugerem que, como elas não podem passar do sangue para o cérebro (são grandes demais), a serotonina (uma substância química produzida pelos neurônios) deve ser a razão para o barato depois do exercício. A serotonina é uma de quatro substâncias que afetam a nossa felicidade — as outras são dopamina, oxitocina e endorfina.

Um estudo da Universidade do Arizona de 2012 argumentou que a anandamida (conhecida como "molécula da felicidade") é a causa mais provável do barato do corredor que tanto procuramos.[93] Infelizmente, a anandamida (parte do sistema endocanabinoide), como todos os outros neurotransmissores, é frágil e se decompõe logo no corpo, e é por isso que não andamos todos por aí num estado perpétuo de felicidade.

Endocanabinoides, endorfinas ou serotonina. Ou dopamina, ou só a sensação de realização, ou até o pensamento de ir para casa e comer bolo: não sei o que dá esse sentimento de felicidade que temos ao correr, e não passo muito tempo me preocupando com isso — desde que eu consiga senti-lo. Lembro de ter ficado muito desconcertada da primeira vez que um psiquiatra me falou que ninguém sabia com certeza absoluta por que os antidepressivos funcionavam, mas eu aceitei tomá-los porque estava no meu limite e aquilo funcionava. Não estou defendendo cegamente fazer coisas que não têm uma explicação médica exata, mas acreditei que os remédios que estava tomando eram seguros, e percebi que eles faziam o que prometiam. Correr, para mim, é parecido. Talvez um dia se chegue a uma resposta conclusiva de por que o exercício nos deixa mais felizes. Lerei esse artigo com interesse. Por enquanto, continuarei da mesma forma, sabendo que a amostragem de uma pessoa (no caso eu mesma) é testemunho suficiente para mim.

O barato é *real*. Já não estamos correndo quilômetros para encontrar o nosso jantar (embora eu alegremente corra mais rápido e mais longe sabendo que posso tomar um sorvete com pedaços de chocolate no fim), mas a perspectiva do barato ainda nos atrai. Ele pode ser fugaz — passei muitas corridas esperando ele tomar as rédeas —, mas estamos sempre buscando e querendo mais.

Não foi algo que senti logo nas primeiras corridas, quando arrastava o pé por poucos minutos, nem nas tentativas subsequentes, em que eu ia rápido demais e me desgastava, com dor e ofegante. Só que de fato eu me sentia um pouco melhor, um pouco menos cansada, e passei a gostar do cansaço de ter feito algo com o meu corpo. No seu livro sobre TOC, Bryony Gordon ecoa essa descoberta: ela começou a correr só "para tentar ficar viva" e descobriu que sempre notava que tudo parece "um tantinho mais suportável do que antes do exercício".[94]

A primeira vez que experimentei o barato foi durante um treino de dez minutos até Camden — um lugar na minha lista proibida por causa das multidões, do trânsito e do pânico que eu sentia em ficar presa atrás de turistas se acotovelando para comprar incensos e camisetas. Eu tivera uma semana horrível; dormir sozinha era muito deprimente e eu sentira a adrenalina elevar no minuto em que acordei naquele sábado e me preparei para o exercício. Mas, para a minha surpresa, quando cheguei a Camden, fiquei animada de repente. Eu não queria dar meia-volta e fugir para casa, onde poderia ao mesmo tempo estar em segurança e parar de correr. Eu só queria continuar. Então, cortei pelo meio dos turistas e seus paus de selfie e fui até o canal.

Nesse ponto, o barato tinha assumido o controle enquanto eu corria feliz, mexendo as mãos e balançando a cabeça ao ritmo de "Murder She Wrote", de Chake Demus & Pliers (se não me falha a memória). Também me lembro de sorrir ao passar por outros corredores e de ficar maravilhada com a beleza das pontes que atravessava — lugares que tinha visto mil vezes antes, sem nunca notá-los por inteiro (uma dessas pontes foi apelidada de "ponte explosiva", porque uma barca de explosivos explodiu embaixo dela em 1874, destruindo-a, matando três marinheiros e fazendo os animais fugirem do zoológico de Londres ali perto). Passei por pessoas de caiaque, o que me impressionou um pouco, e por um barco com turistas que acenavam e tiravam fotos. Descobri o ancoradouro de Lisson Grove, uma comunidade de casa-barcos cercadas de vasos de flores, quinquilharias penduradas e sinos dos ventos. Que lugar glorioso. Um bairro secreto no meio da cidade, escondido em plena vista, mas não muito preocupado com o que acontece em terra firme. Eu me senti quase assolada por como ele era bonito, e parei um pouco, sem querer arruinar o clima com tropeços deselegantes. Acabei no extremo do canal antes de ser forçada a voltar para uma rua por causa de um enorme quadro-negro que alguém tinha erguido no caminho que margeava a água. Em letras enormes, ele pedia para escrever o que você quer conquistar antes de morrer. Algumas pessoas tinham levado aquilo a sério, falando de se apaixonar e ter filhos. Outras disseram que queriam fazer sexo maravilhoso e se embebedar mais. Se eu tivesse giz (e não fosse tão envergonhada), acho que teria escrito: não ter medo.

Essa sensação alegre ficou comigo quase o dia todo. Tudo ao meu redor parecia mais brilhante, mais acolhedor, menos sinistro. Caminhei para casa num transe de felicidade, e nenhuma vez me importei com as multidões zunindo pelo Camden Market, nem com o barulho, nem com o trânsito. Eu me senti encorajada, como se me encaixasse no ambiente.

Eu me senti normal. Não tive aquela pontada de ansiedade no estômago nem comecei a hiperventilar naquele fim de semana. Caramba, fiquei livre até dos meus terrores noturnos usuais quando dormi naquela noite. Viu? Endorfinas (ou o que quer que seja). Mágico. Não é de se espantar que, literalmente, a gente corra atrás dessa sensação.

Embora haja muitas razões válidas para tanta gente ficar longe dos exercícios, há o mesmo número de razões convincentes para tentar superá-las. Sei que provavelmente eu não teria dado ouvidos a argumentos racionais e (sejamos sinceros) chatos sobre por que é importante se exercitar quando jovem. Talvez você entenda na hora certa. Porque, com certeza, uma rotina de exercícios nunca vai durar se for algo que você seja forçado a fazer ou que o leve a sentir culpa. Não tem problema descobrir como isso vai funcionar nos seus próprios termos. Mas não seja como eu, não deixe a percepção por vezes falsa do exercício fazer você sentir que não é o candidato certo.

Se você tem vontade de se mexer e tem a sorte de poder fazê-lo, então você é o candidato certo. Só é preciso isso. Às vezes, com bastante esforço e um pouco de sorte, a infelicidade ao seu redor começa a anuviar-se. Você enfim vai poder sentir o alívio pelo qual ansiava, e que todo mundo merece.

6 KM – SUPERANDO O PÂNICO

Minha primeira corrida fora do Reino Unido é em Veneza. Depois que cresci, nunca gostei muito de tirar férias. A quantidade de coisas com as quais a gente tem que se preocupar antes meio que estraga a coisa toda para mim. Perdi muitas viagens nos meus vinte anos porque me recusava a voar... Às vezes, preciso tentar não pensar sobre o assunto para não cair numa espiral de arrependimento inútil e sem propósito. Ajuda ver o quanto a gente progrediu. Mas, sim, eu perdi muitos bons momentos.

Minha mãe então decide me levar para um fim de semana prolongado, um respiro depois de um ano de luto e separação e do dia a dia em geral. Os meus medos estão mais silenciosos após meses de corrida e sessões semanais de terapia que tenho a sorte de fazer, então, concordo, animada desta vez. Descubro que Veneza é bem mais cheia do que eu poderia imaginar, turistas com malas de rodinha observam becos antigos e estreitos com apreensão e estupefação. Eles bloqueiam as pontes com os seus paus de selfie erguidos para o céu numa tentativa de capturar a beleza da cidade (mas com o próprio rosto em primeiro plano, é claro). Comemos, bebemos e caminhamos quilômetros para cima e para baixo do Grande

Canal e, depois de três dias, tenho uma boa noção da disposição da cidade. Na nossa última manhã lá, me sinto tão relaxada quanto é possível para uma pessoa ansiosa — leve, feliz e pronta para correr. A minha mãe está tirando uma soneca (meu Deus, como essa mulher dorme...), então atravesso a ponte ferroviária, desviando dos últimos turistas que a estação de ônibus acaba de descarregar. Esta é uma corrida que achei que nunca faria — não falo italiano, não conheço bem a cidade e cada via principal oferece 18 ruas laterais e minicanais nos quais se perder. Em geral, ficar perdida não é para mim — eu entro em pânico e imagino situações catastróficas que vão me impedir de chegar em casa —, mas, hoje, deixo a rota fluir, sobretudo porque vejo que nunca vou conseguir costurar no meio das hordas. Então lá vou eu pelo primeiro beco que vejo. Tem gente que parece de fato morar nesta rua — a população da cidade caiu para 55 mil depois do seu auge pós-Segunda Guerra Mundial, quando havia 175 mil habitantes — e há panos coloridos pendurados em varais que ziguezagueiam os prédios.

Veneza não parece instintivamente um lugar acolhedor para corredores, e quase sinto que estou desrespeitando os prédios históricos, mas passo por pelo menos três outros corredores que conhecem as suas rotas. Se os venezianos fazem, então talvez eu também possa. Tento correr sem rumo e devagar. Gondoleiros deslizam com agilidade na água ao meu lado, e parece haver cachorros por todos os cantos — os venezianos amam os seus amigos caninos. Quando paro para checar o tempo, estou completamente perdida numa pequena ilha e corri quase seis quilômetros. A mudança de cenário e a sensação de estar entregue ao local me estimulam a seguir em frente e me levam mais longe do que nunca. Nada de ruim aconteceu! Sinto-me estranhamente eufórica por estar perdida e não me importar. Ninguém sabe onde eu estou e, no caminho de volta ao hotel, percebo que não quero que saibam.

Estou escrevendo isto no metrô da linha amarela, a Circle Line, e o trem está parado em Moorgate devido a falhas no sinal. Escrevo para passar o tempo, me acostumando com um atraso pelo qual milhões de pessoas passam todos os dias no sistema de transporte público lotado de Londres. É ao mesmo tempo entediante e incrível. Para mim, não é só um trajeto rotineiro a ser suportado — parei de entrar no metrô na virada do milênio. Eu dava as minhas desculpas ansiosas de sempre sobre preferir o ônibus, mas, na verdade, morria de medo de estar embaixo da terra, cercada por um monte de gente, sem rota de fuga.

Mesmo morando em Londres, não entrei de novo no metrô durante dezesseis anos. A verdade é que ninguém ama ônibus tanto assim — especialmente com o trânsito dessa cidade. Mas um dia, em 2016, eu havia terminado uma corrida longa em algum lugar do outro lado do rio e não tinha mais energia para voltar a pé. Fiquei um tempo perambulando pelos arredores da estação de metrô mais próxima. Será que eu conseguiria? Devo ter ficado ali por quase vinte minutos. Por fim, achei um meio-termo. Peguei um ônibus até metade do caminho e engoli as minhas dúvidas ao saltar dele. Tomei a decisão de descer as escadas rolantes até uma plataforma subterrânea quente e com vento. Estimulada pelo consumo de chocolate e endorfinas da corrida, fiz o trajeto. Eram apenas quatro estações, mas eu estava explodindo de orgulho — cheguei a mandar fotos à minha família para provar. O metrô era, afinal, um dos últimos tópicos da lista de coisas que a ansiedade me impedira de fazer. Uma das últimas coisas que fazia com que eu me sentisse um fracasso como pessoa. Isso e elevadores, que me assustavam mais do que consigo dizer, mas agora parecem uma bênção quando tenho que subir mais de três andares. Que estranho, as coisas que nos paralisam por anos se tornarem mundanas, bem--vindas, normais.

Agora, o alto-falante está berrando. Falha nos sinais significa que todos temos que descer, e estou me questionando se embarco na linha preta, a Northern Line, da qual ainda não gosto muito porque ela vai fundo demais no subsolo. Juro que estou tentando melhorar. Aprendi a celebrar quaisquer pequenas vitórias e não me repreender muito se alguma coisa parecer difícil demais um dia. Em outro momento será mais fácil. Outra corrida com certeza vai me ajudar a sentir que consigo.

Essas corridas iniciais, nas quais eu entrava timidamente numa rua nova antes de desistir e correr de volta para casa, acabaram me levando a grandes rotas desordenadas, nas quais eu sempre carregava uma mochila e me perdia na cidade até o fôlego acabar. Sem tempo para ansiedade, sem energia para dar atenção a ela. Certa vez, alguém me disse que começou a se exercitar depois de ver uma citação cujo autor tentei, em vão, encontrar. Depois de muitas pesquisas no Google, suspeito que deve ser uma variação de algo no ensaio "The Mischiefs of Total Idleness", de Samuel Johnson, mas gosto mais desta: "Aliviam-se melhor as aflições profundas do espírito pela agitação violenta do corpo." Gostaria de mandar bordar isso numa almofada. Não sei se eu de fato estava agitando violentamente o corpo, mas com certeza estava agitando as coisas.

Depois de conseguir correr por cinco minutos direto, me senti um pouco perdida. O que fazer depois? Foi quando baixei um aplicativo chamado Couch to 5K (ou C25K, sigla em inglês para Do sofá aos cinco quilômetros) —, embora existam várias opções parecidas, incluindo um app criado pelo NHS.[95] Esse programa orienta a alternar corrida com caminhada e vai incrementando a parte da corrida até que a pessoa consiga correr por trinta minutos direto (cerca de cinco quilômetros). Se você quer começar e acha que essa já é uma batalha perdida, recomendo que tente. O processo é bastante simples e você pode ficar nos níveis iniciais por quanto tempo quiser antes de seguir para o próximo. Em pouco tempo, vai se ver correndo melhor, mesmo que diga a si mesmo que não consegue dar nem mais um passo. Ter uma estrutura de corrida fez com que, mesmo cobrindo novos terrenos, eu não me sentisse assolada por medo ou pânico. Eu sabia que haveria mais um minuto em frente, mais um quilômetro e meio até chegar em casa. Sem drama, apenas planejamento cuidadoso da rota a seguir. Coloquei fé naquele programa e, com a ajuda dele, cheguei à sagrada marca de cinco quilômetros em seis semanas. No dia em que alcancei esse objetivo, senti como se estivesse voando. Não de uma forma espiritual, é claro, mas correr aquela distância, a princípio, parecia tão impossível quanto criar asas. Eu tinha aprendido uma coisa nova sozinha, e a satisfação era imensa.

Com a conquista total do programa, algo que fiz com muita dificuldade, me senti livre. Comprei outros pares de tênis. Investi em leggings de boa qualidade que não desciam com as passadas. Comprei vários suportes de chave e cintos para não ter que aguentar o peso de uma mochila enquanto corria. Eram coisa fúteis, todos esses acessórios, mas também eram um sinal de que eu queria algo. Investir em tênis e garrafas d'água era uma promessa silenciosa para mim mesma de que eu não ia parar e de que reconhecia o bem que aquilo estava me fazendo.

Eu realmente ansiava por cada corrida. Amigos, família e trabalho eram boas distrações da ansiedade diária e do fracasso matrimonial, mas eu queria mais. E queria fazer aquilo sozinha. Então, continuei a acordar cedo (meu ex-marido odiava a minha capacidade de dormir a manhã inteira), engolir uma banana e ir para a rua. Os roteiros nunca eram complicados — eu escolhia vias principais e terrenos planos. Como não ficava totalmente confortável em ir a algum lugar novo, eu repetia muitas rotas (se você estiver em Londres e quiser dar uma corrida, recomendo o círculo externo do Regent's Park: é chato e repetitivo, mas é administrável). Nenhuma dessas corridas me entediava apesar dos arredores frequentemente mundanos. Eu as via como uma chance de dar pequenos passos — entrar numa loja grande ou cruzar uma avenida principal, ou me prometer um bom café se não amarelasse e voltasse para casa. "Só mais um minuto" virou o meu mantra. Qualquer um consegue completar um minuto, qualquer um pode continuar mais um passo mesmo odiando cada segundo. Em geral, isso significava pelo menos mais cinco, já que eu me recusava a deixar os meus pés pararem. E, apesar de todos os meus medos, não tive ataques de pânico, mesmo quando me aventurava em lugares desconhecidos. Havia silêncio e espaço. Coisas com as quais uma mente ansiosa não está familiarizada.

À medida que fui ficando mais confiante, resolvi forçar um pouco mais. Eu tinha provas racionais de que estaria tudo bem em ir um pouco mais longe, já que testava os meus limites e via que eles eram bastante flexíveis. Pesquisei monumentos, museus e prédios históricos que nunca tinha visitado e mapeei as minhas rotas de corrida em torno deles. Isso muitas vezes me fazia ir para as partes mais lotadas da cidade, onde os turistas faziam filas, as pessoas corriam de um lado para o outro, os carros buzinavam e todos os sons eram muito amplificados. Coisas que eu costumava evitar como a peste eram estimulantes quando eu estava a pé, no ritmo, usando todo o meu excesso de adrenalina.

A minha primeira aventura de corrida (aventura talvez seja forçar demais a barra, digamos que foi mais uma excursão) foi à casa de Thomas Cromwell. Eu tinha acabado de ler o incrível *Wolf Hall*, de Hilary Mantel, e passado muito tempo no Google pesquisando sobre detalhes da vida do personagem.

Descobri que ele já tinha morado em Austin Friars, na região conhecida como *City* de Londres, famosa pelos prédios envidraçados e banqueiros com ternos caros. Pesquisei vagamente uma rota na internet e saí. Não tinha ideia de quanto tempo a corrida levaria, então cancelei todos os planos naquele sábado. Comecei devagar, ciente de que sempre que começava correndo rápido, perdia toda a energia em minutos. Fui me arrastando pela Holloway Road, uma via que corta o norte da cidade, olhando as vitrines de salões de cabeleireiros antiquados, as lojas de capinhas de celular chamativas e os cafés onde senhorinhas bebiam e fumavam em mesinhas na calçada. Desci a Upper Street, passando por lojas de móveis ridiculamente chiques e por lindas casas residenciais com cercas vivas bem-cuidadas e persianas para impedir que bisbilhoteiras como eu vissem as salas de estar decoradas com bom gosto.

Eu estava "pilhada". Ia aumentando o ritmo, ouvindo música enquanto costurava por entre as pessoas que caminhavam ao sol. As multidões diminuíram quando cheguei a Farringdon. Passei por um antigo quartel de bombeiros, uma linha ferroviária e um centro de fonoaudiologia infantil. Atravessei o velho mercado de carnes em Smithfield e parei para ver uma linda igreja escondida atrás de prédios novos. Eu já estava com dor e encharcada de suor, então a pausa era necessária.

Ao retomar, passei pela Saint Paul's Cathedral, um lugar que não visitava desde criança. Os sinos tocaram e pessoas se reuniram nos imponentes degraus da frente. Pelo canto do olho, notei a Millennium Bridge — antes conhecida como Ponte Bamba —, que eu não cruzava desde os primeiros dias da sua construção, quando ela de fato balançava. Decidi desviar. Estava me sentindo animadíssima, já tomada pelo barato do corredor, as pernas de repente não mais tão cansadas. Lá fui eu cruzando outra ponte, e cheguei até a metade antes de precisar parar e olhar ao redor. A beleza e o esplendor da cidade em que eu vivia foram como um tapa na cara — eu passara mais de uma década com medo de Londres. Tinha sonhado em escapar dali, em começar uma vida tranquila no interior onde poderia evitar o trânsito, o barulho, as multidões e o meu próprio medo. De repente lá estava eu, sozinha, parada numa ponte, vendo a minha cidade natal sob uma nova luz. O local não estava tentando me atacar e, para variar, eu não estava pensando no pior cenário possível — a ponte não ia ceder e eu não ia cair na água gelada.

Cruzei para o outro lado de Londres e corri ao lado da ponte — por Southwark, onde voltei à minha rota anterior. Lá ia eu pela parte antiga de Londres. A *City* é um lugar mágico nos fins de semana — todos os banqueiros foram para casa e a maioria das lojas está fechada. As únicas pessoas são turistas um pouco perplexos, tentando encontrar a Torre de Londres. Cada rua tem pelo menos uma placa azul com alguma informação histórica contando que você está no antigo local onde ficava o Bedlam ou no ponto em que começou o Grande Incêndio de Londres. Pequenos prédios históricos comprimidos entre as torres financeiras brilhantes defendem teimosamente a sua presença. Os nomes das ruas são quase todos um lembrete delicioso de uma cidade mais antiga — Pudding Lane, St. Mary Axe, Bread Street, Ludgate Circus.

Já perdida, corri em torno de uma praça arborizada antes de achar a rua de Cromwell e o Austin Friars, o convento onde ele tramou e fez planos para (e, por vezes, contra) Henrique VIII. Apenas duas partes da construção sobrevivem, e o supermercado Tesco na esquina meio que tira o ar histórico, mas ainda assim eu estava eufórica. Chequei o meu aplicativo de corrida (hoje em dia, eu uso o RunKeeper, porque é de graça e sou mão-de-vaca, mas, de novo, existem vários disponíveis e listo alguns no fim do livro). Quando percebi tinha feito sete quilômetros. Era a corrida mais longa da minha vida até então, passando por partes de Londres que eu nunca tinha visto, sozinha, sem pânico. Ninguém sabia onde eu estava (normalmente, se eu me afastava de casa, ligava para alguém para não ficar nervosa), e saber disso me deixou leve — eu era a minha própria dona! Aproveitei aquela sensação de liberdade, sentindo-me leve por saber que decidira explorar um novo lugar e feito aquilo sozinha.

Há uma parte em *Wolf Hall* em que Cromwell está dando aula a Henrique, dizendo verdades que ninguém mais ousaria falar na cara do rei da Inglaterra. Cromwell diz para ele não ir à guerra, que os gastos debilitariam o reino. O rei responde que o seu reinado deve ter algo mais que a prudência. Sim, responde Cromwell, deve haver fortitude. "Fortitude. [...] Significa rigidez de propósito. Significa resistência. Significa ter a força para conviver com aquilo que o restringe."[96]

É uma passagem e tanto. Não me surpreende que tenha se tornado uma citação motivacional usada com tanta frequência, muitas vezes sem a correta atribuição a Mantel. Nunca serei monarca, a não ser que tenha uma enorme convulsão constitucional, mas essa passagem me veio de repente quando eu estava no Austin Friars. Minha primeira corrida longa. A completa alegria que senti por refrear as minhas ansiedades para conseguir aquilo. Eu convivera com aquela restrição a vida toda; o que mais poderia fazer agora?

Correr me ensinou a não ter medo. Batendo perna e cansando o meu cérebro, as minhas fobias e os meus medos entranhados, coisas como jornadas assustadoras no metrô aos poucos recuaram até se tornarem um hematoma em vez de um machucado recente. Sei que os meus pés podem me levar a lugares e de volta para casa. Às vezes, me esqueço do quanto eu estava presa antes de começar a correr, e escrever tem sido estranho, porque me faz revisitar com clareza o quanto eu era infeliz. Nos últimos tempos, fui ver o meu incrível ex-terapeuta. Eu sentia muita saudade de conversar com ele. Chegando lá, ele relembrou a minha primeira visita, bem no momento em que o meu casamento estava desmoronando e eu mal conseguia sair de casa. Aquele ponto baixo parece bem longe agora, embora eu saiba que viver com um transtorno mental exija que nunca nos tornemos complacentes demais. De vez em quando, tenho pensamentos ansiosos e pesadelos, e às vezes me deixo levar por isso, mas não enquanto estou correndo. Essas coisas somem nesses momentos.

Começar algo do zero e ir até o fim era algo que eu quase nunca fizera. E, mesmo no início da minha vida de corredora, isso foi aumentando a minha autoconfiança, uma ferramenta que me devolveu a fé no meu próprio corpo. Era eu quem planejava a rota, era eu a motorista e a passageira. O meu cérebro precisava desligar quando eu estava ocupada decidindo qual rua pegar ou me concentrando muito em estabilizar a respiração.

De fato, eu estava, enfim, batendo de frente com a minha ansiedade. É claro que a corrida não é a única medida capaz de ajudar a diminuir esses sintomas, mas foi ela a minha escolha. Se as preocupações me fechavam, parece natural eu ter escolhido fazer algo que me dava uma válvula de escape. A questão é que eu ainda precisava fazer outras coisas que me assustavam, que, no fundo, era quase tudo. A coisa toda funcionava como uma terapia de exposição — eu era arrastada pelas minhas preocupações até ter que fincar o pé e me recusar a ir atrás delas. A tática de me esconder dos meus medos nunca tinha funcionado, nem argumentar com os pensamentos irracionais. A fuga é muito tentadora, mas é tóxica porque reforça o pavor e dá força a ele. O pânico infla, se espalha, nos engole. Mesmo assim, sempre achei que terapia de exposição parecia uma loucura — a ideia de confrontar tão abertamente as coisas que nos aterrorizam... Por que você seguraria uma tarântula se tem medo mortal de aranha? Mas não é tão doido quanto imaginei. O tratamento ganhou popularidade nos anos 1950 e envolve um terapeuta explorando a origem do seu medo e qual forma ele assume. Funciona muito bem com pessoas que têm TOC ou fobias. Digamos que a minha cabeça funcionasse da seguinte forma (e ela funciona):

- Uma preocupação surge na minha mente — por exemplo: e se acontecer alguma coisa nesta viagem de avião?
- Exploro por que tive esse pensamento e vou direto para a catástrofe — e se o avião cair?
- Sinto os sinais físicos da ansiedade — palmas suando, palpitações, adrenalina, etc.
- Esses sinais causam mais medo, porque parecem validar a preocupação.
- Como me fiz ficar assustada rápido demais, começo a entrar em pânico.

- Não voo de avião por cinco anos para me proteger contra esse medo (foi muito divertido, nossa... Cruzar a Europa de trem não é tão legal quando você é adulto e a temperatura no beliche que está dividindo com um estranho suado é de quarenta graus).

Como mencionei, a terapia cognitivo-comportamental nos encoraja a voltar à primeira pergunta criada pela mente — e se acontecer alguma coisa nesta viagem de avião? — e tentar encontrar uma resposta mais racional e moderada, algo como "a viagem vai ser tranquila". Talvez um pouco tediosa e sem espaço para as pernas, mas tranquila. Quando você trabalha a questão desse jeito, começa aos poucos a reduzir a reação de medo produzida ao capturar a ideia catastrófica e correr com ela.

A terapia de exposição é meio parecida porque faz com que a pessoa aos poucos encare a coisa ou a ideia que dá medo e, espera-se, o medo recua à medida que ela percebe que as preocupações são infundadas. Talvez seja só um pouco mais dramático.

Suponha que você tenha medo de rato. Uma abordagem possível é começar falando a palavra várias vezes até ficar confortável com ela. Então quem sabe você possa olhar uma foto da criatura e pensar no que ela o faz sentir. Com o tempo, talvez seja capaz de ver um rato a distância ou até tocar em um. Não. Definitivamente não é pra tanto. Nem eu quero tocar num rato.

Mas foi basicamente o que eu fiz comigo mesma. Como o meu limiar de medo é bem mais baixo que o da maioria das pessoas, não estou falando de me forçar a pular de paraquedas ou escalar uma montanha; meus objetivos eram minúsculos comparados aos dos outros. Eu queria ir até a casa de uma amiga usando transporte público e me divertir uma noite inteira sem me preocupar com a possibilidade do meu apartamento pegar fogo, com ser atropelada ou com a segurança da minha família. Hoje, consigo ter noites assim, mas nunca teria conseguido torná-las realidade se a corrida não tivesse vindo primeiro e me ensinado que os meus medos nem sempre eram justificados.

Calçar os tênis me fez superar traumas gravados no meu ser havia muito tempo. Todo dia, eu identificava um lugar ou hábito que me causavam algum nível de apreensão — mesmo que batimentos um pouco acelerados. A exemplo das curtas viagens de metrô, eu me forçava a correr em lugares lotados — no meio de uma feira, na hora do rush, por ruas movimentadas. E as catástrofes que sempre suspeitei estarem logo ali nunca aconteceram. Não houve episódios de pânico, desmaios, acidentes de ônibus, ataques terroristas, tufões nem nada que a minha mente criava para me obrigar a ficar em casa, segura e pequena. Se uma rota fazia com que eu me sentisse com medo ou inquieta, eu a percorria de novo e de novo até estar entediada com ela. O tédio é um sentimento estranhamente agradável para quem viveu com excesso de adrenalina por tanto tempo.

Se me sentia especialmente ansiosa ou notava os meus pensamentos irracionais borbulhando, eu me forçava a correr na mesma hora — mesmo que só por cinco minutos. Houve muitos dias assim nos meses seguintes ao divórcio. Às vezes, só de pensar em ir trabalhar e ver o meu ex-marido rindo com colegas no trabalho (a mesa dele ficava a seis metros da minha) me levava a uma espiral de preocupação assim que eu acordava. Eu sentia que não ia aguentar dormir sozinha de novo ou passar outra noite sem ver ninguém, sentada no silêncio do meu apartamento vazio. Então, eu saía e corria antes de trabalhar, para liberar adrenalina suficiente para enfrentar o escritório. Ou quebrava o longo período da noite com uma corrida em torno do parque local. E isso sempre me acalmava, sempre me dava força suficiente para continuar.

Eu não fazia isso só por causa do prometido barato do corredor. Nessa fase, eu buscava mais um momento de pausa do que uma sensação de prazer. A minha mente ficava em silêncio durante a corrida, como se a parte do cérebro que embaralha as nossas preocupações e cria esse ciclo repetitivo de pensamentos intrusivos tirasse uma folga. Talvez um corredor chamado Monte Davis tenha dito melhor no livro *The Joy of Running*, publicado em 1976 por Thaddeus Kostrubala: "É difícil correr e sentir pena de si ao mesmo tempo."[97]

Posso dizer que eu sentia muita pena de mim, muita mesmo. Tinha me acostumado a ficar com raiva do mundo por ter essas preocupações debilitantes e, com isso, ignorado todos os meus enormes privilégios — uma família amorosa, segurança financeira, um emprego, amigos —, focando apenas no único grande problema que eu tinha. Eu culpava a ansiedade por me segurar, por estragar o meu casamento, por me fazer perder aventuras, quando, na verdade, a culpa para ela ter todo esse poder era minha.

Correr não me deixava com raiva. Frustrada, às vezes, sem fôlego, com os meus pés parecendo chumbo ou com fome demais, mas nunca com raiva. Quanto mais eu corria, menos tensa ficava quando tinha que lidar com momentos difíceis e desconfortáveis. Eu já era capaz de enfrentá-los sem fugir de imediato. Quando descobri que o meu ex-marido estava namorando de novo, passei dias e dias com vontade de me jogar no chão, vomitar e chorar. Mas não fiz nada disso (bem, eu chorei por um minuto). Aquele momento me deixou triste e me fez lamentar o que tinha sido perdido, mas também senti que eu já dispunha de uma armadura, ainda que frágil, que agora me protegia até das piores dores. Não tão resistente quanto uma concha, mas como uma couraça.

Isso significava, no fundo, o começo de uma nova abordagem à vida, em que eu não me afetava tanto com as coisas corriqueiras. E foi então que tive curiosidade de saber se apenas eu sentia isso. Coloquei alguns termos diferentes no Google — "correr me torna mais forte", "correr me torna menos emotiva", "correr + não chorar", e acabei encontrando dados de um estudo de 2016 que analisava exatamente essa ideia. Os pesquisadores pediram para metade dos participantes fazer uma corrida de meia hora, enquanto a outra metade praticava alongamentos leves. Depois, todos assistiram a um clipe do filme *O campeão*, de 1979 (comentaristas do YouTube garantem que o efeito é "destruidor"). A reação negativa dos participantes que tinham corrido, mas que apresentavam uma tendência a ficar emotivos com notícias tristes ou situações estressantes foi menor.[98] Sendo assim, eu não estava imaginando a minha sensação estranha de estar blindada — o exercício aeróbico parece de fato mudar a nossa forma de reagir às emoções.

Dá para entender por que a corrida melhora a sensação de bem-estar de quem tem a mente agitada ou é mais sensível. O lendário jogador de bilhar Ronnie O'Sullivan escreveu um livro muito sincero sobre os seus vícios e a sua ansiedade, intitulado apenas *Running* — o escape ao qual ele voltava toda vez que atingia pontos baixos na vida (e isso acontecia muito, sobretudo quando o pai dele foi preso por assassinato. Recomendo muito a leitura). O'Sullivan escreve sobre o "macaquinho no seu cérebro", que o ofendia e criava catástrofes (parece familiar, embora eu nunca tenha antropomorfizado os meus pensamentos). Esses pensamentos intrusivos o desequilibravam e ele sofreu muito para combater os vícios que desenvolveu como mecanismos de fuga. O'Sullivan decide correr como forma de derrotar essas ideias e hábitos negativos. "Correr logo virou um vício", escreve ele, "mas era, de longe, o meu melhor vício. É um barato contínuo, um desses que a gente quer repetir várias e várias vezes."[99]

O'Sullivan volta a cair nos seus velhos hábitos quando não corre. Em vários trechos, ele se classifica como um homem de "tudo ou nada" e me identifico muito com isso. Fazer qualquer coisa com moderação nunca funcionou muito bem para mim. Ou eu estou brutalmente infeliz, ou animadíssima e muito otimista. Ou estou falida e preocupada, ou ganhando bem e prosperando. E não consigo ficar mais de um dia sem correr. Talvez seja uma superstição — uma compulsão, como aqueles tiques estranhos que eu tinha quando era uma criança com TOC. Se for isso mesmo, talvez não seja um hábito saudável. Alguns amigos definitivamente já reviraram os olhos para a minha insistência de encaixar uma corrida mesmo nas férias, mas a verdade é que não sinto que isso seja ruim ou que esteja controlando a minha vida como a ansiedade fez no passado. Em vez disso, aposto em duas coisas:

Um: correr faz com que eu me sinta menos ansiosa a cada dia. Nunca me arrependo de uma corrida, não importa o quanto naquele dia eu não esteja com vontade de correr. A questão é que posso muito bem me arrepender de não ir, e é sempre bom me lembrar disso.

Dois: acho que correr ajuda a fortalecer as minhas defesas contra a ansiedade a longo prazo. A ciência pode não ser tão clara a respeito disso quanto é a respeito do ponto um, mas eu sinto. Não ligo que seja mero efeito placebo.

Na minha longa experiência, uma das formas mais importantes de lidar com a ansiedade ou a depressão de uma vida é aceitar que isso vai acompanhar você para sempre. É muito perigosa a negação de supor, ou de acreditar, que agora que lidou bem com uma crise você está livre do transtorno mental. Eleanor Morgan, que escreveu o excelente livro *Anxiety for Beginners*,[100] descreveu bem: "Não há final feliz tradicional. O final feliz é conviver com isso."

E ela tem razão. Provavelmente você nunca vai ficar "curado", tornando-se uma pessoa nova que nunca mais terá um sintoma. A realidade é assimilar que você tem uma doença, um transtorno, um problema — chame como quiser — e que tudo que pode fazer é tentar minimizá-lo e identificar os seus gatilhos.

E mais importante, criar ferramentas para lidar com isso. Forçar-me a correr todos os dias, embora muitas vezes não queira, funciona muito bem para mim. Seis meses depois do divórcio, eu tive uma amidalite horrível, que não reagia a tratamento algum (a minha mãe insiste que o estresse da coisa toda foi o que me afetou, e ela provavelmente tem razão). Na véspera de Natal, um médico deu uma olhada na minha garganta e me mandou direto para o pronto-socorro, onde fui internada na mesma hora. Ali estava eu, sozinha na maldita véspera de Natal. Depois de uma noite desoladora de medicamentos intravenosos e gelatina em copinho, tive alta no dia seguinte e fiquei convalescendo por duas semanas. Ficar doente sempre é algo que me deixa mal emocionalmente, mas a gravidade dessa crise específica me deixou bem para baixo. Eu chorava muito e os pensamentos intrusivos voltaram rápido. Como se tivessem ficado preservados em formol aquele tempo todo, eles logo retomaram o seu velho mote.

Além da lição preocupante de que certos antibióticos não funcionam para todo mundo, aprendi duas coisas importantes com esse episódio. Uma foi que nem todo momento de crise significava que eu estava caindo de novo na ansiedade e histeria. Embora eu temesse uma recaída a qualquer momento, também sabia que precisava analisar os fatos de forma racional e razoável. Eu estava muito doente, o que, é claro, destrói a nossa química cerebral, então, ficar triste e preocupada não era uma grande surpresa. Esse tipo de reação ainda acontece quando fico doente — meu humor fica péssimo e tudo me estressa com mais facilidade. O mesmo vale para os hormônios — na véspera da menstruação, me sinto apavorada e tensa. Mas como agora eu sei do que se trata, sinto que metade da batalha está vencida. Aprender a aceitar os sentimentos ruins sem esperar que eles deem início a outro colapso é um tipo de progresso. É claro que ainda preciso trabalhar isso, porque estou sempre procurando por alguma tragédia à espreita, porém cabe a mim reagir com o cenário mais realista. Nem sempre é fácil, pois, em geral, a minha cabeça já deu algumas voltas na hora em que percebo que estou em pânico. Mas, mesmo quando tenho vontade de deitar e deixar os pensamentos ansiosos dominarem, é preciso continuar lutando. Sei que isso pode parecer perverso, mas com esses pensamentos como companheiros por toda a vida (muitas vezes eles são mais fortes do que as outras emoções), acho que deve ser encarado mais como um alívio. Só que não é. Então, resista. Continue lutando.

A segunda coisa que percebi foi como me recuperei rápido dessa crise. Depois de uma febre glandular aos 19 anos, sei que me tornei mais deprimida e ansiosa do que nunca (aliás, tenho certeza de que esse episódio foi um gatilho para o meu colapso subsequente). A doença enfraqueceu tudo em mim, e a minha família depois diria, brincando, que eu tinha sido feita aos moldes de uma personagem de Jane Austen — propensa a ficar de cama e "fraca demais para o mundo". O problema em dizer isso é ignorar completamente que Austen também criou personagens femininas fortes e saudáveis, ridicularizadas pelo seu amor ao exercício, como Lizzie Bennet, mas estou fugindo do assunto, é claro. Aquela amidalite, embora horrível, não deixou qualquer impacto duradouro. Duas semanas depois, eu estava de volta às corridas. Vergonhosamente lenta — quase de volta à estaca zero —, mas correndo. E o meu corpo se lembrava daquilo. Eu não chamaria de memória muscular, mas parecia um retorno bem-vindo, que apagou a preocupação crescente que eu tinha de voltar. Eleanor Morgan me disse que estava passando por algo similar depois de uma cirurgia séria — uma queda nas emoções, um nível de ansiedade que apenas o retorno ao exercício podia silenciar de novo.

Àquela altura, no entanto, eu já me sentia menos ferida pelo divórcio. Todo mundo que eu conhecia já estava ciente de que o meu marido tinha me deixado menos de um ano depois do casamento. Não havia mais reações para as quais me preparar, nenhum olhar triste ou cabeça virada em compaixão. Eu estava em algum lugar da estrada que levava para além da desilusão, e me sentia ok. Tinha até tido alguns encontros desanimadores. Não dava para dizer que estava ótima, mas estava melhor. Reconheço que seja um lugar perigoso para mim, pois é exatamente quando a minha ansiedade diminui, quando me sinto bastante estável, que paro de tentar me manter assim. A tranquilidade me torna complacente e acho que já entendi tudo. No entanto, como disse Eleanor Morgan — é preciso viver com isso. Se eu não tivesse ficado doente e tido a experiência de uma queda temporária, suspeito que talvez desistisse da corrida. Sentia que já tinha conseguido, sentia que tinha sido útil. Será que eu queria correr maratonas, fazer corridas alegres no parque, me preocupar com recordes pessoais? Será que eu queria fazer aquilo para sempre? Eu achava que não, mas perceber que não estava livre da ansiedade naquele Natal duplicou o meu propósito como corredora. Eu enfim havia encontrado uma forma de ajudar a mim mesma, e isso tinha exigido muito de mim. É claro que eu teria adorado que a minha salvação tivesse vindo em forma de vinho e uma espreguiçadeira ao sol, mas a vida é dolorosa. Quem falar o contrário para você está tentando lhe vender alguma coisa.*

---

* Se você não conhece essa citação, vá assistir ao filme *A princesa prometida*. De nada.

7 KM - POR QUE CORREMOS?

Corri em Edimburgo hoje. Deixei a minha amiga e o meu celular no hotel e decidi improvisar. Saí sem direção pela principal rua comercial, boquiaberta com a visão do castelo banhado em luz vermelha. Os paralelepípedos pareciam instáveis sob os meus pés e embora eu sentisse o perigo iminente de torcer a canela, me concentrei na atividade e logo entrei no ritmo. Foi a primeira corrida sem celular, que era a minha rede de segurança. Nunca tinha ido nem fazer compras sem ele — só por garantia, só por garantia, mas só por garantia de quê? Eu não conhecia a cidade, e isso, em geral, teria me deixado nervosa, mas naquele dia essa exata sensação me fez sentir liberdade. Eu estava sozinha e tudo bem. Talvez mais do que bem. Eu sentia uma desinibição eufórica. Edimburgo é cheia de ladeiras e os meus pulmões protestavam à medida que eu avançava, a beleza do lugar fortalecendo o meu propósito. Logo encontrei uma rua que parecia prometer um ritmo mais suave, e desviei da via principal. Depois de meia hora, estava em Leith, o bairro portuário no norte da cidade, onde tudo era mais calmo e dava para ver gaivotas sendo açoitadas pelo vento. Decidi que elas indicavam o caminho para a água e tentei ir atrás delas enquanto corria. Virei uma esquina e perdi o ar: eu estava nas docas e vi, à minha frente, um navio gloriosamente pintado em tecnicolor — um *"dazzle"*, desenhado para comemorar a Batalha da Jutlândia. Essas embarcações, criadas durante a Primeira Guerra Mundial, eram pintadas de cores e formas brilhantes para desorientar e evitar que o inimigo descobrisse a sua velocidade ou direção. O artista que desenhara aquela à minha frente a havia batizado de *Every Woman*, em homenagem às mulheres que ajudaram a criar os navios *dazzle* originais. A visão era gloriosa e hipnotizante, cada linha e curva um tributo à força e à resistência. Fiquei ali parada admirando por mais tempo do que planejava, querendo absorver aquelas imagens, gravá-las na mente.

Na volta, encontrei o iate real *Britannia*, consideravelmente menos majestoso, cujo acesso se faz por dentro de um shopping — a falta de grandeza neste segundo exemplo me divertiu tanto que tive uma crise de riso e por um momento achei que não conseguiria voltar correndo para o hotel.

Por que as pessoas decidem correr? Não estou falando sobre quem é esperto e começa a praticar esportes ainda na escola e prossegue assim até a vida adulta. Fico embasbacada com essas pessoas, mas não sou como elas. Deixei o exercício de lado durante décadas, muitas vezes tendo ressentimento dele, e só sigo praticando porque, mesmo contrariada, preciso admitir o quanto isso me faz bem. Essas pessoas sempre souberam quanto o exercício faz bem. Essas pessoas podem até dizer que ele só ocupa uma parte da vida cotidiana, como almoçar ou ter o seu cartão de crédito recusado (apenas balancem a cabeça e concordem comigo para eu me sentir melhor). Fico me perguntando por que algumas pessoas então decidem correr quando não têm essa mentalidade. Falo de indivíduos que passaram décadas largados no sofá, que iam de carro até o mercadinho da esquina e que esperavam por outro ônibus em vez de correr e suar um pouco para pegar o que estava no ponto. Quando somos crianças, é natural a necessidade de correr por aí para gastar o excesso de energia, faz parte da nossa natureza esticar as pernas e correr. O problema é que nos esquecemos disso quando crescemos. Esse ímpeto pode ficar enterrado para sempre, então, como é que algumas pessoas voltam a isso?

A saúde física é um grande atrativo — correr pode ajudar a manter o peso sob controle, melhorar a saúde cardiovascular, limitar o risco de diabetes. Como me disse Vybarr Cregan-Reid: "O nosso corpo nos recompensa pelo movimento — nos torna mais duros, mais fortes, faz os ossos ficarem mais grossos, ajuda com serotonina, noradrenalina e dopamina. Nos dá os meios para sermos mais inteligentes." Uma pesquisa nos Estados Unidos descobriu que uma hora de corrida pode adicionar sete horas à sua vida — mesmo se você tiver maus hábitos como álcool e cigarro. Bom para mim, embora com certeza caminhar, nadar e muitas outras atividades também sejam comprovadamente boas. Não é preciso observar o movimento nas ruas para saber que muitos corredores desistem assim que começam. Mais de vinte milhões de britânicos são sedentários segundo a British Heart Foundation.[101] Ao que tudo indica, esquecemos que os nossos corpos precisam ser usados. Apesar das constantes campanhas de conscientização sobre os benefícios do exercício para a saúde, os motivos para as pessoas se levantarem e se mexerem nem sempre têm a ver com a boa forma.

Pelo contrário, no que diz respeito a correr, parece muitas vezes que uma crise desencadeia esse impulso — ou o revela depois de anos de latência. Talvez seja só uma necessidade de fugir dos problemas o mais rápido possível, mas acho que há muito mais por trás desse movimento. O mundo moderno nos tornou inativos, indivíduos presos dentro da própria mente na maior parte do tempo. Já estamos acostumados a isso, é claro, e somos até gratos por não precisar executar trabalhos braçais. Em vez disso, passamos tempo no Facebook dentro de um escritório abafado onde devíamos estar trabalhando. Mas, às vezes, quando surgem rupturas nessa vida confortável, pode parecer que ela não é mais o bastante. Já não nos desgastamos fisicamente e é compreensível que isso seja reconhecido como um progresso. A desconexão com o nosso próprio corpo se tornou a norma, já que muitos de nós não levamos mais um estilo de vida que exija atividade física. Em algumas ocasiões, no entanto, o conforto que nos permitimos já não é suficiente, e um dia difícil nos faz querer levantar e gritar, ou jogar algo na parede, ou arrancar a roupa e bater no peito. A vida nos reprime e nesses momentos, em geral, gostaríamos de poder fazer alguma coisa dramática. É claro que não fazemos isso porque não queremos um momento constrangedor registrado no YouTube. Talvez a alternativa seja buscar algo nos dê uma sensação de alívio similar, em que seja possível ignorar as preocupações e a monotonia. Algo que seja difícil de realizar, que combine com o nível de dificuldade da vida. E, frequentemente, é nesse momento, creio eu, que encontramos a corrida.

O lama tibetano Sakyong Mipham, líder de uma comunidade de meditação, também ama correr. Para ele, uma atividade melhora a outra. Há muitos anos, comecei a ler o livro dele num momento bastante ruim, perguntando-me se estava faltando algo na minha corrida — eu deveria sentir coisas mais profundas enquanto corro? Estava perdendo algo poderoso? Lendo *Running with the Mind of Meditation*, percebi que já havia experimentado muito do que o lama descreveu (mesmo que de forma inconsciente). "Como na corrida", escreve ele, "na meditação, deixamos para trás as preocupações cotidianas — sonhar acordado, estresse e planejamento. Fazendo isso, a mente se fortalece."[102]

Steve (nome fictício) me contou como o mindfulness e a corrida, combinados, arrancaram-no da ansiedade e da subsequente depressão com as quais ele lidava desde a infância. "Sempre fui ansioso", disse ele. "Meus pais tiveram um divórcio complicado e a vida doméstica não era fácil. Tive depressão pela primeira vez aos 17 anos. Na época, lembro-me de ter ficado diante de uma prova por duas horas, sem escrever nada. Fui embora da escola. Antes disso, era um aluno nota dez."

Steve entrou na universidade um ano depois e conta que se divertiu muito. "Havia muita coisa com a qual se distrair." Depois, começou a trabalhar com informática e formou uma família. Há dez anos, ele foi diagnosticado com depressão e hoje, aos 56, diz: "Imagino que estive deprimido por bastante tempo antes disso. Eu me comportava muito mal porque a minha mente zunia o tempo todo. Eu descontava isso na minha família e destruía o clima na casa. Fiz um pouco de terapia por meio de um programa, mas não senti melhora."

"Eu não conseguia acalmar a mente… Não havia alívio… Se eu ficava nervoso e descontava em alguém, é claro que isso só piorava as coisas, alimentando um ciclo. Logo você começa a se desconectar de tudo. Eu não funcionava, não fazia nada de bom pela família e me desligava."

Após um tempo, Steve quase chorou numa consulta com o médico. "Recebi uma receita de Prozac e disseram que eu estava muito deprimido. Fiquei nervoso com a ideia de tomar essa medicação e pensei: "Meu Deus, isso vai afetar o meu cérebro." Mas Steve aceitou o tratamento e viu que "duas ou três semanas depois, [a depressão] tinha ido embora. Eu me sentia humano de novo e isso me deu o ímpeto de dizer, bem, agora que a terapia não funcionou, o que eu faço?".

Um amigo que já praticava corrida inscreveu-o em uma prova de dez quilômetros. Steve completou essa e se inscreveu para uma maratona. E depois para outra. Ao mesmo tempo, ele conheceu um programa experimental de meditação mindfulness e descobriu que as técnicas eram perfeitamente aplicáveis à corrida. "Correr, para mim, é mindful, porque penso um pouco, observo coisas e noto as estações, ou simplesmente escuto o que as minhas pernas estão dizendo."

Steve hoje corre longas distâncias com um clube de corrida, ao qual ele credita seu meio social (Steve trabalha muito em home office). "A corrida e a capacidade de acalmar a minha mente com o mindfulness me permitiram parar o Prozac. No último ano, também comecei a cantar. Hoje esses são os meus três apoios."

Como a todos que entrevistei para este livro, perguntei a Steve como ele se sentia correndo. É uma questão que sempre me traz respostas novas, mas a dele me fez sorrir. "Aguardo a próxima corrida com expectativa e curiosidade. Depois de percorrer uns três ou quatro quilômetros, o motor começa a funcionar e o movimento fica prazeroso. Sinto uma alegria quase infantil quando desço uma ladeira correndo."

Essa alegria infantil é um remédio maravilhoso para os pesos que colecionamos ao longo da vida. Todo mundo precisa deixar para trás um pouco do estresse diário. Todo mundo precisa buscar certo equilíbrio — quando estamos na esteira de cada dia, a mente vira uma chavinha e nos enredamos no presente imediato. O problema é que não fazemos com frequência essas pausas importantes (não por vontade própria, claro). É nesse momento que a vida intervém e nos obriga, queiramos ou não.

De todas as rupturas pelas quais passamos na vida, um grande término amoroso como o meu provavelmente é a mais comum. Mas há também o luto, a perda de um emprego e muitas outras coisas mais alegres, mas não menos desafiadoras — como ter filhos ou se mudar para o outro lado do mundo. Conversei com diversas pessoas enquanto escrevia este livro, perguntando sobretudo por que tinham começado a correr. As respostas foram reveladoras, mas, sabe de uma coisa? Nunca me surpreenderam muito. As histórias eram diversas, as dificuldades tinham escopo variado, mas todo mundo que me contou a sua história tinha um desejo comum: encontrar uma válvula de escape. Uma forma de amenizar a dor e suavizar a mágoa. De ter algo parecido com controle.

Vamos iniciar com relacionamentos amorosos que deram errado. Isso talvez seja egoísta, porque é o meu motivo para ter começado a correr, mas o livro é meu, então, sejam bonzinhos. É raro existir alguém que não tenha passado por uma rejeição ou decepção em relacionamentos. Eu nem chamaria os que evitaram isso de sortudos, porque a experiência é uma lição de vida que, cedo ou tarde, precisaremos encarar. Uma parceria fracassada pode ser fundamental para mostrar o que você *não* quer nas próximas relações.

Decepções amorosas podem desestabilizar até as pessoas mais equilibradas, então é fácil imaginar o efeito devastador que podem ter em pessoas com transtornos mentais. Quando tudo ao redor parece fora de controle, é fácil entender uma busca obsessiva por algo que simule o poder da escolha.

O medo de perder o controle é imenso para quem tem ansiedade. E nada como o fim de um relacionamento para fazer uma pessoa sentir que perdeu toda a autonomia sobre as próprias emoções.

Abalado e com sentimentos negativos inéditos, Peter teve o ímpeto similar de sair para correr quando um grande relacionamento deu errado.

"Eu me apaixonei pela mulher que era a minha melhor amiga havia oito anos. Ela esperou até eu me mudar de Dublin para Toronto para dizer que me amava. Quando voltei, 18 meses depois, percebi que não conseguia esquecer o que eu sentia, então disse a ela que estava apaixonado. Em pouquíssimo tempo eu me mudei para Londres para ficar com ela.

"Naturalmente a coisa não durou, porque nunca tivemos um tempo para respirar. Depois que terminamos, eu saí de casa e fiquei completamente perdido. Não fazia ideia do que fazer com a minha vida em área alguma. Voltei para a casa dos meus pais em Dublin e passei seis meses apenas me exercitando e fazendo palavras cruzadas.

"Nem de longe eu suspeitava que estava deprimido. Quer dizer, como a gente sabe que está deprimido? Em retrospecto, consigo ver e reconhecer que não me lembro de sentir nem o mais ínfimo momento de felicidade naqueles seis meses."

É muito comum que a pessoa não saiba ter um transtorno no meio de uma crise emocional. Pode ser difícil distinguir o plano geral quando você está no fundo do poço da tristeza. Peter diz que revê fotos daquela época e que, hoje, as enormes olheiras escuras são muito nítidas. Mas, mesmo em meio a esse momento difícil, ele conseguia correr oito quilômetros por dia (ainda fico chocada por ele ter conseguido ir tão longe mesmo se sentindo tão mal).

"Eu esvaziava completamente a cabeça enquanto corria. Durante a corrida, não analisava demais, não me preocupava com nada, nem me sentia triste. Eu sabia que tinha oito quilômetros para percorrer todos os dias, e sabia que era um objetivo possível. Com tudo o mais indo contra mim (o que pode não ser verdade, mas era o que parecia), eu sabia que conseguiria completar com sucesso aquela distância. As únicas coisas que me mantinham inteiro eram a corrida, que era uma higiene mental e física, e as palavras cruzadas, que preservavam o cérebro funcionando."

Peter também mencionou ter se sentido muito perdido, então, o objetivo diário lhe dava um norte e lhe devolvia o tão desejado sentimento de controle.

"Estabelecer um objetivo possível mostrou que eu tinha uma espécie de controle sobre a vida, porque, na maior parte de tempo, me sentia perdido num oceano, nadando contra a corrente em todas as direções. Sair da cama e correr por oito quilômetros era uma área minúscula da vida que eu podia controlar."

A vontade de Peter de estabelecer um objetivo pequeno e cumpri-lo corrobora inteiramente a minha motivação inicial para correr. Há pouco tempo, outro problema o fez voltar às ruas. Como antes, correr deu a ele a resiliência para lidar com novas tristezas e decepções. "No fim das contas, tudo me leva de volta à corrida. Quando algo acontece, é a única coisa que consigo controlar na mesma hora em meio a emoções enlouquecidas e difíceis de entender. O tema parece ser o controle."

Essa busca por controle pode muitas vezes soar como algo negativo — uma necessidade doentia de estar no comando ou uma rigidez que se opõe à espontaneidade. Mas, quando você está infeliz, acho que é só um desejo desesperado de não se sentir em queda livre, sem apoio algum no qual se segurar.

A minha corrida começou num ponto da vida em que eu sentia que não tinha poder de decisão sobre o que acontecia. O meu marido fora embora e eu não conseguia me livrar de uma ansiedade crescente que, em algum momento, me consumiria por inteiro. Com o perdão da péssima analogia, minha vida parecia um cavalo que tinha galopado para longe e eu o perseguia para agarrar as rédeas antes de perdê-lo. Correr me deixava perto o suficiente para tocar essas rédeas.

Sempre que conseguia ir um pouco mais longe ou me aventurar num lugar que antes me assustava, eu sentia que estava diminuindo a vergonha, a infelicidade e o pânico aos quais estava tão acostumada. Toda desilusão amorosa é um soco no estômago, mas as pontadas físicas eram o que eu mais detestava. Pensar no que tinha perdido me deixava em posição fetal na cama ou chorando no banheiro. É uma reação imediata, de surpresa, que vem acompanhada de náusea e tremedeira. Nós nos sentimos fisicamente fracos e emocionalmente derrotados e, é claro, surge uma imensa vontade de se entregar e chafurdar naquele lugar sedutor onde vivem a escuridão e os poemas ruins.

Isso é uma armadilha — ninguém nunca se sente energizado e poderoso depois de três horas ouvindo The Smiths e vendo fotos do ex.

O que funciona é resistir a esses momentos de melancolia. Não estou dizendo para você ignorar os seus sentimentos e negar a sua tristeza, certo? Um terapeuta muito esperto (oi, Barry!) me disse que qualquer emoção que você sinta no momento é a emoção correta para o momento. Ou algo parecido, espero não estar citando errado (desculpe, Barry). Porém, sempre me lembro disso. Não se preocupe tanto com a tristeza — você está sentindo o que deveria estar sentindo. Só não se envolva com ela a ponto de convidá-la para ficar e arrumar a cama para que se deite com você.

Eu odiava aqueles momentos de soco no estômago em que o meu instinto imediato era recuar: já tinha recuado o bastante na vida. Então, decidi agir de outro modo. Não queria mais ser consumida por sentimentos de perda e arrependimento que estavam em ação o tempo todo. Sempre que sentia uma onda mais forte, eu me forçava a sair para uma corrida.

Sem tempo para sentir enjoo, sem cobertor com o qual me enrolar. Apenas um desafio ou uma punição, dependendo de como eu me sentisse no dia. De qualquer forma, era algo que eu tinha que terminar. Uma pessoa deixara de me amar, e essa rejeição me impulsionava de um modo bem maior do que as coisas do dia a dia. Correr conseguiu abafar lembranças inconvenientes dos votos de casamento, das promessas feitas, além de suavizar o impacto de lembrar como tudo dera errado tão rápido depois disso. Mesmo nos dias em que eu odiava sair para correr na chuva, ou quando ia me arrastando no meio de uma ressaca, eu sabia que estava dando a mim mesma algo bom em vez de ficar em casa alimentando a tristeza. Como falei, o momento de desilusão amorosa é breve, e precisamos passar por todo o processo de "superação". Correr é uma camada extra de defesa contra todas as emoções dolorosas que um término de relacionamento traz. Peter resumiu de forma brilhante: "Não faz sentido, mas eu sinto que fico blindado e que posso aguentar qualquer coisa."

Alguns términos são piores que outros. O meu foi dramático, surpreendente e humilhante, mas ainda assim cheguei relativamente rápido do outro lado, ilesa e aliviada. Tive sorte; às vezes, o luto de perder um parceiro pode trazer depressão grave e potencializar a ansiedade.

Alva foi traída por um namorado e optou por continuar o relacionamento mesmo assim. O sofrimento, no entanto, provocou uma depressão profunda. "Eu não tinha outra explicação para estar com ele a não ser o medo. O medo de perdê-lo porque eu o amava, o medo de ficar sozinha."

A depressão piorava: "Fiquei com vergonha de estar passando por um momento difícil. Eu achava que as pessoas não iam entender. Por isso não consegui pedir ajuda. A minha depressão me levou ao ponto de dizer coisas horríveis, me tornou incapaz de lidar comigo mesma e com tudo que me cercava."

No fim, uma tentativa de suicídio a levou para o hospital e o namorado terminou com ela quando percebeu que tinha contribuído para essa infelicidade. O médico recomendou que ela começasse a se exercitar e, embora cética, Alva aceitou. "Comecei caminhando distâncias curtas e fui aumentando à medida que minha energia crescia. Logo vieram as corridas curtas e eu ia me sentindo cada vez melhor. A princípio, não relacionava as coisas, mas depois consegui entender como era agradável a sensação de estar tão cansada fisicamente quanto estava na minha cabeça."

"Então, me matriculei numa academia e vi um pôster sobre uma prova de dez quilômetros. A sensação depois de passar pela linha de chegada foi tão boa, me deu um prazer que eu não sentia há tanto tempo, que isso me fez querer continuar. Mas eu queria um desafio maior, então, me inscrevi para uma meia maratona. Não estou dizendo para todo mundo se inscrever em corridas, mas, para mim, a coisa toda virou um objetivo, o que torna mais fácil amarrar os cadarços e sair."

Alva agora se obriga a ir mais longe com maratonas, aumentando o desafio e vendo quão longe consegue ir. Eu mesma nunca quis me inscrever para uma corrida, mas entendo totalmente o apelo de testar os seus limites. Fico feliz em me movimentar, independente da velocidade. Como diz Alva, nem todo mundo precisa correr em competições. Às vezes, pode ser intimidante começar a correr quando temos em mente atletas que estão em forma, capazes de percorrer quilômetros com facilidade. Nunca pensei que me tornaria uma boa corredora de longa distância (fico com fome muito rápido), e por mim tudo bem. Faça o que lhe faz sentir bem — se for uma maratona, ótimo. Se for uma corrida pelo quarteirão quando você está no meio de uma névoa de depressão, ótimo também.

Agora que dominou a arte da corrida, Alva consegue descrever com beleza como se recuperou da depressão: "Eu sei que se alguém tivesse me contado a sua história e explicado como correr ajudou, eu não teria deixado a depressão ir tão longe, não teria sofrido tanto. Mas o tempo mc deu perspectiva e hoje entendo que a depressão não deve ser motivo de vergonha, assim como não é pedir ajuda quando a gente quebra uma perna, por exemplo."

Passei anos negando a minha ansiedade e os meus episódios depressivos. Achava que as pessoas iriam me tratar de forma diferente, me julgar ou se afastar de mim. Mesmo ficando mais velha, eu minimizava a ansiedade, fazia piadas com ela, nunca contava a ninguém os pensamentos sombrios que ocupavam a minha mente. "Só estou me sentindo meio para baixo" era o meu refrão. Dava desculpas e cancelava planos, ia embora cedo dos lugares, dizia à minha chefe que estava doente, tudo isso em vez de explicar que não conseguia pegar um ônibus porque tivera um ataque de pânico. Uma vez precisei sentar no meio da rua porque achei que estava morrendo. A coisa ficou ruim a ponto de eu precisar ir de ambulância para o hospital. Hoje, sinto vergonha por ter desperdiçado tempo e dinheiro do sistema de saúde pública, mas esse exemplo ilustra o quanto eu estava me sentindo mal. A desculpa que usei no trabalho foi de que tinha caído, em vez de admitir que não era capaz de lidar com o que estava acontecendo na minha cabeça.

Ava me contou a sua história abertamente porque queria que as pessoas soubessem que não há problema algum um falar sobre isso. A recuperação mostrou a ela que não havia nada a esconder e nenhum motivo para se sentir envergonhada. Costuma ser mais fácil falar sobre problemas de saúde mental se você já passou pela pior parte — os céus se abriram um pouco e você já não vê a si mesmo de forma tão negativa. Em geral, essas questões vêm acompanhadas de uma quantidade enorme de autocrítica, e é muito raro que as pessoas.que sofrem com elas não se culpem de algum modo, mesmo que fugaz. Comigo não foi diferente, e só quando comecei a correr me senti capaz de conversar com as pessoas de forma mais franca sobre o que eu já enfrentava há anos. Ajudou o fato da história da minha vida fazer sentido para as pessoas: um término complicado me levou a correr, e isso, por sua vez, permitiu-me mencionar que eu também tinha problemas de ansiedade piores do que dera a entender. É engraçado, mas o colapso horrível do meu casamento fez com que, pela primeira vez na vida, eu me sentisse capaz de falar abertamente sobre outros problemas. Tudo tem um lado bom, não é mesmo?

Correr ajudou muitas pessoas a enfrentar uma desilusão amorosa — o exercício oferece uma breve interrupção da tristeza e dos sorvetes e das músicas tristes que o Spotify escolhe. No entanto, embora um término envolva a perda de outra pessoa, essa não é a pior dor que podemos sentir. Como diria a minha mãe: "Ninguém morreu." Ou, como disse Stephen King (e como visto em todos os boards de inspiração no Pinterest): "Corações podem se quebrar. Sim, corações podem se quebrar. Às vezes, acho que seria melhor se morrêssemos quando eles se quebram, mas não morremos."[103]

E se alguém de fato morrer? E se você passar por um luto tão intenso que não consiga imaginar nada que chegue perto de consolar ou aliviar a sua dor? Quando a escritora Catriona Menzies-Pike perdeu os dois pais numa queda de avião aos vinte e poucos anos, começou a correr para tentar lidar com a perda. Não era só um passeio casual sem rumo quando se sentia mal, como eu fiz muitas vezes — Menzies-Pike começou a correr longas distâncias. Ela sugere que a estrutura e a disciplina envolvidas no treinamento para uma maratona fornecem um sentimento de ordem muito necessário para quem perdeu tudo. No seu livro *The Long Run: A Memoir of Loss and Life in Motion*, ela explica: "A sequência da perda é exaustiva, repetitiva e com frequência muito, muito tediosa — assim como o treinamento para uma maratona. A resistência, contudo, pode ajudar a transformar mágoas fugidias em algo tangível, como músculos doendo e bolhas. Uma dor assim é fácil de descrever."[104]

Antidepressivos não deixam ninguém feliz e correr nem sempre dá barato. Em momentos de grande dor, a gente talvez corra para punir o próprio corpo, para experimentar de forma física a dor que sentimos na nossa cabeça. Às vezes, isso nos força a focar em algo que não o luto. Na melhor das hipóteses, pode ajudar a entorpecer um pouco a tristeza.

Tendo começado a correr para combater o declínio acentuado da minha saúde mental e superar a tristeza pelo divórcio, logo aprendi que a corrida não poderia me proteger da dor. Mas, assim como foi útil em acalmar a mente e me dar espaço para lidar com as preocupações, ela me ajudou a passar pelo pior.

Depois de vários meses correndo, eu estava convertida. Sentia-me melhor, não sofria mais ataques de pânico nem tinha pensamentos constantes e obsessivos. Conseguia pensar sobre o meu ex-marido sem chorar. É claro que, a essa altura, eu enchia o saco de todo mundo explicando como o barato depois de uma corrida era melhor que qualquer noite de bebedeira. E, então, a minha amiga morreu. A minha mentora, a minha segunda mãe.

George estava doente há um tempo, lutando contra um câncer agressivo com a sua determinação natural e suas fibras de aço. Ficou claro desde o início, no entanto, que ela não seria capaz de vencê-lo (odeio essa expressão, aliás, é como se algumas pessoas pudessem superar o câncer com a própria força de vontade e outras, não). Passamos férias de verão maravilhosas juntas, ela bebendo negronis deitada numa boia de piscina com um chapéu enorme e óculos de sol, gloriosa como sempre. Passamos também o Ano-Novo, mas, a essa altura, ela já estava muito doente, embora risse alto do mesmo jeito quando zombava do meu pai e exigia as fofocas. Logo depois George piorou de forma repentina e drástica e, embora soubéssemos que ia acontecer, eu não acreditei. Como é possível imaginar a pessoa mais cheia de vida que você conhece não estando no mundo? É como se algo no espaço físico se quebrasse, como se a nossa delicada existência fosse estilhaçada.

No dia em que ela morreu, saí com calma do trabalho e fui a pé para casa. Não estava transtornada de dor, porque eu não conseguia imaginar que ela não estava mais entre nós. Acho que experimentei a clássica reação retardada, pois, quando a ficha caiu, o luto veio com força. As corridas que fiz depois de perder George foram todas para me punir. Eu corria mais longe, mais rápido, na chuva, ladeira acima. Estava correndo para expulsar a tristeza com a dor física. Pernas queimando, pulmões fazendo hora extra, coração acelerado. Não havia recompensa física alguma, barato algum e sensação alguma de conquista. Eu só corria para fazer *algo*.

A princípio, eu não tinha certeza de que isso estava ajudando. Ao contrário do meu início, quando me sentia melhor logo após o exercício e via os sentimentos negativos se afastarem um pouco mais, o movimento não me proporcionava tanto alívio. O desconforto físico de corridas difíceis dificilmente nega o transtorno mental e, ao que tudo indica, não estou sozinha nessa estratégia de "colocar dor em cima de dor para me sentir melhor". Num artigo de 2017 intitulado "Selling Pain to the Saturated Self", pesquisadores da Universidade de Cardiff estudaram pessoas que haviam completado um desafio físico difícil — o Tough Mudder — para tentar entender o que a dor faz conosco.[105] O Tough Mudder é uma série de vinte e cinco exercícios brutais — como correr por um pântano ou se arriscar a levar um choque elétrico? Se você acha isso bom, é o passeio ao ar livre perfeito para você. Os autores queriam saber por que as pessoas se voluntariavam para esse tipo de dor em vez de fugir dela aos gritos, como eu faria. Em entrevistas com participantes, descobriram que o desconforto físico aparentemente suspende a atividade cerebral típica. "Quando a dor inunda a consciência dos participantes, eles parecem incapazes de desenvolver pensamentos complexos. A dor suspende o projeto reflexivo do eu por um tempo."

Ao correr e sentir cada parte do meu corpo, eu conseguia desligar os sentimentos de luto que me tomavam. Não por muito tempo, e não para sempre, mas o suficiente para ver alguma luz. Como mostrou o estudo da Universidade de Cardiff: "A dor permite um apagamento temporário do eu. Ao inundar os indivíduos de desconforto, ela apaga por um momento o peso da identidade e facilita um tipo diferente de fuga."

Acho que é exatamente isso: apagar o peso da identidade. A vida é difícil, as emoções com as quais temos que lidar podem ser complexas demais. Às vezes, você só quer deixar de lado as dificuldades da vida, mesmo que por alguns minutos. Sair para correr não é uma tentativa de fingir que a vida *não* é difícil; é apenas uma pausa, um respiro, um intervalo. Os pesquisadores resumiram a exploração da dor física dizendo: "A fuga nem sempre é grandiosa. A fuga também está nos instantes efêmeros e comuns de 'desidentificação'."

Chris começou a correr quando se deparou com a notícia horrível de que os seus dois pais estavam em estado terminal. "O meu pai tinha demência, doença pulmonar obstrutiva crônica e câncer de pulmão. A minha mãe tinha esclerose lateral amiotrófica e perdeu a fala. Em teoria, era ela quem cuidaria do meu pai, mas a coisa não saiu como o planejado."

Numa tentativa de reter alguma coisa parecida com controle, Chris encontrou a corrida. "Eu não conseguia fazer muito para resolver a situação, além de arrumar cuidadores, hospitais e assim por diante. O que eu poderia fazer, definitivamente, era cuidar de mim e reduzir as chances de acabar deixando os meus filhos numa situação parecida no futuro. Em parte, eu me cuidava por medo disso. Mas correr também me tirava de casa e a constante mudança de cenário ajudava a colocar distância entre as minhas preocupações e eu."

Correr de luto é diferente de fazer uma corrida normal, quando estamos procurando pelo barato ou por uma sensação boa. Chris queria se sentir capaz de fazer alguma coisa importante num momento em que se sentia impotente. "Na primeira corrida, me senti péssimo. Achei que estava mais em forma, mas não, fiquei sem ar e com vontade de vomitar. Depois disso, as coisas foram melhorando em termos de preparo físico, mas acho que eu já estava viciado na ideia depois de duas ou três corridas. Acredito que não tinha a ver com a endorfina que as pessoas falam — embora isso possa ter tido algo a ver depois —, era mais uma sensação boa por estar sendo disciplinado comigo mesmo. Comecei a correr à noite, mas depois decidi que acordar mais cedo era melhor. A prática naquele horário fazia com que eu sentisse que tinha conquistado alguma coisa, mesmo que o resto do dia fosse uma porcaria."

Correr ajudou Chris a passar por essa época triste e estressante da vida — tanto física quanto mentalmente. "Você se distrai um pouco porque o seu corpo está fazendo algo. Acho que algumas partes do nosso cérebro ficam mais lentas durante a corrida e, quando os pulmões estão explodindo ou as pernas querem parar, outros pensamentos precisam esperar pela sua vez. Durante o exercício, só dá para pensar nas coisas realmente importantes naquele momento, e isso ajuda a separar o joio do trigo. A corrida nos lembra de que somos humanos, sobretudo acordando cedinho. Isso conjura na minha mente imagens primais e me lembra do meu lugar no universo. Às vezes, você não pensa em nada e, quando se dá conta, o trajeto já acabou, com você se sentindo calmo e renovado. O que estou tentando dizer é que, acima de tudo, correr ajuda a trazer perspectiva."

A energia da corrida ajudou Chris a lidar com a questão de cuidar da mãe e do pai, um papel estressante e exigente que logo se tornou exaustivo. "Ser fisicamente mais capaz ajuda a lidar com o estresse, acho. Essas coisas podem ser muito cansativas, então, ter vigor com certeza vale a pena."

Chris tem razão. O luto é exaustivo. O estresse é exaustivo. Qualquer reserva de energia pode desaparecer num piscar de olhos, e é mais provável que deixemos de cuidar de nós mesmos quando estamos ocupados cuidando dos outros. Correr pode devolver algumas dessas reservas. Não é uma massagem nem uma pedicure, mas é autocuidado do mesmo jeito, e a recompensa é maior que a de uma escova no cabelo. Muitos veem como indulgência ou luxo o ato de cuidar de si, mas não se trata de nenhuma das duas coisas — recarregar é vital. Suar 20 minutos ao ar livre é algo poderoso que você pode dar a si mesmo. Chris ainda corre três ou quatro vezes por semana e chama a corrida de "velha amiga", o que eu *amei*. Altos e baixos vêm e vão, mas a corrida continua. "Você sabe que ela vai ajudar. Acho que outras pessoas estão bem pior do que eu, que só tive (tenho) alguns problemas para resolver."

Isso é verdade para todos nós que corremos em busca de meios para lidar com nossas questões e dar um fim à dor e à tristeza. Talvez pareça casual uma pessoa correr aqueles cinco quilômetros, mas é impossível saber *exatamente* o motivo que a levou a subir uma ladeira fazendo caretas. Correr é uma atividade mundana que milhões de pessoas fazem todos os dias. Muitas delas estão dando uma minipausa. Estão desistindo da vontade de fugir para as montanhas e nunca olhar para trás e encontrando um meio de retornar voluntariamente à própria vida, com uma cabeça mais calma ou um cérebro mais silencioso. Correr continua, apesar de tudo.

Embora eu acredite que cada um precisa achar o seu ponto ideal da corrida e que é importante não fazer comparações, também gostaria de destacar as pessoas que decidem participar de provas por outro motivo. Gente que corre maratonas e faz corridas no parque pensando apenas em ajudar os outros. Situações horríveis levam as pessoas a correr, mas também inspiram outras a fazer o bem. É só olhar para corridas beneficentes para ver quanta gente usa o exercício como forma de arrecadar dinheiro e conscientizar em prol de boas causas. Em 2017, a Maratona de Londres arrecadou 61,5 milhões de libras para caridade (o total arrecadado pelo evento, que começou em 1981, chega a quase novecentos milhões de libras). Sinal dos tempos, a instituição escolhida naquele ano recorde foi a Heads Together — fundada pela família real para promover a saúde mental.

A Maratona de Londres é um mamute, mas é claro que não é o único evento. No país inteiro, no mundo todo, existem milhares de pessoas fazendo fila para correr apesar de joelhos doendo e pés cansados, pessoas querendo fazer homenagens a entes queridos que já se foram, conscientizar a população a respeito da saúde mental ou arrecadar fundos para algum projeto comunitário local. A determinação e o altruísmo dos indivíduos que participam desse tipo de provas me impressionam. Muitas delas enfrentaram problemas psicológicos, desilusões amorosas ou tragédias. Ainda assim, decidem usar os pés para fazer algo pelos outros. Não é só o desafio pessoal que as impulsiona, mas um desejo de usar a própria tristeza para que outros não passem por algo parecido. Da próxima vez que receber um e-mail pedindo doações, considere. Poucos de nós passaríamos voluntariamente por um desafio desses.

Há alguns anos, em agosto de 2015, perdi uma amiga íntima. Os amigos e familiares ficaram sem palavras porque aquela garota animada, hilária e positiva não podia ter nos deixado antes de começar a mostrar ao mundo toda a sua grandeza. Só que aconteceu. A irmã dela então, mesmo em meio a um luto imenso, inscreveu-se para a Maratona de Londres e ajudou a arrecadar vinte e seis mil libras para ajudar outras pessoas que lidavam com a doença que levou a irmã cedo demais. Esse tipo de força e determinação é difícil de imaginar quando o luto ameaça nos engolir. De qualquer forma, ela está fazendo tudo de novo. Como uma maneira de lembrar a memória da irmã, de arrecadar dinheiro por uma causa, de impedir que essa doença afete outra família. Correr é uma coisa muito diferente para essas pessoas incríveis que usam o luto como combustível, canalizando a sua energia para plantar sementes positivas.

O filho de Michael e Rachel nasceu morto. "99% das pessoas perguntavam como a Rachel estava", Michael me contou. "Ninguém queria saber se eu estava bem. Diziam que eu tinha que ser forte por ela e isso afetou a minha saúde mental. Eu sorria por fora, mas estava destruído por dentro. Tarefas simples ficaram difíceis e me vi tentando me esconder para chorar em segredo. Quase envergonhado."

A experiência de Michael com uma tragédia de proporções como essa é, infelizmente, comum. A ONG Sands, que trabalha com natimortos e abortos, disse que é preciso fazer mais para ajudar os homens nessa situação, já que o foco está principalmente em ajudar a mãe a passar pela experiência.[106] Michael precisava de um foco para o seu luto, e encontrou um.

"De modo geral, eu sempre me mantive em boa forma, graças ao tempo que passei na Força Aérea Real. Um dia, três anos depois de perdermos Kyle, me convidaram para participar de uma corrida de revezamento. Eu senti ali um gostinho de algo novo. Foi quando descobri que podia colocar música nos fones de ouvido e descontar a minha frustração usando os pés. Era uma válvula de escape que eu nunca tivera antes.

Com as maratonas, a sensação de realizar esforço físico enquanto arrecado dinheiro e conscientizo as pessoas me deu uma sensação de fé. Foi a minha terapia quando mais precisei. De treinos de seis quilômetros a treinos de 32, todos foram uma bolha para fugir da realidade."

Isso poderia ser o bastante para a maioria das pessoas, já que ajudava a "esquecer o mundo". Mas Michael escolheu fazer algo mais com a corrida. "Sempre corri para prestar homenagens ao meu filho. Senti que era algo que ele ia querer. O meu objetivo sempre foi conscientizar as pessoas sobre o que se enfrenta com a perda de um filho e arrecadar dinheiro para que outros pais não sofram tanto quanto a gente. Se apenas uma pessoa vir o nome da nossa ONG e descobrir a importância de contar os chutes do bebê, potencialmente, teremos salvado uma vida. Devemos isso ao nosso filho para que ele não tenha morrido em vão. Correr é a minha terapia, mas também é uma grande fonte de conforto para toda a nossa família."

Hoje, Michael já correu seis maratonas e arrecadou oito mil libras para a Sands, em prol de outras famílias que passaram por uma perda similar e de pesquisas. Por favor, leia mais sobre o incrível trabalho dele no blog https://kylesdaddy.wordpress.com/ [em inglês].

Obviamente, quem corre para ajudar os outros também pode tirar disso algo para si — seria um desafio muito mais difícil, e talvez menos eficaz, se não oferecesse conforto algum ou ajudasse a construir uma espécie de reserva mental. Michael resume como a corrida o ajudou a seguir em frente apesar da tristeza, apesar dos obstáculos, apesar de a vida não ter saído como planejado.

"Correr funcionou perfeitamente para mim. Eu fiquei desolado quando perdi o meu filho, quando a minha mulher teve câncer aos 26 anos e, mais uma vez, quando a minha filha foi diagnosticada com psoríase aos cinco. Correr é a única coisa que posso controlar. Ela me faz superar limites que nunca soube que tinha. Com ela, posso me automedicar e aliviar qualquer estresse ou tensão, posso encontrar a minha própria paz ao ar livre. Correr me devolveu a confiança, a ponto de ser capaz de me posicionar e até escrever um blog, coisa que antes eu não teria conseguido. Acho que seria possível dizer que a corrida salvou a minha vida."

Usar esta prática esportiva para ajudar os outros não é um gesto feito apenas em escala individual. Enquanto escrevia este livro, recebi um e-mail de uma mulher que queria me contar sobre a instituição de caridade que ela administra junto com o parceiro. Desconfiada de assessores de imprensa que tentam enfiar os seus produtos e as suas campanhas em qualquer canal de comunicação, eu estava cética de que acharia a missão deles relevante. Ao ler um pouco sobre o que faziam, no entanto, interessei-me e fui encontrar o fundador, Alex Eagle, para um café. Alex explicou que tinha trabalhado num centro para sem-tetos por dez anos, mas que buscava algo novo. Por isso, criara a The Running Charity.

A instituição acredita que correr constrói resiliência e eleva a autoestima, e oferece aulas de exercícios e programas de corrida a pessoas, de 16 a 25 anos, sem-teto ou com risco de ficarem desabrigadas. "Somos parceiros de alguns centros e albergues, onde oferecemos três sessões de exercícios por semana. Começamos com várias atividades em ambiente fechado e fazemos planos com objetivos personalizados para cada jovem — pode ser desde algo tão simples quanto chegar na hora até conseguir um emprego. Há muitas instituições boas por aí que cuidam de colocação profissional, de questões de moradia, mas o nosso foco é melhorar a saúde mental das pessoas."

Alex começou o projeto do zero, buscando financiamento onde conseguia e usando um galpão como base para economizar na locação. Porém, a sua crença de que correr pode ajudar a condição de pessoas vulneráveis não se abalava. As histórias que ele me contou reforçam isso. Depois de completar sua primeira Mud Run, um jovem viciado em heroína disse a Alex: "Quando segurei aquela medalha, soube que seria capaz de conquistar qualquer coisa na vida."

"É isso, é exatamente essa a importância do trabalho. Aquele garoto se apropriou do sentimento", contou Alex, orgulhoso. Ele acredita que muitas vezes os jovens atendidos têm pouco controle sobre as próprias vidas. "Quando qualquer pessoa, jovem ou não, se torna sem-teto ou passa por uma situação difícil, pode ser frustrante tentar encontrar uma saída. Às vezes, o abrigo não tem mais leitos. Às vezes, você chega a uma agência de empregos e é punido por chegar um minuto atrasado. Todas as probabilidades trabalham contra você."

"Uma das coisas mais bonitas da corrida — ou de qualquer outro exercício — é que, praticando por uma hora, provavelmente você vai estar melhor da próxima vez. Há essa mudança: você de repente está no controle das coisas, existe um elemento básico da sua vida que consegue controlar. Isso é importante para os jovens. Pode ser o início de uma vida bem melhor."

Com a sua abordagem casual e humana, além de mentoria dedicada, a The Running Charity ajudou muitos jovens em situação de risco a encontrar a corrida e se tornar parte de uma comunidade. Alex enfatizou os perigos do isolamento e o número crescente de pessoas que chegam à instituição tendo passado por isso.

Zamzam, uma refugiada, foi abrigada num lar para jovens sem-teto cuja equipe a apresentou à instituição. Eles trabalharam com Zamzam, uma de duas atletas que representaram a Somália nas Olimpíadas de Londres em 2012, competindo nos quatrocentos metros femininos. Hoje, ela vive numa habitação particular e continua assistida pela equipe de Alex.

A paixão dessas pessoas pela corrida pode, na verdade, ser até maior do que a minha. Depois que Claude, um jovem assistido, correu a maratona com ajuda da instituição, um homem de Manchester entrou em contato querendo fazer parte da ONG. "Não tínhamos dinheiro, mas o apoiamos e ajudamos a evitar armadilhas." O homem, chamado George, pediu demissão de seu emprego de trinta anos, refinanciou a sua casa e hoje trabalha no projeto em tempo integral. Essas pessoas doam o seu tempo livre, a sua energia e a sua experiência, tudo porque sabem que correr pode mudar vidas de formas bem maiores e mais duradouras do que muitos acreditariam.

"Não estamos tentando criar maratonistas", diz Alex (ainda que tenham criado mais de um). "Correr é uma ferramenta bastante poderosa. Mesmo se você só correr no parque uma vez por semana, vai se sentir melhor consigo mesmo."

8 KM - CONHEÇA OS SEUS LIMITES

Corri em Oxford hoje. Que lugar maravilhoso para fazer isso — a simples quantidade de prédios lindos significa estar sempre olhando para cima e parando para admirar torres, vitrais, pubs antigos e alunos com cara de preocupação. Eu nunca consegui terminar a universidade — a ansiedade dominou aquele período da minha vida —, então, ainda tenho um pouco de inveja de quem consegue desfrutar de uma experiência universitária completa. Apesar das ruas de paralelepípedo e de me perder constantemente, o trecho de oito quilômetros é ótimo e desacelero para explorar um pouco mais. Quando viro na principal rua comercial, encontro uma horda de turistas com câmeras, paus de selfie, mochilas e tudo mais. Um pé perdido esbarra no meu e sinto a temida queda chegando. Eu caio *muitas vezes* quando estou correndo. Talvez eu seja mais desastrada do que a média, talvez os meus dedos do pé não fiquem na posição certa. Seja lá o que for, não é incomum eu cair feio quando estou dando uma voltinha. Saber que isso está prestes a acontecer é a pior sensação. Cada parte do nosso corpo entra em pânico, tenta segurar o ar, se debate. Nunca funciona. Só é possível aceitar e se conectar com o chão quando ele chega. É o que faço. Deslizo com a coxa esquerda por alguns segundos, rasgando a legging e me acabando em lágrimas e soluços enquanto turistas preocupados me olham. Alguém me oferece a mão para eu levantar e recupero o meu celular estilhaçado (quebrei esse mesmo telefone oito vezes da mesma maneira). Eu podia ser cara de pau e dizer que cair e aprender a levantar faz parte da vida, mas sou melhor do que isso. Ou talvez não. Existe alguma coisa engraçada em levar um tombo irremediável em público, e há algo que faz você se sentir muito valente em reerguer-se e continuar correndo. Ou, no meu caso, deixar a humilhação se esvair e ir mancando atrás de uma barra de chocolate para melhorar um pouco o astral. Dessa ocasião em particular, ainda guardo uma pequena cicatriz no quadril.

Por que correr uma maratona?

Eu já disse que sou uma péssima corredora. Talvez não *péssima*, mas um pouco desleixada. Não estou sendo humilde — sou dedicada e corro quase todos os dias. Por conta disso, fiquei animada para ler o livro um pouco intimidante do japonês Haruki Murakami (um dos maiores autores vivos escreveu um livro brilhante sobre corrida e eu decido que é o mesmo tema sobre o qual eu devo escrever. Maravilha), chamado *Do que eu falo quando falo de corrida*. Durante a leitura, percebo com alegria que estava fazendo tantos quilômetros por semana quanto ele.[107] Só que nunca fui mais rápida do que quando corria no beco, e nunca corri muito mais do que uns quinze quilômetros. Nunca tentei bater o meu recorde pessoal e nunca fiz nem uma meia maratona, quanto mais uma completa. A ideia me enche de medo. Toda aquela gente alegre, algumas com fantasias ridículas, correndo por horas e depois sendo embrulhadas em cobertores de papel-alumínio.

E isso porque nem mencionei as semanas e os meses de preparação, com muito treino, alimentação regrada, dormir cedo e zero álcool. *Nãããããão*, muito obrigada.

Quando digo às pessoas que estou escrevendo um livro sobre corrida, elas naturalmente pressupõem que sou uma corredora calejada de longas distâncias e começam a me perguntar sobre a minha experiência mais difícil. Nessa hora, eu costumo me sentir uma fraude. Não costumo contar que a corrida mais difícil que já fiz me levou a apenas catorze quilômetros de casa e que fiquei com tanta fome que precisei parar para comer um sanduíche na metade do caminho. Também pudera, sempre fiquei intimidada por aqueles maratonistas incríveis e isso nunca me estimulou a fazer o mesmo. Parece difícil demais, desagradável demais, profissional demais. Então, digo que sou um pouco ruim em corrida, e espero que você ainda acredite em mim quando digo que ela pode ser tão eficaz para você quanto foi para mim. Bryony Gordon também se vê como uma corredora ruim e participou da Maratona de Londres, então, obviamente, não sou a única.

Não estou dizendo que você não possa encarar uma maratona com uma mentalidade alegre e levemente amadora. Em *Running Like a Girl*, Alexandra Heminsley escreve com tanta franqueza e otimismo sobre correr uma maratona (e depois outra, e mais outra) que quase tenho vontade de me inscrever para uma. Eu disse *quase*, veja bem. Ela escreve que "cada um dos treinos de repente fez sentido quando as minhas pernas encontraram o poder de ultrapassar multidões [...] Eu não era um fracasso, não era patética, não era fraca. Tinha provado que conseguia estabelecer um objetivo e alcançá-lo. Tinha mostrado que podia redefinir quem eu era e quem podia ser".[108]

Existe algo de muito atraente em ter uma meta, em especial quando se está deprimido ou ansioso. A estrutura, a ambição de não decepcionar alguém e o prazer de ver algum progresso são sensações que compreendo bem. Hoje em dia, protejo ferozmente o meu tempo de corrida. O que no começo me ajudou a enfrentar uma decepção amorosa e conter a onda de ansiedade acabou me trazendo alegria e confiança, e me imbuindo de amor pelo exercício. Agora que descobri que não existe uma maneira certa de correr, já não quero mais consertar algo que não está quebrado. Tenho um vizinho idoso que corre todos os dias até o supermercado. Ele usa shorts indecentemente curtos e uma faixa na cabeça, como se tivesse saído de um filme ruim da década de 1980. Obviamente, a composição funciona para ele, porque ele vai muito, muito rápido. Vejo uma garota fazendo um percurso esquisito numa praça próxima e me pergunto por que ela não expande a rota, quando me lembro que, no início, passei semanas correndo dentro de um beco. E tem o pessoal carrancudo e bravo que corre na esteira, alegremente batendo os pés em academias calorentas. Mas essas pessoas também seguem persistindo e não se perdem em ruas laterais, encharcadas e expostas às intempéries.

Há ainda quem corra por muitos e muitos quilômetros. As que passam das maratonas para as ultramaratonas, que consistem em qualquer coisa mais longa que os quarenta e dois quilômetros usuais. Uma dessas pessoas é Zach Miller, que corre com frequência mais de 160 quilômetros e que descreveu a sensação numa entrevista ao *The Guardian*: "Correr é o mais perto que podemos chegar de voar. A citação não é minha, mas eu gosto. Por um breve momento, a gente realmente sai do chão. E, quando se corre tão longe quanto eu, há muitos momentos assim."[109]

Às vezes, a dor causada por esses objetivos grandiosos é um instrumento de medição tangível de quão bem estamos. Como escreve Murakami em *Do que eu falo quando falo de corrida*: "É precisamente por causa da dor, precisamente porque queremos suplantar essa dor que conquistamos o sentimento [...] de realmente estarmos *vivos* — ou ao menos uma sensação parcial disso."[110]

Para Nicola, de quem falei no segundo capítulo, foi a batalha contra o TEPT que a levou à corrida. "Eu deixei a Força Área Real em 2013, assisti à Maratona de Londres em 2015 e decidi que gostaria de participar daquilo, então, me inscrevi e comecei a treinar. Descobri que, quando começava a correr, eu relaxava e me sentia mais feliz comigo mesma. Quanto mais eu fazia aquilo, melhor me sentia. O progresso foi tanto que logo consegui ir morar sozinha e encontrei um bom emprego. Tudo pareceu se encaixar.

"Consegui uma vaga com a Invictus Game Foundation para abril de 2018. De lá para cá, fiz mais de 95 corridas, desde percursos menores que um quilômetro até percursos de cem quilômetros, como a caminhada de Londres a Brighton. Além de correr para ajudar o meu TEPT, colecionar medalhas se tornou uma obsessão."

Nicola acredita que os desafios das corridas ajudam no seu humor. "Hoje sinto que estou muito melhor. É claro que tenho dias ruins em que penso que tudo está indo contra mim, mas os dias bons são maioria agora. Tenho o meu próprio apartamento em Londres e posso fazer o que quiser, quando quiser. Também comecei a trabalhar com teatro e virei figurante de filmes e TV."

Todas essas pessoas têm algo em comum: são corredoras. Eu nunca quis forçar o meu corpo a correr 160 quilômetros porque acho que odiaria cada minuto e perderia o prazer de correr atrás de um objetivo. Mas entendo completamente a sensação estranha e fascinante de "voar", e acho que todos os corredores diriam a mesma coisa. Uma das alegrias de experimentar algo novo é não saber para onde isso vai nos levar.

Minha jornada é, provavelmente, realizar corridas de média distância e continuar a fazê-las quase todos os dias. Outra pessoa pode fazer cinco quilômetros duas vezes por semana e outra se tornar completamente competitiva e se inscrever para todas as corridas possíveis. Eu faço em prol da minha saúde mental enquanto outros estão em busca da boa forma, mas, no fim, todos colhemos os mesmos benefícios.

A minha corrida perfeita será diferente da sua. A minha costuma ser de manhã, quando estou completamente desperta e, muitas vezes, sentindo-me um pouco sobrecarregada pelo que vai acontecer no dia: um prazo, contas a pagar, coisas sem importância que posso ficar remoendo com facilidade. Os dez primeiros minutos sempre doem. Preciso me forçar a terminá-los e me sinto pesada e devagar no início, como o Homem de Lata balançando o seu corpo de metal pela estrada dos tijolos amarelos. Depois de dez minutos, fico mais solta e finalmente paro de colocar toda a minha atenção em me obrigar a seguir em frente. É desse ponto em diante que as coisas boas acontecem. Meu cérebro meio que se "separa" do corpo. Consigo sentir os pés batendo no asfalto e sei que estou usando os braços para dar impulso. Estou presente no momento, mas também não estou. A minha mente pode vagar de leve. Às vezes, vou observando os prédios ou a natureza, se estiver fora da cidade. Outras vezes, lembro épocas passadas que me vêm do nada. Com frequência penso sobre coisas maiores — nas minha carreira, nas pessoas que amo, se quero ter filhos um dia (embora nunca tenha conseguido chegar a uma resposta para isso durante uma corrida), mas sem entrar em pânico nem ficar cheia de nós na cabeça.

Os pensamentos vêm e vão enquanto corro, mas nada fica e se torna intimidante ou irracional. Normalmente, uma boa corrida me faz passar por algo que não vi antes ou me dá espaço para pensar sobre as coisas de forma diferente. Mas se isso não acontece também não me preocupo. Às vezes uma boa corrida consiste em não pensar sobre nada e se sentir confortável com isso. Com que frequência permitimos que o nosso cérebro desligue sem nos sentirmos improdutivos ou sem pegar o celular? Desconectar-se um pouco pode parecer uma desculpa, sobretudo numa era em que as informações não dão folga.

Passei boa parte de 2016 a 2017 trabalhando como editora de notícias, uma mudança de ritmo bastante brusca depois de trabalhar com editorial e opinião, que também são frenéticos, mas nem tanto. Os jornalistas brincavam muito dizendo que não dava para superar 2016 em acontecimentos mundiais, e todos os repórteres que eu conhecia entraram em 2017 exaustos. Aquele ano tinha sido uma anomalia, com certeza. *Mas estávamos todos errados porque 2017 foi um show de horrores.* Os momentos de choque eram tantos que começaram a virar uma coisa só. Acontecimentos que teriam dominado o ciclo de notícias por dias ou semanas piscavam por apenas algumas horas antes de serem superados por outros que também exigiam atenção total. Coisas chocantes, trágicas e simplesmente desconcertantes já não estavam necessariamente afetando as pessoas com a profundidade de antes — o carrossel constante de notícias nos exauriu e nos entorpeceu. Eu me lembro de, às vezes, ter medo de ir ao banheiro e perder algo importante (isso aconteceu comigo e com os meus colegas tantas vezes em 2016 que ficamos paranoicos). Uma vez noticiei um ataque terrorista sentada num bar enquanto todos ao meu redor ficavam bêbados. Passei uma manhã estranha dentro de um loja de material de construção com o meu pai, que estava num frenesi de compras, enquanto eu esperava sentada numa pilha de tábuas de piso laminado tentando achar um repórter para cobrir a morte de Fidel Castro.

As notícias eram um massacre e podiam ser acompanhadas em tempo real via mídias sociais, notificações no celular, transmissões ao vivo, etc. O quanto devemos consumir desse mar de informações ainda é um tópico de discussão.

Há quem diga que isso desencadeia a ansiedade, aumentando os níveis de cortisol, e que o que consumimos pode nos deixar deprimidos e embotados, porque, sejamos honestos, as notícias, em geral, têm tendência negativa.

Contudo, o meu trabalho era lidar com elas, então eu consumia tudo. Da hora que acordava até a hora de dormir. Em alguns casos (infelizmente), até durante a madrugada — o resultado chocante do plebiscito do Brexit, anunciado quando a maioria da população inglesa já tinha ido dormir acreditando num resultado, fez com que eu já soubesse o que aconteceria na eleição presidencial norte-americana. Uma grande porcaria para mim. E para o mundo.

Esse ciclo de notícias ruins me enchia de hormônios de estresse. Eu vivia com a sensação de que várias bailarinas me rodopiavam e chutavam os meus órgãos, e comecei a ter dores de cabeça causadas por tensão, algo que não tinha desde o início dos meus vinte anos, quando pensei ter um tumor cerebral. Eu temia o momento de acordar por medo de não estar a par de algo que teria acontecido à noite, algo que eu precisaria correr para cobrir às pressas. Eu acordava ansiosíssima aos 22 anos e me vi no mesmo lugar aos 32. A ansiedade, antes generalizada, agora tinha relação com o trabalho, mas, ainda assim, estava lá.

Mas, MAS! Eu não tinha 22 anos. Ainda bem. Estava uma década mais velha, um pouco mais sábia e tinha ferramentas. A principal delas era saber que eu podia correr para aliviar os sintomas, e foi aí que descobri o meu ponto ideal da corrida: quando ela se transforma em algo útil. Sem mais corridas caprichosas ao longo dos canais, cruzando a cidade para ver pontos turísticos, para me acostumar com multidões ou mesmo para combater uma ressaca. Essas corridas eram resultado de uma época em que eu precisava gastar adrenalina, passar um tempo longe do computador e não estar disponível. Baseada nessa nova percepção, decidi correr do trabalho para casa todos os dias. Eu ignorava as mensagens do celular enquanto percorria o trajeto e só ouvia músicas ou podcasts que não mencionassem notícias de última hora. Eu nunca estava disponível. Vestia as minhas roupas no fim do dia, mesmo acabada, com fome e que todo mundo estivesse indo para o bar. Colocava a minha mochila pesada, aguentava os comentários sobre o aparato ridículo e ia embora. A rota era sempre a mesma — o que para mim é um desafio, já que normalmente sinto vontade de explorar lugares e paisagens novas — e levava 38 minutos, boa parte deles ladeira acima. Para mim, que sou uma corredora meio lenta, isso equivale a pouco mais de seis quilômetros, e cada minuto era uma batalha. Porém, me mantive firme e corri para casa todos os dias enquanto ocupei a editoria de notícias, sabendo que era a coisa mais útil que podia fazer para aliviar a pressão que sentia com o trabalho. Quando chegava em casa, o peso tinha mudado, e a minha mente, mais calma após esse intervalo, conseguia relaxar um pouco. Sempre vou sentir um carinho enorme pelos carrancudos que correm do trabalho para casa, com as roupas de trabalho enfiadas na mochila, desviando das multidões e morrendo de vontade de chegar à tranquilidade dos seus sofás. Ainda que não sintam isso na hora, essas pessoas estão dando a si mesmas uma pausa vital da vida diária.

Esse é o objetivo de encontrar alguma ferramenta para lidar com um transtorno mental. Aprendi que não podia correr só quando estava de coração partido. Não podia correr só quando estava tentando evitar ataques de pânico. Eu precisava fazer isso até quando me sentia feliz, um pouco estressada ou cansada. Correr não era uma ferramenta que eu pudesse usar só em dias ensolarados ou quando me sentisse "curada". Era precisamente nos momentos em que as coisas estavam ruins (mas ainda administráveis) que eu precisava correr. Que *ainda* preciso correr.

Porque são esses os momentos em que tudo pode mudar sem você perceber — os sintomas de ansiedade são sempre sorrateiros e podem ressurgir mais rápido do que se imagina. A vigilância é essencial. Pode parecer que estou defendendo um estado permanente de hiperconsciência, mas o que quero dizer é que você precisa checar as suas emoções de vez em quando em vez de torcer para estar curado e nunca mais ser pego de surpresa por problemas de saúde mental.

A enchente de notícias horríveis que eu tinha que cobrir me deixava em pânico e um pouco desesperada com o trabalho. Eu sei que o meu emprego talvez seja um exemplo bastante específico, mas também sei que todo mundo passa por momentos na carreira em que as coisas parecem avassaladoras e difíceis. Quando tomei a decisão de voltar para casa correndo, percebi que muita gente já estava nessa. Via homens e mulheres pela cidade, com as mochilas pesadas e as caras fechadas de determinação. Pessoas que deixavam de lado as ansiedades do trabalho enquanto corriam de volta para casa em vez de sentarem no metrô e pensar no dia.

E foi assim que achei a minha corrida ideal. Eu sempre tinha me forçado a ir mais rápido e mais longe, achando que só poderia ser uma corredora "de verdade" se fizesse uma prova, me comprometesse com uma rotina de treinamentos ou me juntasse a um clube de corrida. Nunca fiz nada disso, mas ainda me repreendia por correr só dez quilômetros, por fazer isso muito devagar ou sozinha. As corridas que fiz em todos os dias úteis ao longo de um ano enquanto trabalhava num emprego estressante não eram as minhas corridas perfeitas. Eram corridas de um cavalo de carga, mas ainda assim eram um bálsamo em dias em que o meu cérebro estava rodopiando. Eram corridas funcionais, todas feitas para chegar em casa o mais rápido possível; passando por ruas escuras, na chuva e, às vezes, até na neve. Sem barato de corredor. Sem êxtase de animação por correr ladeira abaixo. Mas eu chegava em casa e sentia que tinha queimado a adrenalina do dia. Conseguia responder a e-mails ou voltar a acompanhar as notícias sabendo que tinha tirado 38 minutos do meu dia só para desligar a minha cabeça e me mexer. Quando acordava na manhã seguinte, sentia o chute da adrenalina e sabia que conseguiria parar aquilo no fim do dia. Eu conseguiria parar algo que, aos 22 anos, me dominava todos os dias. Agora, eu podia, se não me libertar por completo, controlar ou restringir.

38 minutos por dia. Não uma maratona. Nem uma meia maratona. Sequer uma corrida de dez quilômetros. Apenas um modo de controlar todos os problemas psicológicos que me fizeram prisioneira durante tantos anos. Foi isso que funcionou para mim. Mais do que isso me deixaria exausta, menos do que isso não desligaria meu cérebro. Quando saí daquele emprego, redescobri corridas mais longas e alegres e experimentei praticar de manhã cedo. No entanto, aquele período da minha vida me ensinou que correr era algo com que eu estava comprometida a longo prazo. Nem sempre precisava ser divertido ou longo. Aquilo me servia de uma forma nova, regimentada, e eu tinha que conseguir encaixar o hábito em torno de algo maior — como a maioria das pessoas faz. Não era um luxo no qual eu pudesse me deleitar; correr era parte vital do meu dia, algo que me ajudava a fazer todo o resto. Como eu costumo dizer, é preciso achar o seu próprio ponto ideal, e a mágica da corrida é que o ponto ideal pode mudar de um dia para outro. Algumas pessoas conseguem fazer o seu trabalho de forma incrível, sem qualquer muleta. Há quem seja capaz apenas se puder fazer uma corrida semanal, uma sessão de ioga ou um jantar delicioso. Mas eu precisava daquela pausa específica que nada mais teria me dado. Bem, dessa pausa e de vinho. Vinho sempre faz uma enorme

diferença para mim. Só que, ao contrário da corrida, ele não é recomendado pelos médicos (infelizmente).

Corredores podem ser bastante dados à pregação, não sei se você percebeu por este livro (só para deixar claro, foi uma piada, ok?). Todo mundo que corre (tá, talvez não todo mundo, mas ainda não encontrei alguém que seja a exceção à regra) se ilumina quando outra pessoa menciona que também corre. É tipo o oposto de uma sociedade secreta. Porém, invariavelmente, essa ânsia de compartilhar a felicidade da prática significa muitas vezes dizer às pessoas o que elas devem fazer. "Ah, você não fez *sprints* subindo as montanhas em Ben Nevis? Então você tem que fazer isso, porque é um outro nível. Eu faço todos os dias antes de ir trabalhar em Brighton." É um exemplo bastante arrogante e sei que estou sendo injusta (até porque acabei de inventar esse negócio). Melhor pular essa parte, certo? Afinal, escrevi um livro inteiro elencando motivos pelos quais você deve correr. Muitas vezes eu mesma fui intimidada por corredores que foram mais longe do que jamais irei. Sei que essas pessoas em geral fazem isso com boas intenções, mas ter acesso a esses feitos pode abalar as nossas próprias expectativas em relação à corrida. É muito melhor começar pequeno e encontrar o próprio ponto ideal. Tendo dito isso, *me permitam dar mais alguns conselhos* — prometo que nenhum deles envolve *sprints* morro acima ou correr de costas (que alguém já me incitou de fato a tentar).

Já mencionei que recomendo o Couch to 5K para quem quer começar a correr e está na posição assustadora de nunca ter feito isso antes. Foi assim que me viciei. O progresso que eu observava me estimulou e me fez continuar. (Um aparte: os apps que ficam o tempo todo lembrando que você não está conseguindo manter o programa faz mais alguém ter uma crise existencial além de mim?) Mas essa não é a única forma de iniciar a sua… eu nem quero usar a palavra jornada… argh… há… o seu *experimento*. Enfim. Clubes de corrida são muito populares, basta procurar no Google para encontrar um perto de você. Eu prefiro correr sozinha, mas descobri que o tempo passa bem mais rápido quando você tem companhia. O encorajamento dos outros pode ajudar a não desistir. Se eu não estivesse tão doente, irracional e negativa quando comecei, podia muito bem ter estado mais aberta à ideia de entrar num clube. Para quem já fez algumas corridas iniciais, a Parkrun é uma ótima ideia. Seu princípio se baseia em "treino semanal, livre, cinco quilômetros, para qualquer um, pelo resto da vida". Dá para acompanhar no próprio ritmo e a atmosfera é acolhedora e afetuosa. No Reino Unido, há 497 localizações diferentes, e a organização se expandiu também para outros países. Basta uma olhada no site para descobrir onde encontrá-los.

Academias são cheias de máquinas de corrida se você não estiver a fim de enfrentar o frio em alguns meses do ano. Os instrutores costumam estar dispostos a ajudá-lo a descobrir todas as características das esteiras; dá para optar por diferentes programas, e algumas das mais chiques têm até canais de TV ou a opção (minha favorita) de correr virtualmente, seguindo um vídeo de uma trilha em algum lugar do mundo. Uma amiga minha passou seis meses correndo apenas em praias de Los Angeles enquanto se recuperava do término de um relacionamento. Toda vez que eu a via na esteira, ela estava olhando para uma tela que mostrava o sol e as ondas quebrando e corpos sarados passando ao lado dela. Era uma bela justaposição aos dias cinzentos de Londres do lado de fora. Mas eu mesma nunca me dei muito bem com esteiras. Não conseguir variar o meu ritmo naturalmente me frustra e gosto de estar ao ar livre. Mas é claro que as esteiras são eficientes, pois ajudam a seguir a meta de se exercitar e, às vezes, quando estou viajando e só quero logo riscar a corrida da lista de afazeres, a esteira é perfeita. Se você gosta delas, ótimo, mas eu sempre recomendo sair e tentar correr na rua também, mesmo que seja só para ter certeza de que não está perdendo nada. Não creio que seja possível obter todos os benefícios sem a vitamina D e os extras de poder observar as pessoas e (se tiver sorte) ver um pouco de verde.

Independente de como você faça, crie expectativas razoáveis para si mesmo — e decida o que quer conseguir com a prática. Eu, a pessoa que antes abria mão de tudo que achava difícil, não desisti porque comecei pequeno. Um minuto por vez. Sim, dói; sim, os seus músculos vão ficar doloridos no dia seguinte. Mas você consegue um minuto. Não tome a decisão precipitada de correr por trinta minutos quando estiver se sentindo triste ou ansioso porque, se você falhar, vai sentir que fracassou em algo e essa sensação é terrível até quando você não está passando por problemas. Tente mesclar corrida com caminhada. Quando ficar difícil demais, desacelere até sentir que está pronto de novo. Se achar que pode estar tendo um ataque de pânico, foque na respiração. Correr geralmente nos deixa sem fôlego e, para um ansioso, isso pode ser um gatilho equivocado para o pânico. Aconteceu comigo algumas vezes no início; é engraçado aprender que os sintomas físicos da ansiedade podem ser imitados por exercícios aeróbicos intensos — coração acelerado, suor, rosto quente, cabeça latejando. Você só precisa desacelerar e observar se os sintomas param quando o seu organismo não está mais em movimento. Em 95% das vezes, meu corpo estava só reagindo a fazer uma atividade extenuante pela primeira vez em anos.

Lembre-se de que você pode não sentir uma diferença imediata. Eu senti algo mudar na minha primeira corrida, mas, provavelmente, foi só porque tinha nascido uma curiosidade em mim, e não porque tinha chegado a algum barato físico (eu não merecia um àquela altura). Quando me arrasto da cama para ir correr hoje em dia, lembro a mim mesma de que nunca termino uma corrida me sentindo *pior*. Talvez você também possa manter esse mantra. Talvez a princípio você não sinta que todas as suas ansiedades foram embora, mas garanto que pior você não vai se sentir. Talvez um pouco acabado, mas não pior.

Bethany lembra o que correr oferecia quando ela foi atingida por um dilúvio de problemas. O relacionamento não ia bem, o emprego era difícil e ela estava enfrentando um processo judicial bem complexo. Bethany tinha corrido quando era mais jovem, antes de a ansiedade e a depressão a atingirem aos 18 anos, mas parado quando adulta porque o trabalho e a família ficaram em primeiro lugar. Entretanto, em abril de 2017, quando se viu incapaz de levantar da cama, ela soube que os efeitos do transtorno mental tinham voltado com tudo.

"Tenho um filho pequeno e ele não merece me ver assim. Ele não merecia ver a mãe chorando encolhida todos os dias. Levei um tempo para entender o que precisava fazer, e depois me lembrei da sensação que a corrida me dava. Isso me deixou determinada a sair e correr, pelo tempo e pela distância que fossem possíveis. Eu não estava treinando com nenhum objetivo específico em mente, mas para relembrar como posso me sentir livre apenas correndo."

Bethany não estabeleceu nenhum objetivo. Só saiu, correu e torceu para que isso fizesse diferença, suspeitando que, como acontecera antes, "a minha mente ficaria mais limpa e eu esqueceria todas as preocupações". Acho que se trata de um exercício bastante intuitivo, na verdade: Bethany correu pelo tempo que achava necessário para se sentir melhor. Sem expectativas, sem metas muito difíceis. Ela já sentia que estava fazendo tudo da forma errada na vida, mas correr "não era algo que eu pudesse fazer 'errado', mesmo que 'fazer tudo errado' fosse a minha mentalidade na época. Eu sentia que não conseguia acertar em nada, mas na corrida isso não importava. Eu podia ir em frente e nada me impedia."

Desde que começou a correr de novo, Bethany sentiu um alívio na depressão e na ansiedade. "Eu entro e saio dos momentos ruins. Estou bem melhor do que antes e credito muito disso à corrida. É uma forma de escapar da minha própria mente."

Indo com calma, Bethany não esperou muito, nem se repreendeu por não estar melhor em poucos dias. Ela começou devagar a melhorar e, ao mesmo tempo, adquiriu um hábito.

Alexandra Heminsley conheceu Paula Radcliffe (tricampeã da Maratona de Londres, uma mulher incrível com pernas de aço) escrevendo o seu livro sobre corrida.[111] Então perguntou a ela qual conselho daria a alguém que está pensando em começar. "Saia de casa e tente. Corra. Vá e se divirta, veja se gosta", disse Radcliffe. Pode não ser a pérola de sabedoria mais original já compartilhada, mas é exatamente isso. Tente. Veja o que acontece. Correr pode ser uma saída para quem se sente preso dentro da própria cabeça e está desesperado para fugir. No início, o meu cérebro me dava razões para não seguir com o plano de corrida. Todas as vezes eu precisava argumentar com ele, até que, num determinado momento, comecei a simplesmente bloquear esses pensamentos falando em voz alta.

"Por que não?", perguntava eu ao cômodo vazio. "O que você tem a perder?" E ia.

Então, se o seu cérebro está resistindo como o meu resistiu, vá em frente e pergunte: o que você tem a perder? Talvez ele encontre algumas respostas bem infelizes, mas provavelmente todas serão tão vazias quanto espantalhos. E quanto mais você corre, mais você derruba esses espantalhos.

9 KM - ESCUTE O SEU CORPO

Estou correndo ladeira acima com o meu ex-namorado. Nós terminamos quando eu tinha 21 anos, mas mantemos contato de tempos em tempos. Ninguém machucou ninguém, só éramos jovens demais e não tínhamos (eu em especial) ideia de como ter um relacionamento. Marios aceitou uma missão que parece absurda: vai correr pela selva na América do Sul (nunca ficou estipulado onde), fazendo seis maratonas em seis dias para instituições beneficentes. Em alta altitude. Ele não é um grande corredor, mas uma carreira em artes marciais faz com que esteja tão em forma quanto possível. Ainda assim, não acho que ele ame correr, não de verdade. Então me ofereci para ir com ele e agora estamos subindo uma ladeira, estimulando o outro a continuar. Quando a gente namorava, eu era uma garota triste e acima do peso, dada a crises espontâneas de choro e com uma necessidade constante de comer sacos de salgadinho tamanho família. Ele, por sua vez, era um fanático por exercícios que pesava cada refeição e tirava a pele do frango porque era uma gordura desnecessária. Éramos um casal estranho. Agora, a nossa forma física chegou quase a um meio-termo e não tenho dificuldade para manter o mesmo ritmo que ele. Estou fascinada com quanto ele está me fazendo rir, apesar do frio e da pontada que sinto na metade do caminho. Corremos por Hampstead Heath e descemos por Swiss Cottage e pela Finchley Road, passando pelos lugares do nosso passado e conversando sobre todas as brigas idiotas que costumávamos ter. É uma corrida feita de lembranças que nos faz rir, mas que também me faz sentir estranhamente desconectada do passado. É esquisito lembrar de estar tão profundamente perdida e infeliz, como se tudo estivesse acontecendo com outra pessoa. Agora me sinto alguém que, por sorte, encontrou um equilíbrio. Marios é gentil com o passado, embora deva ter sido um pesadelo ter aquela garota como namorada. É difícil estar com alguém que não sabe nada a respeito de si.

Seguimos até o Regent's Park, parando para brincar na gangorra e nos balanços minúsculos do parquinho. Tiro uma foto de nós dois rindo no gira-gira antes de fazê-lo completar a volta e correr comigo até em casa. Terminamos aquela corrida felizes como crianças, o que, para mim, é mais uma prova de que cada corrida traz uma reação completamente diferente e pode fazer surgir percepções inesperadas. Sinto que evoluí muito, algo que não tinha visto de forma tão clara desde que comecei a correr. Marios nunca chegou a fazer a sua grande viagem. Uma contusão o forçou a abandonar as pistas precocemente e ele nunca mais me chamou para correr.

Sabemos que a maioria das pessoas não faz a quantidade de exercício recomendada pelo NHS — aliás, em 2017, a Public Health England (PHE) disse que 41% dos adultos ingleses de 40 a 60 anos de idade caminham menos de dez minutos continuamente por mês, a um ritmo de 1,3 quilômetro por hora.[112] Para piorar, o mesmo relatório mostrou que um quarto da população britânica faz menos de 30 minutos de exercício por semana, classificando-se como "sedentário".

Acho fácil entender isso, já que passei a maior parte da vida da mesma forma. No entanto, como correr enriqueceu a minha mente e o meu humor tanto quanto o meu corpo físico, também sei quanto o exercício agora está incorporado ao meu dia e ao meu ser sem que eu tenha tomado uma decisão consciente de permitir isso. Não consigo passar um dia sem me exercitar, por vários motivos. Para acordar bem; para fazer a minha mente parar de girar; para evitar a depressão e a ansiedade no futuro; e para permitir que o meu cérebro tenha espaço para desligar. Me exercitando, percebi como muitas vezes separamos a mente do corpo. Como valorizamos a nossa inteligência, o nosso aprendizado e o nosso pensamento acima dos nossos pés, dos nossos joelhos, das nossas costas. Em outras palavras, a nós mesmos como seres divididos entre o aspecto mental e o físico. O problema é que isso está equivocado. Guy de Maupassant acertou em cheio quando disse que "um pensamento devora a carne do corpo mais do que a febre ou a tuberculose".

No livro *How to Think about Exercise*, Damon Young começa dizendo que muita gente vê um conflito entre a exaustão mental e a física, e valoriza uma, mas não a outra. "Estamos acostumados a uma vida profissional na qual o trabalho — e muitas vezes, a identidade — é primariamente mental, e não física, e a interação é virtual. Ainda temos corpos, é claro, mas a contribuição deles à personalidade é pequena."[113]

O nosso estilo de vida significa que muitas vezes colocamos todo o resto como prioridade acima do nosso corpo. Cansados demais, ocupados demais, odiamos a academia, preferimos encontrar os amigos. Como diz Murakami em *Do que eu falo quando falo de corrida*: "Se eu usasse o fato de estar ocupado como desculpa para não correr, nunca mais correria."[114] Entendo perfeitamente. A vida é cheia de afazeres e o exercício parece algo nobre demais ou meramente insípido e autoindulgente. Em outras palavras, uma prioridade menor. Mas quando o colocamos nesses termos, estamos desconectando a mente do corpo. Se enxergarmos o exercício como uma tarefa difícil ou narcisista, fica mais fácil evitar fazê-lo.

Já ouviu falar da Zona Azul? É um termo elaborado para explicar os lugares onde vivem as pessoas mais longevas do mundo. Em 2005, Dan Buettner identificou nove lugares em que essas pessoas idosas moram e explicou quais são os fatores as mantêm ativas por tanto tempo.[115] Um desses fatores era… bem, exercício, é claro. Não qualquer exercício; não tem nada a ver com fazer vinte minutos na máquina de remo e depois voltar à mesa pelo restante do dia. O exercício nesses casos está encaixado em toda a vida. Os pastores na Sardenha, por exemplo, caminham quilômetros diariamente. Existem outros fatores que leva à longevidade, como consumo mínimo de álcool e interação social regular, mas a importância da atividade física foi o que mais me chamou a atenção.

Como disse Buettner numa entrevista de 2015: "A nossa equipe descobriu que as pessoas [nesses lugares] são incitadas à atividade física mais ou menos a cada vinte minutos […] Elas caminham para ir até a casa de amigos. Saem para o jardim. Sovam pão. Todo o movimento é natural. É algo em que elas não têm que pensar. Não é algo que exige disciplina."

A forma como essas pessoas mais velhas incorporam o exercício é enxergando as atividades não como exercício, mas como parte da vida. Não uma punição ou uma tarefa, mas algo corriqueiro como o almoço, que acontece regularmente e nunca com um início e fim definidos.

Vybarr Cregan-Reid me contou que atualmente nos vemos como fisicamente ativos se fazemos trinta minutos na academia algumas vezes por semana, mas podemos estar um pouco iludidos.[116]

"Hoje em dia, classificamos as pessoas como ativas ou sedentárias. Muita gente pensa que, se você se exercitar regularmente, está bem. Mas se depois você passa o resto do dia sem fazer nada, não está se protegendo de doenças como diabetes. Não é suficiente."

Vybarr também elogiou o estilo de vida dos pastores da Sardenha: "Eles caminham de oito a 15 quilômetros por dia, que é o mesmo padrão dos antigos caçadores-coletores. Ou seja, estão queimando mais calorias do que uma pessoa sedentária."

Essa abordagem é rara no mundo moderno. O exercício não é tão orgânico para mim quanto é para os sardenhos, mas quanto mais eu corria, mais queria mexer o meu corpo todo. E não para ter músculos visíveis ou para ficar com o bumbum mais bonito no jeans, mas porque entendi que a minha mente e o meu corpo funcionam juntos o tempo todo. Nos anos de ansiedade, eu costumava ter dores de cabeças terríveis, do tipo que me derrubava. Era uma dor que vivia pairando acima dos meus olhos e que tornava arriscado me movimentar por saber que a náusea estava por vir. Nunca liguei isso à ansiedade, só tomava um monte de paracetamol e tentava seguir a vida. Eu queria acreditar que os sintomas físicos eram sintomas iniciais de algo crônico e assustador, mas rejeitava qualquer conexão mental como baboseira espiritualista. Eu morava dentro do meu corpo, mas o mantinha imóvel, curvado e zunindo de adrenalina.

Não dei crédito o bastante à minha mente por ser absurdamente determinada. Ela podia fazer com que eu me sentisse gripada, me dobrar no meio de dor na coluna, me dar dores de cabeça, me deixar com tanto frio que eu usava casacos em pleno verão. Por que era tão difícil aceitar que era tudo ansiedade? Simples: eu estava separando a minha mente do meu corpo, imaginando que trabalhavam em escritórios em cidades diferentes e que nunca se comunicavam. Que idiota.

Ainda me surpreendo com quanto tempo passei vivendo não só com desconforto mental, mas com indisposições físicas também. Eu me sentia esgotada e exausta o tempo todo. Ficava tonta de fadiga durante o dia e enfrentava noites insones porque todo o meu corpo estava gelado, tremendo embaixo de quatro cobertores. Estava tão preocupada com a minha mente que apenas supunha que o meu corpo sempre agiria assim, e fazia o possível para ignorar qualquer sinal dele. Correr fez o que os médicos nunca puderam fazer por mim, embora o meu clínico geral tenha tentado algumas vezes. Correr me fez entender como as duas coisas estão intimamente ligadas. Se achei que um peso tinha sido tirado dos meus ombros nas primeiras corridas — menos choro, menos ataques de pânico —, isso não foi nada comparado ao momento em que percebi que cada corrida não só fazia com que eu me sentisse melhor mentalmente, mas também diminuía os problemas físicos que supus que fossem me atormentar para sempre. Sim, eu me tornei mais flexível e passei a dormir melhor, mas as dores de cabeça não desapareceram de repente só com a exaustão física. Elas foram desaparecendo aos poucos, até um dia eu não conseguir me lembrar da última vez que tinha tido uma crise. Isso coincidiu com uma diminuição da adrenalina que me dava frio na barriga e o fim de um ranger de dentes quase constante (sim, eu devia ter usado um aparelho de contenção para dormir, mas não conseguia enfrentar a humilhação). Entendi devagar que o elemento principal que conectava tudo isso era simples: eu estava mais feliz.

Quando descobri isso, comecei a tentar ouvir mais o meu corpo. Se me sentia tensa, encolhida como uma mola, isso significava que eu estava preocupada com alguma coisa. A partir daí, havia duas opções. A primeira era entender o que estava me incomodando e a segunda era sair para correr. Às vezes, eu fazia os dois. Às vezes, ir correr me fazia perceber o que estava errado, e às vezes me dava a chance de colocar em perspectiva.

Quando eu estava cansada, optava por uma caminhada, sabendo que precisava respirar um pouco de ar fresco (o mais fresco que o centro de Londres pode oferecer) para não passar o dia sonolenta e funcionando toscamente. Podiam ser só dez minutos, mas a diferença era sempre notável e hoje é algo que faço o tempo todo. Saio para caminhar de manhã antes mesmo de tomar uma xícara de café, o que me dá um intervalo entre o sono profundo e um dia cheio, tempo para que o meu cérebro acorde, para eu não entrar em pânico com o trânsito até o metrô ou para não surtar e começar a trabalhar na mesma hora.

Quando me sinto para baixo, meu instinto é suar até passar, o que costuma significar musculação, agachamento e outros exercícios um pouco torturantes, que me fazem sentir um pouco mais forte, como se as minhas reservas não estivessem completamente vazias. Funciona com ressacas também.

Mesmo quando não estou sentindo nada disso, tento continuar costurando o fio do movimento físico ao longo de toda a vida. Hoje, gosto de trabalhar todas as partes do corpo. Um alongamento que acorda um músculo adormecido é empolgante. As pernas doendo no dia seguinte à musculação me deixam feliz porque despertei uma parte de mim que estava sendo pouco usada. Quando fico muito tempo diante de uma mesa, eu me levanto e sento o tempo todo, inquieta de um jeito que nunca esperei. A sensação de ficar largada no sofá tem menos apelo do que antes, o que é uma faca de dois gumes, para ser honesta. A motivação é chave em tudo isso e, às vezes, é difícil pensar em exercício estando feliz ou estando triste.

Apaixonar-me outra vez foi algo que me deixou fora de órbita. Em parte, porque parecia algo que não ia acontecer, com certeza não com a intensidade e a felicidade que eu estava sentindo. À medida que o relacionamento progredia, troquei correr todos os dias e caminhar todas as manhãs por jantares e ficar na cama até mais tarde. Por algum motivo, parecia difícil sair para correr quando havia opções tão agradáveis me chamando. E por um tempo eu simplesmente cedi. Passei dias inerte, e foram dias muito gostosos. Argumentei comigo mesma que estava só dando uma pausa do trabalho árduo diário, que merecia um desconto. Foi um erro, porque me fez começar a ver a corrida como uma punição e a esquecer o que ela me dá. Não que eu estivesse voltando a ficar ansiosa ou triste — pelo contrário, estava toda boba e radiante —, mas sabia que parar aquilo que tinha me dado as ferramentas para ter um bom relacionamento seria um equívoco. Correr não era um meio para um fim; era uma ajuda na jornada.

Tenho certeza de que você já ouviu o velho clichê de que todo mundo engorda no início de um novo relacionamento. Ele pode ser velho, mas não é nem um pouco falso. Depois de muitos jantares demorados e croissants no café da manhã, percebi que tinha caído na armadilha. Então, voltei a correr todo dia. Não é a razão mais nobre do mundo para voltar, admito, mas foi o que me devolveu o ritmo. Eu tinha tirado folga por alguns meses, mas entendi a vontade de voltar a correr regularmente como sinal de uma conexão mais forte criada com o meu próprio corpo. Eu precisava retomar aquela sensação única de estar sozinha com os meus pensamentos. Estar num relacionamento significa passar menos tempo sozinha. O que é legal, mas como a solidão era algo do qual eu tinha aprendido a gostar havia muito pouco tempo, decidi que não abriria mão dela tão rápido.

Eu costumava me sentir muito solitária no começo da vida de corredora. Era como se eu estivesse me adaptando a estar sozinha de novo e achava muito difícil passar tempo demais sem a presença de alguém. Quando me casei e caí no comodismo desse arranjo, eu automaticamente negligenciei a minha vida social e fiquei assustada demais para sair. Embora as pessoas tenham se reunido para me ajudar, elas tinham as próprias vidas, e eu não podia contar com os outros para tudo. Até a minha irmã, que ficou comigo por semanas, precisou voltar para casa em algum momento.

Se a sensação de isolamento era demais e eu começava a ficar ansiosa, saía para correr. O estresse da solidão é bem documentado. Segundo dados oficiais, atualmente os jovens entre 16 e 24 anos têm mais probabilidade de relatar que se sentem solitários do que os jovens de antigamente.[117] O Reino Unido chegou a nomear um ministro da solidão para tentar combater a ascensão do isolamento, porque certas pesquisas sugerem que essa característica aumenta a mortalidade em 26%.

Quando passo tempo demais sozinha, os meus níveis de ansiedade disparam. Começo a ter pensamentos irracionais e a me sentir agitada. Passei por um período me sentindo muito só depois do divórcio, o que, em parte, é de se esperar quando alguém sai da nossa vida de forma permanente. Por outro lado, eu não estava sendo especialmente proativa. Não queria incomodar as pessoas mais do que já tinha incomodado. Assim, me vi em alguns fins de semana sem ver ninguém. Mas eu não estava disposta a encorajar aqueles sentimentos ansiosos que se aproximavam, como se estivessem voltando para casa, levando embora o que eu tinha recuperado. Então eu corria. Às vezes, em volta do parque e ia para casa depois de passar apenas o tempo suficiente para me sentir ok em voltar para um apartamento vazio. De vez em quando, eu precisava de mais e ia correndo a algum lugar que poderia ser um café, um museu ou um supermercado. Com frequência me via descobrindo lugares que nunca tinha visto ou que antes ignorara. Os meus olhos estavam abertos para os arredores e era imensa a minha alegria em notar uma casa estranha, um antigo pub, uma linha ferroviária escondida. Às vezes, eu me deparava com coisas surreais, como um grupo de Papais Noéis, um cachorro que fugiu do dono e correu comigo no parque, um homem *nadando* no Regent's Canal. Vocês fazem ideia do quão imunda é aquela água? Isso sem falar nos cisnes mal-humorados. Como qualquer pessoa que faz carinho em um cachorro no parque, eu amo animais, mas os cisnes são cruéis. E não diga o contrário.

Bem, após esse pequeno rompante de fúria irracional contra essas aves, onde eu estava, mesmo? Ah sim, por mais estranho que pareça, enquanto saía para correr, eu nunca me sentia sozinha. A sensação era, pelo contrário, de estar conectada com os meus arredores, de ser parte de um cenário que incluía famílias no parque, passeadores de cachorro, turistas e pessoas indo trabalhar. Eu passava por outros corredores e me esforçava mais, sabendo que, se eles conseguiam ir além, eu também conseguia. Há alguns anos, as pessoas riram de Gwyneth Paltrow por promover o chamado *"earthing"*, a ligação com a terra descrita no seu engraçadíssimo site Goop (dê uma olhada nele se precisar de um cobertor de oitocentos dólares para o seu cachorro). A linguagem era complicada e nem um pouco direta, mas argumentava que "se conectar com o planeta é bom para o corpo e a alma". Acho que a versão dela de ligação com a Terra envolvia ficar descalça em grama orgânica ou algo tão maluco quanto, mas eu sentia uma coisa vergonhosamente parecida nesses momentos de solidão.

Quando corria, eu me conectava com o mundo ao meu redor, era parte de algo maior do que as minhas neuroses. A cada passada, eu ficava mais calma e menos maníaca com o silêncio do meu apartamento, e percebia que havia um mundo ao meu redor com o qual eu queria e podia interagir sempre que quisesse.

Estar ao ar livre e em movimento significava que eu podia voltar para casa e não me sentir "alheia". Eu podia voltar para casa e fazer algo um pouco produtivo, em vez de me sentar e ficar cada vez mais agitada em silêncio. Eu havia passado tanto tempo da vida sentindo o desconforto de estar na minha própria mente que a solidão só exacerbava esse sentimento. A solidão, afinal, pode causar transtornos psicológicos. Em 2014, pesquisadores da Universidade de Chicago descobriram que a solidão é um bom prognóstico de futuros sintomas depressivos.[118] Porém, não ter alguém ao lado enquanto eu corria era bom. Sempre. Estar sozinha no asfalto nunca parecia patético ou um sinal de fraqueza como pode parecer quando você está andando de um lado para o outro de um apartamento vazio. Parece forte e deliberado. Conectando melhor o meu corpo ao meu cérebro, levando esse corpo para respirar, eu me sinto inteira. *How to Think about Exercise*, de Damon Young, começa falando sobre o erro do "dualismo" — a coisa de ver cérebro e corpo como entidades separadas — porque o pensamento "não acontece fora do corpo".[119] É possível se sentir solitário dentro da própria mente e, mesmo assim, escolher estar fisicamente sozinho. E, às vezes, como descobri com a corrida, é possível mesclar as duas coisas e acabar bem.

Muita gente recomenda correr na natureza para experimentar os benefícios para a saúde da mente. Um estudo de 2015 da Universidade de Stanford se dedicou a verificar se o exercício ao ar livre teria algum efeito sobre as ruminações e as preocupações associadas a problemas como a depressão.[120] O estudo fez um grupo de participantes dar uma caminhada de 90 minutos num cenário campestre. O outro grupo caminhou pelo mesmo tempo e com a mesma intensidade, mas num cenário urbano. As pessoas que fizeram a caminhada na natureza relataram menos ruminações e tomografias subsequentes também mostraram menos atividade neural na área associada a transtornos mentais (o córtex pré-frontal subgenual). O grupo que caminhou na cidade, porém, não sentiu nenhum desses efeitos.

O estudo foi pequeno — apenas 38 pessoas —, mas concordo com a prerrogativa. Caminhar no interior (algo que passei a amar agora que estou mais velha) sempre me prepara para o dia de forma que uma corrida na cidade não é totalmente capaz. Não há nada como estar sozinha e cercada de belezas naturais para acalmar os nervos à flor da pele. Em especial, com o silêncio oferecido nessas áreas rurais. Mas isso não quer dizer que não tiro nada de bom quando me exercito na cidade. Muitos de nós não tem uma ampla gama de campos e bosques de fácil acesso. Números oficiais recentes do Reino Unido estimam que 82% da população vive em áreas urbanas.[121]

Para quem tem a sorte de ter acesso a morros, brejos e áreas elevadas, a experiência pode ser profunda. Em *Running Free: A Runner's Journey*, o jornalista Richard Askwith descreve como começou a correr no sul de Londres e logo se apaixonou pelo esporte.[122] Ele marcava o seu tempo e se dedicava a correr mais rápido, mais longe, melhor... até que aquilo começou a parecer um trabalho ingrato. Askwith descobriu a corrida na natureza e mudou drasticamente a sua perspectiva. Hoje em dia, ele se deleita com travessias pela área rural de Northamptonshire, com a mudança das estações, com os animais e as jornadas pelos campos pantanosos na companhia do seu cachorro. Mais interessante ainda é o seu protesto contra a comercialização da corrida: os kits caros, a obsessão com recordes pessoais, o patrocínio corporativo de grupos de corrida, coisas que, segundo ele, tiram a pura alegria de sair e correr por prazer. Vybarr Cregan-Reid também acredita que pode ser útil ver a corrida como um "não exercício". "Exercício é uma coisa mecânica que fazemos em busca de um resultado específico [...] para ter um coração saudável ou afastar a diabetes. Correr é muito mais do que um meio de perder peso. É uma atividade multidimensional muito, muito maior do que apenas exercício."

Vybarr também me apresentou à ideia inovadora de "banho de floresta" quando perguntei o quanto a natureza é importante durante a atividade física.[123] Soou um pouco excêntrico aos meus ouvidos ignorantes quando ele o mencionou pela primeira vez, mas hoje coincide com o crescimento na pesquisa de psicologia ambiental, um campo que explora a relação entre as pessoas e os seus arredores. Banho de floresta não é se lavar num bosque (ideia que, para ser honesta, me animou, a princípio).

Pesquisadores no Japão estudaram como passar tempo numa floresta pode amenizar problemas de saúde como hipertensão. Em 2010, o Centre for Environment, Health and Field Sciences da Universidade de Chiba estudou a prática conhecida como "banho de floresta" ou *shinrin-yoku*, numa tentativa de medir os efeitos dessa prática na saúde de 280 pessoas no início dos vinte anos.[124] Os pesquisadores mediram pulso, cortisol salivar (que aumenta com o estresse), pressão sanguínea e frequência cardíaca daqueles que passaram meia hora por dia numa floresta. Os resultados foram então comparados com os medidos durante um dia na cidade. A conclusão foi bem impressionante e o estudo concluiu que "ambientes de floresta promovem concentrações mais baixas de cortisol, pulso mais baixo, pressão sanguínea mais baixa, maior atividade do sistema nervoso parassimpático e menor atividade do sistema nervoso simpático do que ambientes urbanos".

Outro estudo japonês, em 2007, usou um grupo maior de voluntários para pesquisar os benefícios do banho de floresta. No total, 498 pessoas saudáveis passaram um dia numa floresta, completando questionários duas vezes nesse período. "Em comparação com o dia-controle, os resultados mostraram que as pontuações de hostilidade e depressão caíram significativamente, e as pontuações de vitalidade aumentaram de modo significativo também no dia na floresta, em comparação com o dia-controle".[125]

Além disso, o estudo mostrou que os "níveis de estresse demonstraram relação com a magnitude do efeito *shinrin-yoku*; quanto maior o nível de estresse, maior o efeito".

Essa pesquisa revelou que os ambientes na natureza podem ser úteis para quem tem emoções difíceis, em especial estresse crônico. Mas florestas não são os únicos ambientes capazes promover esses benefícios. Felizmente, Vybarr me garantiu que as minhas rotas de corrida por parques e ao lado de canais também ajudam. Qualquer lugar com verde, com um toque de natureza. Reflita, você vai ver que ela surge nos lugares mais improváveis.

"Chama-se psicologia ambiental: qualquer coisa que envolva natureza sempre é melhor", disse Vybarr. "As pessoas têm alta mais rapidamente quando estão em leitos com vista para uma área verde. Há um projeto de habitação em Chicago onde o índice de criminalidade era mais baixo nos locais onde as pessoas moravam em lugares com vista para áreas verdes."

Cregan-Reid e Askwith não estão sozinhos na sua paixão pela natureza e pelos benefícios que ela pode trazer. A instituição de saúde mental Mind há muito defende a "ecoterapia" como forma de ajudar a lidar com problemas desse tipo. Ao oferecer programas que encorajam as pessoas a passar mais tempo na natureza, o argumento deles é apoiado por pesquisas da Universidade de Essex que mostram que fazer exercício vendo imagens de belas paisagens verdes melhorou a autoestima e diminuiu a pressão sanguínea. Outros estudos da mesma universidade relataram que exercícios "verdes", como ciclismo, pescaria e cavalgadas, tornavam os participantes bem menos irritados e deprimidos.

A Mind identifica quatro princípios-chave da ecoterapia.[126]

Conexões naturais e sociais
Estímulo sensorial
Atividade
Fuga

No meu período de solidão, reconheço que essas eram as coisas que eu buscava quando saía para correr. Também consigo ver que foi o que me ajudou a minimizar o pior da ansiedade, embora na época eu não soubesse disso. A ansiedade pode roubar todas essas necessidades humanas. Eu, por exemplo, perdi a conexão real tanto com o mundo ao meu redor quanto com as pessoas que amava — então imagine como foi com as pessoas que eu ainda não conhecia. Eu evitava estímulos sensoriais, temendo que desencadeassem algum novo pânico, e nunca tentei nenhuma forma de atividade que me tirasse à força da minha concha. Fiquei pequena e confinada. Quando isso acontece, resta apenas o escape. Estou ciente de que usei muito a palavra "escapar" neste livro. Escapar da tristeza, da ansiedade, do meu próprio cérebro. Não é um escape permanente, mas um breve momento "longe" de tudo. Pode ser difícil colocar em palavras o que um escape pode trazer, mas consigo ver como a natureza magnifica o seu efeito e torna os minutos em que você se aventura fora da sua zona de conforto mais valiosos, mais significativos. Como disse Carl Jung: "Sempre que tocamos a natureza, ficamos limpos."[127]

Desde que percebi que correr na natureza podia fazer mais pela minha mente do que as trilhas urbanas, passei a experimentar isso sempre que viajo. Uma vez, corri pela costa da Irlanda, num lugar remoto e totalmente novo para mim. Na ocasião, eu estava com uma ressaca das grandes e só queria limpar a cabeça antes de assumir os meus deveres como madrinha de um casamento, ou seja, ter que fazer um discurso e parecer apresentável. Naquela semana em que uma amiga próxima tinha morrido e outra tinha tido um bebê, eu já estava sobrecarregada de emoções e precisava de um pouco de ar e de tempo sozinha. À medida que me afastava da vila e me aproximava do oceano, percebi que estava diante do cenário mais bonito que já vira na vida. O vento soprava ao meu redor e as únicas companhias eram as gaivotas. A luz não parava de mudar! O céu estava azul e frio num minuto e, então, do nada, foi clareando e se intensificando até eu estar sob o sol forte. Passei por velhos barcos gigantes deixados ao léu, à sombra da montanha que havia atrás de mim. Até o ar parecia mais tangível naquele momento. Assimilei tudo.

Antes da corrida, eu só pensava sobre morte, vida e bebês, e ali estava eu, dez minutos depois, tendo esquecido tudo. Só via a paisagem, *sentia* os arredores. A conexão com o presente era espantosa — eu estava acostumada com a minha vida urbana e o meu cérebro agitado, sempre focado no passado, no futuro, em pensamentos "e se". Sakyong Mipham chama essa conexão com os arredores de "consciência panorâmica",[128] e realmente parecia um tipo de meditação, algo que nunca pensei que conseguiria fazer. Corri com facilidade, desfrutando dos passos, sem pensar demais em nada. Não me senti triste nem feliz, só "presente". Nunca estive menor do que naquela corrida. Pequena, mas não diminuída. Bastou um lampejo de clareza para perceber a minha conexão com o mundo e o meu lugar minúsculo nele. O dr. Mihaly Csikszentmihalyi cunhou essa sensação de "fluxo" ainda em 1975, embora haja muitos outros nomes, e descreveu os fatores envolvidos:

- Concentração total na tarefa.
- Objetivo claro e retorno imediato.
- A experiência tem um fim e é gratificante.
- Ausência de esforço e facilidade.
- Um equilíbrio entre desafio e competência.
- Ação e consciência combinadas.
- Sentir-se no controle.[129]

Parece muito trabalhoso, certo? Csikszentmihalyi diz que dá trabalho, sim. É algo que é preciso cultivar. Mas isso não significa ter que dissecar a mente como dever de casa. Para mim, significa apenas correr com regularidade. E isso não é algo que se encontra só na corrida, mas, para o propósito deste livro, que é sobre corrida, vamos dizer que sim. O que senti com aquela expedição irlandesa era muito provavelmente o fluxo. Parecia diferente do famoso "barato do corredor", ainda que tivesse características similares. Não era apenas euforia, mas uma sensação geral de estar onde eu deveria estar, fazendo o que eu deveria fazer. Aliás, era o oposto do meu estado normal. Se ansiedade é uma sensação de pânico, dúvida e impotência, aquela corrida "no fluxo", em especial, pareceu calma; havia uma certeza no que eu estava fazendo e um senso de controle. Talvez pareça tão extraordinário porque, sendo ansiosa, eu só não esteja acostumada a essas sensações.

David, que sofre de transtorno de ansiedade generalizada (veja o segundo capítulo do livro), me disse que também encontra um pouco disso nas suas corridas. "A ação rítmica e repetitiva de correr me dá outro foco e cumprir determinada distância ou quebrar algum recorde me dá um objetivo, algo mensurável de conquista que não sinto com muitas outras coisas. É o único 'método' que funciona comigo para esquecer pensamentos intrusivos. Então, na verdade, eu devia sair mais!"

Acho que vou me lembrar dessa corrida para sempre. Em parte porque chorei por um tempinho em que fiquei lá observando as ondas e ouvindo o mar, muito emocionada com a coisa toda. Acho que serei para sempre grata por ter experimentado essa clareza e um sentimento tão único de estar presente (que frase clichê, eu sei). Mas não busco isso em toda corrida. Seria contraproducente, porque diluiria todas as corridas corriqueiras, que também têm as suas recompensas. Só estou mencionando isso porque correr é a única atividade que me recompensou com "fluxo" e me deu essa paz. Nunca imaginei que fosse possível. Isso resume por que sou tão apaixonada por uma atividade tão simples (caso eu ainda não tenha deixado claro o suficiente).

Embora tenha me concentrado até aqui no quanto a corrida reduziu drasticamente a minha ansiedade, permitindo que eu clareasse a cabeça, talvez eu não tenha mencionado outro motivo importante para isso. No meio das endorfinas, de um aumento na serotonina, de estar em meio na natureza ou de encontrar um estado de fluxo, me esqueci de mencionar a importância da autoestima. Algo sobre o qual as revistas falam muito: é preciso encontrá-la, aumentá-la, mantê-la. Mas eu nunca tinha aplicado isso a mim. Sempre fui uma pessoa negativa em relação a mim mesma e me descrevia de formas comicamente desdenhosa. Não tinha me ocorrido que talvez eu não tivesse autoconfiança alguma.

Eu desistia das coisas quando elas ficavam difíceis e me escondia do que tinha medo (leia-se: quase tudo), e aos poucos essas características me fizeram acreditar que eu não era capaz de fazer qualquer coisa. Curiosamente, porém, decidi que tudo bem, desde que sempre fizesse piada com isso e que nunca confessasse a ninguém a verdade de que eu não gostava de mim mesma. Acho que muitas pessoas fazem isso, sobretudo mulheres. Com certeza, eu não era incapacitada por uma falta de confiança. Ou era o que pensava… Mas a questão é que nunca me candidatava a empregos nem me arriscava em novos desafios. E deixava os homens me tratarem de um jeito ridículo. Eu ficava agradecia por qualquer elogio, mas em geral o recusava.

Um divórcio afeta gravemente qualquer confiança ou "autoestima" que você possa ter cultivado. Se isso não for suficiente, a ansiedade vai aparecer para acabar com o resto. No entanto, não precisa ser para sempre. Tentar um hobby inédito ou aprender alguma coisa nova pode estimular o seu senso de identidade de forma bem rápida. Como na maioria das coisas, a dualidade é a chave. Você talvez se sinta bem a respeito da própria capacidade intelectual, mas pode odiar ter um físico pouco vigoroso. Talvez você consiga fazer cinquenta flexões seguidas, mas se sinta inútil no seu trabalho.

O truque é trabalhar em ambas as áreas. Não é tão fácil quanto parece, claro. Comecei a melhorar a minha autoconfiança cada vez que corria um pouco mais longe ou me arrastava na chuva, sentindo que estava acumulando pequenas conquistas. Não desistir depois de uma semana foi um reforço. Correr cinco quilômetros de uma vez foi outro aumento considerável. Sempre que amarrava os cadarços no dia em que desejava ficar em casa, eu me sentia orgulhosa de mim mesma.

O que é absolutamente brilhante em começar sozinho um hábito novo é que não há ninguém com quem falhar. É claro que praticar algo em equipe faz com que você se responsabilize mais, contudo, às vezes, até esse grau de pressão pode ser demais. Eu não estava pronta para isso. Só queria tentar algo diferente sem colocar expectativas. Por isso as tentativas iniciais num beco escuro. Ninguém assistindo, ninguém para rir de mim e ninguém para me julgar se eu desistisse.

É impossível mensurar a autoestima, mas há alguns sinais, geralmente aceitos, de que se tem um nível saudável. Entre eles estão a habilidade de cometer erros e aprender com eles, otimismo, assertividade, ser capaz de confiar nos outros e ter uma boa capacidade de cuidar de si. Sem autoconfiança é fácil cair na depressão, temer o fracasso e evitar riscos. Tique-taque!

Organizações como a Mind sugerem que quem quer aumentar a autoconfiança deva tentar um hobby novo ou aprender uma nova habilidade. Eu estava fazendo algo certo mesmo sem saber. Da primeira vez que corri um quilômetro sem parar, voltei saltitando para casa. Literalmente. Estava tão feliz de ter conquistado aquela distância que fiquei animada o bastante para não ligar para as aparências no caminho. E não precisei contar a ninguém para me sentir melhor. A vitória estava na minha cabeça, e isso era o bastante.

Autoconfiança gera autoconfiança — ou talvez diminua o medo do fracasso. Embora o recuo da ansiedade fosse a minha principal alegria em correr, notei que também me sentia muito melhor comigo como pessoa. Aquele questionamento irritante sobre coisas que eu tinha dito ou feito durante o dia e que costumava me manter acordada por horas acabava em minutos. Eu me sentia capaz de falar em reuniões ou pedir um aumento de salário. E sei que sem o fortalecimento da minha autoconfiança nada disso teria sido possível. Senti até que conseguia enfrentar medos — agora, eu tinha combustível — que evitara a vida toda. Até alguns que eu sequer sabia que tinha...

Eram três da tarde e fazia sol enquanto eu caminhava pelo Regent's Park, em Londres. Crianças corriam, frisbees rodopiavam no ar, sorvetes eram lambidos. Então, por que pensei que estava prestes a perder o controle de todas as minhas funções corporais?

A resposta estava bem na minha frente. Através das árvores, passando pelo principal campo de esportes, havia um dispositivo de tortura gigantesco, feito de aço, rodas e polias. E eu estava indo ao encontro dele.

Na minha busca por tentar coisas novas e enfrentar o medo, eu tinha saído da minha zona de confronto. À medida que a corrida melhorou, senti que podia fazer mais, tentar mais, evitar menos. Então, me arrisquei e passei a sair com mais frequência em vez de me esconder em casa. Mas eu ainda estava determinada pela ideia de que deveria fazer algo que me assustasse de verdade, não só coisas que faziam as palmas das minhas mãos suarem um pouco. Fiz o que qualquer pessoa normal faria e me inscrevi para uma aula de trapézio voador.

Acho que dava na mesma ter pulado de *bungee jump*. Ou de paraquedas. Ou andar sobre as brasas, todas coisas bem difíceis de achar no centro de Londres, diga-se de passagem. Como eu estava decidida a agir segundo o mote "se der medo, vai com tudo", queria que fosse num lugar fácil de chegar. Terror? Sim! Jornadas longas? Não!

Por isso de repente me vi em frente a uma torre enfeitada com cordas e redes. Aos meus olhos, parecia um aparelho de tortura medieval e comecei a me sentir meio enjoada no mesmo instante. A sessão em grupo incluía algumas mulheres que me garantiram que era completamente viciante "depois da primeira vez", um homem que já tinha ficado com um olho roxo fazendo aquilo — "culpa minha", garantiu ele — e um menino de nove anos que parecia ansioso para começar. Ninguém mais parecia ter pernas de gelatina como as minhas. Respirei fundo e fingi que estava tão entusiasmada quanto eles para me jogar do alto de uma torre. Depois de algumas instruções básicas, colocaram o equipamento de segurança em mim e entrei na fila para subir a escada. As pessoas mais experientes foram primeiro, pulando da plataforma minúscula sem o menor pudor, soltando-se da barra satisfeitas e pulando para a próxima como macacos ágeis. Quando se conectavam com o segundo trapézio, elas jogavam as pernas por cima dele e se penduravam de cabeça para baixo, balançando para a frente e para trás. Pareciam tão livres... Eu queria vomitar.

Quando chegou a vez dele, o garotinho vacilou e não conseguiu reunir a coragem. Então, eu era a próxima. Subi. A escada parecia interminável. No topo, um homem simpático me prendeu à corda de segurança e me persuadiu a subir na plataforma de madeira. Nesse ponto, perdi toda a autoconfiança reunida até então. Não queria me forçar. Parecia idiota e inconsequente, e comecei a respirar rápido demais, ciente de que a minha visão estava estreitando e de que tudo ficava mais escuro, sinais clássicos de pânico. Fiquei na plataforma por alguns segundos enquanto o instrutor falava para me encorajar. Eu seria capaz de descer? Me odiaria se fizesse isso? A resposta para as duas perguntas era sim. Tentei outra abordagem. Se eu me jogasse, como tinha feito com a corrida, talvez acontecesse algo de bom. Talvez não terminasse em catástrofe como eu sempre imaginara. Pulei. E foi *horrível*. O meu estômago revirou àquela velocidade, não consegui pegar a outra barra e fiquei ali, rindo feito boba quando caí na rede. Mas estava feito. Embora a minha mente e o meu corpo tivessem me dito para não fazer, eu sabia que, às vezes, com a ansiedade, é preciso desobedecer ao que todo o seu ser está mandando.

Não tive muito tempo para me recuperar, já que nos enfileiramos de novo para tentar mais uma vez. Dessa vez, o menino de nove anos conseguiu e todos os outros acertaram o salto. Acho que os instrutores perceberam desde cedo que eu era o membro mais fraco do grupo, e fui recebida no chão com rodadas extras de aplauso. O grupo me encorajou muito e todos tinham dicas de como pegar o segundo trapézio. Faltava mais uma vez e eu realmente não queria tentar de novo.

Mas também não queria decepcionar aquelas pessoas simpáticas, que provavelmente estavam bem constrangidas por eu não conseguir fazer algo que até uma criança era capaz de dominar. Então lá fui eu de novo para a plataforma, me perguntando se agora tinha vertigem e dizendo a mim mesma para pesquisar no Google quando chegasse em casa. Pulei e prestei atenção ao instrutor, que me gritava ordens precisas. Segurei o outro trapézio e joguei as pernas por cima. "AGORA SOLTE", berrou ele. Mas quem diabos quer ficar de cabeça para baixo? Balancei um pouco, que nem Carrie Bradshaw faz em *Sex and the City* quando experimenta o trapézio para um artigo que está escrevendo (ah, você é jovem demais, deixa para lá), e esperei. Quando dei por mim, tinha conseguido. Virei de ponta-cabeça e o deixei me levar pelas pernas. Que sensação maravilhosa... Tanto que fiquei pendurada lá até o balanço parar e mergulhei na rede abaixo. Nunca mais voltei, passei o dia seguinte com bastante dor, mas não tenho mais medo do trapézio voador.

Como disse antes sobre todas as minhas conquistas em relação à ansiedade, não foi um ato de coragem para os livros de recordes. Não foi elegante nem algo que gostei de fazer. Eu era muito ruim naquilo, porque até o garotinho me olhou com pena. Mas a minha autoestima estava nas alturas naquele dia. Voltei para casa numa nuvem, desfrutando de cada árvore, pássaro, pessoa por quem passava. Foi uma sensação de conquista sem igual. Correr tinha me dado aquilo. Correr significava que eu era capaz de ficar no ar por alguns segundos. Penso nisso várias vezes quando reflito sobre os motivos que me levam a correr. Quando penso sobre levantar cedo para isso ou me preocupo de não estar sentindo tantas vezes o barato. Porque não tem a ver só com os trinta minutos que consigo encaixar numa segunda-feira fria nem com o ritmo veloz que atinjo de vez em nunca. É algo que extravasa para todas as outras partes da vida, expandindo-as, abrindo-as, oferecendo-me a autoestima necessária para realizar outras coisas. Sou um tédio correndo, isso já deve estar óbvio. Mas só porque descobri que a corrida podia abrir toda uma nova vida para mim, independente de qualquer coisa.

Parece uma conexão tênue isso de sair para uma corrida e depois ter a coragem de subir no trapézio. Para mim, porém, as duas coisas são ligadas por uma linha reta. Saber que posso correr uma prova de dez quilômetros significa que eu acreditei que podia balançar de cabeça para baixo. Eu sabia que podia voar até Nova York para uma entrevista de emprego e que era possível sair de casa sozinha sem hiperventilar. Eu podia ter um dia sem pânico. Sem precisar me certificar da posição da saída. Como disse Carrie Fisher: "Se der medo, vai com tudo. O importante é a ação. Você não precisa esperar para ser confiante. Simplesmente faça e uma hora a confiança vai vir."[130]

Alguns podem rir da escala das coisas que enfim me senti capaz de fazer — e entendo, considerando que quase todo mundo é capaz de subir num avião para cruzar o mundo sozinho sem pensar duas vezes ou andar numa corda bamba por diversão. Por outro lado, todos temos os nossos próprios níveis de medo e os nossos próprios pés para fincar, e eu superei os meus. Não posso me julgar pelos limites alheios; passei tempo demais da vida fazendo isso e me achando aquém do suficiente. Como diz Amy Poehler no seu livro *Yes Please*: "É bom para você, não para mim."[131]

Bom para você se consegue escalar uma montanha ou se mudar sozinho para a Malásia por seis meses (como fez a minha brilhante irmã no ano passado). Aplausos. Hoje entendo que confrontar a minha ansiedade não precisa significar que todos temos que ter os mesmos objetivos. Não preciso atravessar continentes a pé para provar que não sou mais ansiosa. Tudo que preciso é não me sentir ansiosa. "Bom para você, não para mim" é um mantra para ter em mente quando você começar a julgar os outros ou se comparar demais a eles.

10 KM – ARMADILHAS E DECEPÇÕES

Estou correndo pelo parque, cerca de dez quilômetros, e o local está fervendo — é um verão brutal sem chuvas e, graças a isso, as minhas costas são uma confusão de marcas de bronzeado deixados por tops esportivos e o meu cabelo está ficando mais claro a cada passo. Estou gostando bastante da poeira e do sol escaldante porque cada minuto é um desafio e correr quase sem roupa é incrivelmente libertador. Tenho forçado os meus limites nos últimos tempos, indo mais rápido, mais longe, fazendo menos pausas. O catalisador disso é um período de desemprego: correr nos dá um propósito quando precisamos de um. Estou me sentindo arrogante, pensando em como tornei a corrida parte da minha vida, como ela agora está costurada à minha constituição.

BAM! Pulei por cima de um buraco no chão e o meu joelho grita de dor. Pulo em uma perna só como se estivesse tentando desviar de lava e seguro o joelho, como se uma massagem frenética fosse fazê-lo parar de doer. Mas não, e sou forçada a voltar mancando para casa.

Tenho "joelho de corredor", que devo encarar como uma espécie de distintivo de honra horrível, não como uma catástrofe que vai descarrilhar todo o meu progresso.

São prescritos exercícios, alongamentos, movimentos de baixo impacto. Olho com saudade para o meu tênis ao sair para a piscina nadar cachorrinho igual uma tonta.

Só que logo estarei de volta às ruas. A minha dedicação à corrida é profunda demais e talvez eu a valorize ainda mais quando puder sair de novo. Como um relacionamento que ficou um pouco morno e precisa de um recomeço, decido me esforçar ainda mais de agora em diante. Quem sabe, talvez eu até me faça tentar só uma prova...

Gosto de filmes com final feliz. De livros onde tudo fica explicadinho e nenhum personagem fica para trás. Pagaria um bom dinheiro para ressuscitar Jane Austen só para poder saber exatamente o que aconteceu no fim da vida das irmãs Bennet (inclusive Mary). Não gosto de incertezas. Não gosto de mudanças. Isso faz parte da ansiedade e talvez também seja só quem eu sou. Mas como sei que a vida não tem esses finais felizes e organizados com muita frequência, aprendi a gostar da natureza bagunçada e complicada dos seres humanos. Nossas histórias não têm fim, têm picos e vales e longos períodos de tédio. E me odiaria se escrevesse um livro que desse a impressão de que eu era uma doida varrida sem futuro até correr me transformar numa espécie de super-humana que nunca mais enfrentou outra situação complicada. É em parte por isso que nunca corri uma maratona nem aceitei outro grande desafio do tipo. Porque, para mim, não há uma cena final gloriosa em que passo pela linha de chegada rasgando a fita e ganho uma enorme medalha de ouro.

Espero ter sido honesta sobre as outras coisas que também me ajudaram com ansiedade e depressão. Como disse, sei que sou privilegiada por ter uma família que me deu apoio emocional e financeiro. Consultei um bom terapeuta que me fez rir e também me ensinou a lidar com os meus pensamentos mais loucos. Tomei remédios controlados, um fato que nunca mais vou esconder como se fosse uma fraqueza. Aliás, vou brigar por isso, de tanto que acredito que algumas pessoas precisem deles. Até me apaixonei de novo. Talvez pela primeira vez de verdade. Ele é tão bom e engraçado que não consigo acreditar que não seja um grande idiota às vezes. E ele corre! Lizzie Bennet perdeu de lavada pra mim. Tive muita sorte em muitos sentidos.

Ainda assim, a corrida foi a heroína da minha história. Os outros só me levaram até certo ponto, o suficiente para encontrar aquilo que mais me ajudou. Ou talvez a corrida tenha me ajudado a encontrar outras coisas boas. É o dilema do ovo e da galinha (não acredito que ainda usamos esse conceito), mas houve muitas outras vezes em que supus que correr seria o meu feijão mágico e apagaria todas as minhas preocupações, todos os meus pensamentos irracionais, todos os meus resmungos sombrios. Não foi assim e levou um tempo para eu me acostumar a isso. Quando você acha que encontrou a cura milagrosa, pode ser desconcertante descobrir que há um limite para tudo. É muito ingrato da minha parte, pensando bem, imaginar que o simples ato de correr me imunizaria contra todas as tristezas e preocupações futuras. Em especial quando a corrida já havia me oferecido tanto. Sou mimada demais.

Talvez valha a pena ser honesta sobre as vezes em que correr não me ajudou ou nas situações em que fui longe demais. É vital encontrar aquilo que alivia suas aflições psicológicas, assim como é importante reconhecer que esses problemas vão voltar. Não pense que apenas uma coisa possa varrer esses sintomas e colocá-los direitinho numa gaveta que pode ser trancada e esquecida. Correr me ajudou a passar por muitos períodos complicados. Guiou os meus passos pelo divórcio, por uma mudança de emprego e de casa duas vezes em seis meses, e é uma película de proteção contra os meus transtornos. Ainda tenho dias nervosos, em que o meu estômago revira. Ainda desassocio de vez em quando, se estou preocupada com algo. Às vezes, tenho terrores noturnos, acordo encharcada de suor e o meu namorado se vira, me acalma e troca os lençóis. Estou preparada para, em algum momento do futuro, ter dias em que sinto que não vou conseguir lidar com a minha ansiedade, dias em que vou surtar e querer fugir de mim mesma. Sabendo disso, posso continuar afinando todas as ferramentas que já tenho para lidar com esses períodos.

Falarei a seguir sobre os meus fracassos de corrida (ou talvez eu deva chamá-los apenas de armadilhas). Vou elencar do mais engraçado ao menos divertido. Se você preferir, do mais superficial ao menos superficial, ok? Como não suporto terminar de forma negativa, espero que me permita relatar alguns sucessos depois. Se quiser, pode parar de ler depois dessa seção, tudo bem também.

Nunca vou ficar bonita enquanto corro

Aquelas pessoas saltitantes e estilosas com roupas lindas e sorrisos enormes? Não sou uma delas. Tudo bem. Quer dizer, mais ou menos. Mas quem se importa? Ao ultrapassar a marca de um minuto, quando a frequência cardíaca sobe, a gente logo se esquece da aparência. Às vezes, me olho de relance numa vitrine e vejo uma pessoa que parece que tem onze anos, com a cara vermelha, suando e o cabelo despenteado. Já desviaram de mim em lojas no meio de uma corrida, quando estou mancando e com sede. No entanto, quanto mais você pratica, mais percebe que ninguém está prestando atenção. As pessoas estão no celular e você precisa desviar para não trombar com elas. Alguém correndo na direção delas ainda não é suficiente para olharem para cima. Você é menos interessante que um GIF de gato. Humilhante, não é?

Nunca vou deixar de odiar os primeiros cinco minutos

É importante me lembrar disso todos os dias em que coloco o tênis. Eu fico bufando e sem fôlego como se nunca tivesse corrido antes. Confiro o tempo no celular e os segundos se arrastam. O meu corpo sempre vai querer desistir e voltar para casa, e só tenho que aguentar e saber que algo mágico vai acontecer em algum momento, uns oito minutos depois, quando ele enfim estiver relaxado e a mente começar a flutuar, provocando prazer. É importante repetir isso, senão, nunca vou me esforçar para passar por esses primeiros passos. Se você também sente isso, prometa a si mesmo fazer mais um minuto antes de checar de novo. Quando se der conta, pode ser que o momento mágico já tenha chegado. Sinceridade total: às vezes, pode levar mais de cinco minutos. Às vezes são uns quinze. Desculpe.

Nunca vou correr mais do que oitenta minutos

Fico com fome e entediada demais. Às vezes, correr é chato. Eu me sinto uma traidora da minha paixão aqui, mas é verdade. Nem toda corrida é divertida, rápida ou revigorante. Em certos dias, é um caminho árduo e você se pergunta por que se dá a esse trabalho. Tenho inveja de quem consegue correr quilômetros sem se roer de fome ou ficar com desejo de comer um donut na volta, mas é isso aí. Não sou que nem essas pessoas e preciso aceitar esse fato. Isso não faz de mim menos corredora, só faz com que eu não seja uma corredora de longa distância. Sinto toda a alegria, mas se me forçar a ir cinco, dez, quinze minutos a mais, fico com tremedeira, lenta e tropeço. Tive que aprender o meu limite. Se você consegue correr em silêncio total, parabéns. Se não, podcasts ajudam, e música é maravilhoso se você encontrar o ritmo certo. (Puddle of Mudd com certeza me ajudou a começar.)

Vou cair muito

Correr não me tornou elegante. Provavelmente é só comigo, que sou mais desastrada que a maioria. O meu namorado olha com desconfiança para qualquer xícara de café que eu segure, esperando em breve vê-la no chão. Fico irritada por ele supor que vou derrubar, e aí derrubo. Correr é a mesma coisa. Começo sabendo que hoje pode ser o dia em que vou me esborrachar e, de fato, as quedas acontecem com frequência. Eu deslizo pela rua e, de repente, odeio correr por alguns minutos enquanto checo os meus quadris roxos e as minhas mãos raladas. Caso você seja como eu, o senso comum sugere tentar colocar os braços embaixo do tronco e rolar para o lado para diminuir qualquer impacto. Você *não* quer que os seus pulsos (ou, pior, os dentes) suportem o peso do impacto. Tenha orgulho das cicatrizes e diga às pessoas que as conseguiu numa briga ou algo assim.

Não posso deixar que a corrida domine a minha vida social

Sei quanto isso é importante, porque já aconteceu. Tenho tendência ao vício (não sei se é um termo científico, mas para mim é uma descrição precisa) e sei que deixei a corrida me consumir em certos pontos, preferindo correr do que sair para almoçar ou jantar. Fui embora cedo de festas para poder descansar e correr no dia seguinte. E todas essas coisas são idiotas. Os transtornos mentais se alimentam da solidão, e escolher não ver quem você ama para poder correr dez quilômetros num dia chuvoso é uma decisão insana. No início da minha paixão pela corrida, no entanto, quando a enxergava como a resposta para todos os meus problemas, fiquei levemente obcecada. Ainda é difícil dizer sim para compromissos quando acho que vai ser complicado encaixar uma corrida, mas também sei que, às vezes, tenho que fazer isso. Há pouco tempo, passei férias na Cornualha, e choveu todos os dias. Estávamos hospedados diante de um precipício assustador, então, tive que admitir, e aceitar, que correr não ia rolar. Fiquei desconfortável por alguns dias, mas tirar aquela folga foi mais benéfico do que qualquer corrida no vento e no escuro. Vi filmes, comi queijo e dormi muito. Em outras palavras, encontrei um pouco de equilíbrio. Deve haver espaço para tudo. Correr não pode ser o único momento alegre da minha vida, nem da sua. E não precisa correr no Natal, a não ser que ache que vai ser uma pausa bem-vinda da convivência com a família (o que talvez seja).

Vou tentar não usar a corrida para regular a forma do meu corpo

De novo, isso é algo que aprendi por experiência própria. Nos primeiros estágios do exercício, notei que emagreci bastante. Comecei a receber elogios pelas maçãs do rosto, pela barriga e por como eu parecia "bem". Na verdade, eu era uma bagunça de desilusão amorosa e autoaversão, mas não podia negar que adicionar a corrida à minha vida tinha significado uma perda de peso que eu não esperava. Seria surpreendente se isso não tivesse acontecido, no entanto, já que não fazia nenhum tipo de exercício antes — nunca. Os elogios eram legais, em especial depois de um ano recebendo tão poucos.

Em vez de só pensar no que correr podia fazer pela minha mente, também me perguntei quanto peso mais eu podia perder. Eu via quantas calorias ia queimar numa corrida e a alongava, me parabenizando em segredo por ver os jeans ficarem mais largos ou notar músculos que nunca tinham estado ali antes. Era um efeito colateral natural de tanta corrida; muita gente se vê perdendo peso quando começa. Não tem nada de errado em querer ficar em forma. Mas talvez eu tivesse uma autoestima tão baixa que priorizei demais esse aspecto e deixei de lado um pouco da diversão natural de só sair para dar uma volta, de correr o quanto o meu corpo ditava. Passei a correr duas vezes por dia se achasse que tinha comido demais, indo a distâncias que me deixavam cansada, em vez de exultante. Era regimentado demais e estava se tornando um hábito viciante por uma razão negativa, em vez de ser aquela necessária pausa na escuridão. Não é ok ficar cansado demais para sair porque correu muito e não se alimentou de forma adequada.

Contudo, eu acreditava que estava sendo saudável. Depois de tantos anos tentando ser o oposto disso, eu enfim estava me mexendo, me alongando, usando o meu corpo. Como isso não era saudável? Bem, não sendo. Tudo em moderação, diz o ditado. Sempre odiei essa frase, sempre pensei que devemos ir com tudo nas coisas que amamos. Mas a máxima não é de todo errada. Exercite-se duas vezes ao dia se sentir alegria. Não faça isso se estiver se forçando a colocar o tênis e arrastar os pés até a porta porque comeu um pedaço ou dois de bolo.

O exercício compulsivo não é um termo clinicamente reconhecido, mas há evidências empíricas suficientes para levá-lo a sério. Segundo o grupo norte-americano National Eating Disorder Association, os sinais de alerta incluem:

- Ansiedade, depressão e/ou estresse intensos quando não consegue se exercitar.
- Desconforto com o descanso ou a inatividade.
- Usar o exercício para lidar com emoções.
- Usar o exercício como compensação.
- Usar o exercício como permissão para comer.
- Exercitar-se em segredo ou escondido.[132]

Eu me encaixava em alguns desses comportamentos. O pior era que usava a corrida para poder comer sem me sentir culpada, algo que nunca tinha sentido antes, quando comia croissants como se eles fossem desaparecer em breve.

Também ficava agitada ou irritada se não conseguisse correr para me livrar do estresse do dia, não só para poder comer mais croissants, mas porque sentia que só tinha essa válvula de escape e que um dia sem corrida era um dia de ansiedade estocada. Acho que estava com tanto medo de que a ansiedade voltasse com tudo, que no único dia em que descansava, eu não me permitia parar. Mas a própria vida às vezes nos obriga a parar e o pânico não me tomou de imediato. Isso, por si só, foi uma revelação. Eu não precisava correr como um hamster na sua rodinha para colher os benefícios (uma vez, tive um hamster que olhava para essa roda com desprezo e voltava a dormir, então, acho que isso não se aplica a *todos* os hamsters), e não sou escrava da corrida como era da ansiedade.

Vale dizer que esse não é um obstáculo que todos que começam a se exercitar vão enfrentar. A maioria não vai, mas eu tenho tendência a ficar obcecada com as coisas que gosto e às vezes caio na armadilha de levá-las ao extremo. A desvantagem, aqui, é que já não consigo desfrutar mais delas. Já mencionei que aos vinte e poucos anos passei por um período de depressão onde eu só comia sacos de Doritos tamanho família todos os dias, certo? Eu amava esse salgadinho. Hoje em dia, não consigo mais comê-lo, porque tem gosto de tristeza. Estraguei isso para mim mesma. É um exemplo baseado num salgadinho de milho, é claro, mas mesmo assim acho válido. Correr é algo que nunca quero parar por não ser mais divertido, então preciso garantir que estou fazendo isso pelo motivo certo. Certifique-se de manter isso em mente. Pergunte-se qual realmente é o motivo para correr hoje, e inclua dias de descanso e tempo para recuperação.

Vou aceitar que correr não pode "consertar" meus problemas psicológicos

Já toquei nesse assunto, mas, mesmo hoje, esqueço que ainda vou me sentir ansiosa e para baixo, e fico surpresa e ressentida com isso. Fiquei ansiosa escrevendo este livro, preocupada em não decepcionar um leitor que também pode estar passando por problemas psicológicos, querendo transmitir o quanto conheço bem essa sensação. Eu me preocupo com dinheiro, empregos e amizades, e, às vezes, me desvio e experimento pensamentos irracionais que ficam presos na minha cabeça e me assustam. Tenho dias ruins em que me sinto chorosa ou deprimida. Dias em que me pergunto se vou acabar de volta ao ponto de partida, quando ficava quase presa em casa. Porém, todas essas preocupações são uma sombra das de outros tempos, apenas um eco ou uma mancha desbotada. Elas aparecem, me fazem surtar e depois quase todas somem de novo. Correr é um escudo, a atividade que faço para evitar esses momentos, embora eu saiba que não é possível me proteger deles por inteiro. A vida ainda vai acontecer, e nem sempre vou poder correr até passar. Não é culpa da corrida nem motivo para parar. Pelo contrário, é algo que tenho que manter na minha cabeça e, quando algo assim acontece, tento outras coisas para ajudar a corrida. Dormir, comer bem, estar com quem eu amo, tentar exercícios de respiração. Se você leu o livro *What Happened*, de Hillary Clinton, vai saber que, depois da eleição, ela tentou uma técnica antiestresse chamada "respirar pela narina" ou *Nadi Shodhana Pranayama*.

"Você respira por uma [narina], segura e exale pela outra, e segue assim", explica. "Só posso dizer, com base na minha experiência pessoal, que sentar de pernas cruzadas no tapete de ioga, fazendo isso e tentando de fato inalar, segurar e depois exalar longamente, é muito relaxante."[133,134]

Levantei as sobrancelhas, desconfiada, mas tentei e achei relaxante à beça! Outros exercícios de respiração talvez sejam mais conhecidos e, se funcionaram para Hillary Clinton depois de perder uma eleição para *Donald Trump*, podem funcionar para você também. Seja como for, sempre tento outras abordagens e lembro a mim mesma que, nas palavras da minha mãe, "isso também vai passar". Parece difícil acreditar nesse mantra quando estamos nas garras de algo sombrio, mas é útil repetir de vez em quando. Sua mãe provavelmente fala algo similar, porque as mães sempre têm mantras batidos para situações complicadas. Não os despreze — às vezes, só temos isso para nos apegar.

Como eu, Sara enfrentou problemas de saúde mental que voltaram mais de uma vez. Ela também teve que aceitar que essas malditas doenças nem sempre vão embora totalmente, e também usou a corrida como ferramenta para se proteger contra episódios em potencial, ao mesmo tempo em que admitia que há um limite para o quanto isso pode ajudar.

"Fui diagnosticada com depressão pós-parto pela primeira vez em 2004 e fiquei afastada do trabalho por seis meses. Desde então, tive outros quatro grandes períodos depressivos, e dois me levaram a ficar mais tempo sem trabalhar. Os últimos foram acompanhados de ansiedade bastante severa também."

Sara me contou que usou ioga e tai chi chuan depois da primeira crise de depressão pós-parto e sabia que o exercício ajudou com os sintomas, reconhecendo também que parar, em geral, sinalizava um momento ruim: "Quando paro de me exercitar regularmente, é um sinal certeiro de que as coisas estão começando a piorar de novo. Daí é só ladeira abaixo."

Ela começou a correr e amou quase na mesma hora: "Em uma semana eu já estava bem viciada e, provavelmente, corri demais, mesmo sem saber como preparar o meu corpo para isso." Ela lesionou o joelho, então peço, por favor, para que leia as dicas para começar, para não acabar com uma lesão assim. Sei por experiência própria como pode ser chato se acostumar a uma rotina de corrida, então, de repente, exagerar e acabar de molho por semanas. Ela teve outro grande episódio de ansiedade e depressão pouco depois, e se viu incapaz de sair de casa sem o marido, então, a corrida ficou de lado. Mas Sara sentiu falta, e o esporte encontrou uma forma de atraí-la de volta. Uma amiga que entendia as coisas pelas quais ela estava passando lhe estendeu a mão.

"Foi um apoio incrível. Ela simplesmente parecia saber como lidar comigo. Vinha à minha porta, me pegava de carro, dirigia até um morro ou bosque remoto em algum lugar e corríamos o máximo que eu podia, antes de ela me levar de volta para casa. Isso salvou a minha vida. Era inverno, então corremos na neve, no gelo e sob chuvas torrenciais, rasguei o joelho em cercas de arame farpado e atravessei riachos gelados que congelaram os meus ossos. Tudo isso fez com que eu me sentisse viva de novo. E com os pés no chão. Era algo que nenhum outro exercício conseguia proporcionar. Também comecei a sofrer com automutilação na época, outro alívio do embotamento causado pela depressão e pela dissociação. Correr era uma alternativa bem mais saudável a isso, então posso dizer que isso me salvou de algumas cicatrizes físicas. De certa forma, acho que deve ser porque correr pode ser muito difícil e doer também. Funcionou para mim como um mecanismo melhor para lidar com esse lado das coisas, a autopunição."

Como Sara sabe que provavelmente terá outros episódios de depressão e ansiedade no futuro, tem uma expectativa mais saudável do que a corrida pode fazer para ajudar. "Quando estou passando por algo emocionalmente difícil, tenho uma relação meio de amor e ódio com a corrida. Sei que vai me fazer bem, mas não tenho a motivação para ir. Isso, por sua vez, me deixa pior, porque aí fico irritada comigo mesma. Sei que basta conseguir colocar os sapatos e sair, porque, depois dos primeiros passos, já vou sentir os benefícios. Mas é a questão do compromisso que pode ser difícil, em especial porque a minha depressão (além de outros problemas físicos de saúde de longa data) me deixa exausta! Preciso ficar me lembrando o tempo todo de que mesmo que saia só por quinze minutos, dê uma volta no quarteirão e até caminhe metade disso, ainda vou me sentir melhor depois. Aí, cada pequena corrida que consigo fazer vai se acumulando, criando um efeito mais estável."

Todo mundo que passa por crises sabe como pode ser difícil se motivar para fazer coisas que ajudem. Às vezes, a ideia de se levantar para uma corrida parece impossível. Mas Sara tem um histórico para provar que é útil, então, levante-se. Vai. Em geral, funciona, mas nem sempre. "Uma vez, corri 1,5 quilômetro, aí sentei e chorei descontroladamente ao lado da pista de corrida ouvindo 'Stir It Up' do Bob Marley no *repeat*! Quando consegui me levantar e correr de volta para casa, estava física e emocionalmente acabada, mas senti que tinha deixado para trás um peso enorme naquele ponto da metade da corrida. Pode ser imediato, mas esses efeitos também podem acabar rápido com você, por isso, sei que preciso continuar."

Uma vez, corri pelo Hyde Park cega pelas lágrimas, enquanto ouvia "Dancing on My Own", da Robyn, pensando em quanto me sentia solitária, graças à letra da música. Parecia um filme B, mas sem um bonitão aparecendo de surpresa para me alegrar no fim. Correr pode abrir emoções que você não sabia que estavam à espreita, emoções que, na vida normal, costumamos suprimir ou ignorar. Só que elas podem aparecer quando você está na rua, em pleno movimento, com a mente vazia. Já senti êxtase total virando uma esquina da Euston Road, um momento estranho em que ri histericamente enquanto corria pela chuva torrencial em King's Cross. E, também, uma sensação de calma me dominou enquanto corria por uma rua francesa isolada ao pôr do sol. Não são emoções com as quais estou acostumada no dia a dia, quando é mais provável que eu me sinta um pouco irritada ou talvez sonolenta. Essas experiências raras podem nos surpreender, como aconteceu com Sara ao lado da pista de corrida, mas gosto de pensar que são emoções buscando uma forma de sair, de nos arrancar da rotina e nos conectar mais conosco. Como disse Sara, quando perguntei por que ela gosta de correr: "Porque me lembra de que estou viva, que estou aqui e que estou conectada com este mundo."

Ansiedade e depressão entorpecem os nossos sentimentos, tornando-nos irritáveis, temperamentais e cheios de uma sensação de "nada". Como eu, Sara também sofre de dissociação, e correr quebra, para ela, essa ideia de irrealidade. "Às vezes, fico tão dissociada que sinto estar fora do corpo. Chego a dar com a cara nas portas porque estou tão distante do corpo que não consigo avaliar direito onde estou no espaço. Quando corro, fico totalmente presente na batida rítmica dos pés, o batimento frenético do coração, o vento batendo no rosto. Então posso dizer que correr realmente me traz de volta à realidade."

Sara não corre todo dia como eu. É capaz de voltar a correr sempre que sente a iminência de um período ruim. É uma habilidade que eu não tenho, mas funciona bem para ela. "Tive períodos ruins desde então e, embora não corra em todos eles, quando começo de novo sempre sinto aquela conexão com o 'aqui e agora', tão importante quando o meu humor só quer que eu esteja em qualquer lugar, menos aqui e agora! Estou num momento bastante difícil e percebi que não corro há, provavelmente, uma ou duas semanas, o que é sinal de que eu deveria voltar…"

Idealmente, correr deve ser algo que você faz quando tem vontade — não algo que sente que precisa fazer mesmo quando não quer. No entanto, como diz Sara, às vezes estar de mau humor é um sinal de que você precisa voltar. Quando ficar mais confortável com a ideia de que a sua saúde mental é algo que precisa ser monitorado, poderá começar a conhecer intuitivamente os sinais de que está prestes a entrar num período de ansiedade ou depressão.

Para mim, esses sinais costumam envolver suores noturnos, dissociação e uma sensação de que o meu corpo está sendo embebido em adrenalina. Fico agitada, andando de um lado para o outro e batendo os pés. Hoje em dia, estou sempre atenta a eles, sabendo que, juntos, significam que estou estressada com algo. Pode ser uma reação a um acontecimento da vida real, como mudar de casa (*nunca acreditei que fosse tão estressante até eu mesma me mudar*), mas também pode significar que a minha ansiedade está atacando — e nem sempre há um gatilho óbvio.

Às vezes, mesmo com todas as táticas e ferramentas, mesmo armados de compreensão para lidar com os aspectos do transtorno, ainda somos tomados por um episódio sem aviso, lógica ou razão óbvia. Alguns anos depois de eu começar a enfrentar de verdade as minhas ansiedade e depressão, precisei tirar uma semana de folga do trabalho porque não conseguia levantar da cama. Eu me sentia exausta e aérea, e não fazia ideia do que havia de errado comigo. Sabia que estava ansiosa e fiquei amargamente decepcionada por não ter evitado isso. Achei que já estava melhor e que devia ao menos haver um motivo para os meus pensamentos irracionais e estômago revirado. Passei muitas horas tentando descobrir o que poderia ser, embora nunca tenha conseguido chegar a nada tangível. No fim, lembrei que a ansiedade não segue regras definidas. Os seres humanos estão sempre buscando uma explicação, uma razão, uma desculpa importante. Mas, de vez em quando, não há uma, e os cérebros não gostam muito disso. É desconfortável pensar que podemos cair num buraco e nos ver de novo num lugar sombrio. Infelizmente é verdade e, ao aceitar isso, não parece tão assustador quanto parecia no início. Não é um fracasso nem um sinal de que você não vai melhorar.

O progresso com a ansiedade muitas vezes pode parecer um jogo de tabuleiro no qual, num piscar de olhos, estamos de volta ao ponto de partida. O importante é entender que esse revés não leva tudo que você aprendeu a respeito da doença e que depende de você esquecer todas as ferramentas que desenvolveu para lidar com ela. Ainda que se sinta sem esperança e desesperado com mais um momento de infelicidade ou pânico, lembre-se de que você já saiu disso antes e que consegue sair de novo. A internet é cheia de promessas para acabar com a ansiedade e curá-la para sempre, mas, como alerta a Anxiety and Depression Association of America: "Cuidado com alegações extravagantes: curas instantâneas, resultados garantidos de nunca mais ter sintomas de ansiedade, fórmulas revolucionárias, métodos 'naturais' ou únicos, técnicas que exigem pagamento [...] Só porque algo diz ser 'cientificamente comprovado' não significa que seja verdade."[135]

Pode ser tentador buscar curas instantâneas (e acredite, eu tentei. A quantidade de chás, apps e exercícios mentais que testei na esperança de ficar curada é ridícula). Elas costumam incluir depoimentos de usuários gratos que juram que toda a ansiedade ou a depressão deles sumiu para sempre! Isso em geral significa se sentir péssimo quando um chá calmante não faz nada por você ou uma sessão de ioga não impede as suas palmas de suar ou o seu coração de acelerar. O meu conselho é se afastar da internet quando sentir desespero e tristeza reais. A internet tem muita coisa boa, é claro, mas elas estão misturadas com bobagens e, num momento de fraqueza, você pode estar predisposto a ouvir conselhos que não vão ajudá--lo ou que podem deixá-lo ainda pior. Além disso, o conforto é breve. Como pipoca, é algo que nunca satisfaz por muito tempo. Só reafirma a necessidade de buscá-lo, se é que isso faz sentido.

Um bom corredor (e, com isso quero dizer apenas alguém que gosta de correr e quer continuar desfrutando disso) conhece seus limites e sempre se certifica de estar se divertindo e correndo pelas motivações certas. Se por qualquer motivo isso parar de funcionar para você, não tenha medo de mudar a abordagem ou de parar (*ai!*) completamente. Muitos corredores ficam apegados a ritmo e tempos. Se for o seu caso, tente correr enquanto o seu corpo gostar. Ou tente outra coisa. Deixe a coisa toda um pouco de lado e caminhe sem rumo. Alguns dos meus dias mais positivos e calmos foram aqueles em que levei o cachorro para um passeio longo e sinuoso logo pela manhã. Sem me forçar a suar, só um ritmo regular, com mais tempo para absorver os meus arredores.

Às vezes, aceitar as armadilhas da corrida nos liberta um pouco. Quando percebi que ela não ia consertar todos os meus problemas, de repente não tive mais vontade de parar. Eu aceitei que teria que correr além de fazer outras coisas que também ajudam o meu cérebro. Para mim, isso significa dormir, comer direito, passar tempo com a família e trabalhar. Parece básico, não é? Mas, infelizmente, em especial quando vamos envelhecendo, essas coisas se tornam muito importantes, sobretudo se você "desfruta" de uma saúde mental frágil. Desfruta. Não sei por que escrevi isso.

Aqui termina o meu trecho melancólico sobre como correr não vai fazer ninguém brilhar de dentro para fora nem transformar a sua personalidade de profundamente cínica para saltitante e positiva. As suas armadilhas serão diferentes (ei, talvez você seja uma dessas pessoas irritantes que fica linda quando corre), mas você vai encontrá-las. Apenas não deixe de percebê-las, não permita que elas lhe façam parar e, por favor, considere usar capinha protetora no celular se for desastrado como eu.

Podemos falar sobre meus sucessos na corrida agora?

Ok, ótimo. Para não ser mais egocêntrica do que já fui (durante este livro inteiro), serei breve. Listarei sucessos só para mostrar o que é possível conquistar se você decidir correr — se eu fui capaz começando tão fora de forma, você também é. Provavelmente, vai conquistar bem mais. Além disso, considere registrar as suas vitórias porque é divertido ver o progresso e isso fará com que você se levante mesmo nos dias em que estiver estagnado ou sem vontade. Deixo as minhas corridas salvas no aplicativo RunKeeper, onde posso adicionar notas que me ajudam a lembrar por que uma corrida foi boa ou lenta e salvar rotas de que gostei.

- Completei cinco quilômetros no meio da infelicidade, com ataques de pânico ameaçando surgir a qualquer momento. Foi o começo, e ainda é um dos meus momentos de maior orgulho. Também foi quando soube que eu ia continuar.
- Corri todos os dias por um ano. Não sei se fiz isso de propósito, mas em algum momento daquele ano, olhei para o aplicativo e percebi que não tinha pulado nenhum dia e, como Forrest Gump, continuei. Não era necessário e não foi sempre divertido, mas era um recorde pessoal tangível do qual posso me lembrar quando fico de saco cheio de corridas chuvosas e escuras.
- Corri em todo país e cidade que visitei desde que comecei. Não só vi o mundo de forma diferente, mas isso me ajudou a não ficar ansiosa ou desconfiada ao sair da minha zona de conforto.
- Encorajei outras pessoas a correrem comigo quando estavam hesitantes ou achavam que não conseguiriam. Espero que algumas dessas corridas tenham criado outros corredores ou, pelo menos, mostrado que eles poderiam ser, se escolhessem continuar.
- Aumentei as distâncias, fazendo corridas grandes e lentas que davam a volta na cidade e exigiam paciência. É um processo mental diferente de correr alguns quilômetros rápidos, mas tentei dominá-lo da melhor forma possível. Correr 16 quilômetros numa tarde recente me fez perceber que sou capaz se me esforçar. Às vezes, correr depende da mais simples recusa em parar. Corridas longas ajudam a afiar essa habilidade.
- Continuo correndo. Há quase cinco anos, essa é a conquista da qual mais tenho orgulho. E vou parar de me gabar aqui, como prometido.

E FINALMENTE...
ALGUMAS DICAS PARA COMEÇAR

Como imagino que tenha ficado claríssimo neste livro, sou uma corredora amadora. Uma corredora lenta, talvez uma corredora ruim. Mas sou boa com a ansiedade. Sou mestra nisso. Se você for como eu ou só estiver começando a passar por preocupações que parecem gigantes, talvez também queira tentar a corrida. Nesse caso, talvez a minha experiência prática possa ajudar. Mesmo que seja só para auxiliar você a desviar das armadilhas que encontrei. Preciso dizer que também há um monte de livros, blogs e apps para correr. Todo mundo pode encontrar conselhos que se encaixem melhor, então, se as minhas dicas não parecerem boas, busque outras em vez de supor que correr não é para você. É muito mais provável que eu só esteja dizendo o que você já sabe — essas são só as minhas opiniões, você sempre pode encontrar outras. O que me lembra da famosa frase de Groucho Marx: "Esses são os meus princípios, e se você não gosta deles, tenho outros."

- Fazer exercício significa ter que superar velhos hábitos. Temos uma vida bastante sedentária, e sair da rotina requer esforço. Correr é difícil e, às vezes, pode parecer o oposto de algo natural. Então, faça um cronograma e tente cumpri-lo. Senão, sua vontade de ficar cinco minutos a mais na cama ou ver mais um episódio de Netflix provavelmente vai prevalecer. É difícil quebrar esses hábitos.

- Não compre um monte de coisas novas ainda. Esse impulso vai vir depois, de qualquer jeito, quando você se apaixonar pela corrida ou, pelo menos, quando souber que vai precisar. Eu não sabia que precisava de uma cinta para guardar dinheiro até começar a fazer corridas mais longas e passar um perrengue porque não tinha trocado para comprar água ou pegar o ônibus. Correr é um exercício maravilhoso para iniciantes exatamente porque não exige uma legging especial ou um equipamento caro. Comecei com um conjunto de moletom e tênis confortáveis. Em algum momento, você vai precisar de um tênis mais apropriado. Vá até uma loja especializada para descobrir qual é o melhor modelo para você, de acordo com a sua pisada. Mas não se preocupe com isso por enquanto.

- Vá devagar. Quer dizer, o mais devagar possível sem andar. Vai parecer ridículo e o seu corpo vai querer acelerar, mas resista a esse impulso. Comecei rápido demais, fiquei sem fôlego, tive dores horríveis e acabei com canelite e um joelho machucado. Lesões assim tão no começo podem desanimar, e isso não faria sentido. Cuide do seu ritmo. Baixe um app de corrida que diga a sua velocidade quando estiver chegando a um quilômetro. Não importa qual seja, tente prolongá-la. Quando eu descobri essa tática, estava perdendo energia depois de cerca de dez minutos e desacelerei na mesma hora, a ponto de levar sete minutos e meio para fazer um quilômetro. E tudo bem, porque você vai acelerar conforme ficar melhor. O importante é dar tempo a si mesmo para se apaixonar pela corrida e isso não vai acontecer se você sentir dores ou o seu corpo estiver gritando para parar.

- Baixe um aplicativo de cinco quilômetros para iniciantes. Essa dica não vai ser para todo mundo e entendo se você quiser correr livremente, sem ser ditado por uma voz estranha e fininha que vai acabar assombrando os seus sonhos. No entanto, pode ser maravilhoso para principiantes que realmente não confiam nas suas capacidades esportivas — e se você já está ansioso ou triste, sejamos sinceros, provavelmente é o seu caso. Os objetivos estabelecidos por apps como esses são muito possíveis e você sente que está progredindo de forma tangível. O dia em que fiz cinco quilômetros sem parar foi mágico. Não senti que estava me forçando nem fiquei sem fôlego. Só me senti invencível. Ajudou o fato de que, ao completar o programa, a maioria das pessoas já correu tanto que foi picado pelo bichinho e quer continuar...

- Leve água. A maioria dos especialistas diz que não é necessário para corridas curtas, mas, se você tem ansiedade, ela pode ajudar caso entre em pânico e precise parar. Dê pequenos goles e espere até a sua respiração voltar ao normal. Sempre que sentia o pânico chegando, eu parava e bebia um gole. Assim, podia perceber que a minha frequência cardíaca estava alta por causa do exercício e não da ansiedade. Tenho uma garrafa muito legal que se molda à minha mão e faz com que eu ache que tenho uma arma cor de néon. Mas você pode só comprar uma normal, sei lá.

- Podcasts e música ajudam. De novo, não funciona para todo mundo, mas me distraem quando fico entediada ou cansada. Mais importante, no começo da corrida esse recurso faz o cérebro se concentrar em outra coisa além das preocupações. Ainda coloco fones de ouvido quando fico ansiosa ou quando um lugar é barulhento demais e suspeito que o meu cérebro pode começar a derreter. Nessa situação, sou uma grande fã de Agatha Christie. Um assassinato peculiar e os tons relaxantes de David Suchet. Mas *death metal* também é permitido.

- Cuide dos seus pés. Eles são receptores subcutâneos que reagem a estímulos e transmitem dados para o cérebro. São capazes de fazer muito mais do que acreditamos. Respeite-os, dê a eles dias de descanso e, quando em dúvida sobre o seu tipo de pisada, vá a um especialista. Lesões no pé podem tirar você do jogo, então, por favor, tenha cuidado. Desisti dos meus amados saltos altos por esse exato motivo (e porque sapatos desconfortáveis sempre parecem desenhados por homens que acham que não tem problema ficar mancando, mas isso daria outro livro).

- Se sair dos seus lugares seguros faz com que você se sinta vulnerável, comece aos poucos, dê uma volta na sua rua. Corra por ela até ter confiança de que consegue ir para a próxima. Tudo conta, e é importante você não se forçar demais. Ouça o seu corpo. Você sempre pode deixar para se aventurar em outros lugares quando estiver mais confiante. Corri naquele beco por séculos antes de ir além, e que bom que foi assim. Acabei ficando entediada e, às vezes, o tédio é o inimigo da ansiedade. Quando não estiver mais com medo, só um pouco de saco cheio, é menos provável que fique prisioneiro de processos irracionais. Conheço algumas pessoas que alugaram esteiras para começar nas suas próprias casas, e tudo bem também, se você tiver espaço. Eu precisaria abrir mão da minha cama, e não tenho certeza de que, a longo prazo, teria sido a melhor escolha. Se for intimidante demais se aventurar sozinho, recrute um amigo para ir junto ou procure um clube de corrida local. Nunca tenha vergonha de dizer às pessoas que você está um pouco preocupado ou que precisa parar. No seu livro sobre treinamento para maratonas, Alexandra Heminsley diz que, pela experiência dele, correr torna as pessoas gentis. Concordo totalmente. Não se sinta tolo se ficar em pânico, só explique. Ninguém vai achar estranho ou vergonhoso.

- Lembre-se de que correr não precisa significar maratonas, proezas de resistência e barriga de tanquinho. Algumas pessoas vão seguir por esse caminho, enquanto outras vão correr duas vezes ao redor do parque. Como eu disse, estou no segundo grupo e juro que essa opção também é boa. O quão longe você for já é o mais longe da sua vida, e que coisa maravilhosa isso é. E também é incrível se você decidir fazer uma maratona, embora esse não seja obrigatoriamente o objetivo final. Correr cinco quilômetros para alguém que tem uma grande ansiedade é um feito e tanto. Se você se comparar com outros corredores, vai curtir menos.

- Ninguém está olhando para você. Sei que não vai acreditar em mim no começo, mas é verdade. Você talvez se preocupe com isso se sofre de ansiedade social, e eu entendo. Correr nos expõe, é avassalador e assustador no início. Eu corria no escuro e parava sempre que via alguém vindo na minha direção. Não usei legging durante meses, preferindo me cobrir com moletons largos. Pensei muito sobre o que me dava mais medo naquela época e, fora sentir pânico em locais não familiares, o principal era que estranhos rissem de mim. Supus que as pessoas zombariam quando eu passasse ao lado delas arrastando os pés, que apontariam e fariam comentários, que perceberiam que eu era uma iniciante, que buzinariam dos carros. Já mencionei que esta é uma preocupação comum, sobretudo para mulheres, que têm que se preparar para comentários machistas enquanto se exercitam. Ninguém sequer piscou. Tanto que uma vez caí aos pés de um homem no caminho do canal e ele só continuou comendo o seu sanduíche. Que bom (mas ainda estou com raiva).

- Correr pode parecer uma coisa insana a se fazer quando você está com medo e triste há tanto tempo. Para a maioria das pessoas, no entanto, correr é algo mundano, algo que elas mal notam enquanto cuidam das suas vidas. Qualquer um percebe isso bem rápido, em especial quando vê que quase todos estão grudados no celular e que é preciso desviar dos pedestres no último minuto. Você talvez até acabe desejando que as pessoas prestassem mais atenção quando notar o quanto isso é irritante. Às vezes, um babaca vai fazer um comentário, mas o bom de correr é que, na hora em que ouve, você já foi embora.

- Aproveite para ver a beleza ao seu redor. Eu sei que isso me faz parecer um tipo de guru de quinta categoria, mas é de fato uma das alegrias de correr. A ansiedade pode nos tornar introvertidos, sem nunca ver o que está ao nosso redor, sempre forçando o cérebro a ver as coisas negativas e assustadoras. Correr faz com que você olhe para fora de tudo isso, concentre-se nos seus arredores e use os seus olhos de uma forma nova. Não só para identificar as pessoas ou saber quando os sinais vão abrir, mas para absorver todo o espaço à sua frente — seja uma rua principal cheia de gente, trânsito e lojas ou uma alameda rural com algumas ovelhas. Vi beleza em tudo isso por causa da corrida. Quase toda vez que saio para correr, paro para olhar melhor um prédio, um cartaz ou um pôr do sol. Meu celular é cheio de fotos que tirei nos meus passeios diários, de nomes estranhos de ruas, paisagens bonitas e cachorros que vejo pelo caminho. Essa coisa dos cachorros é um pouco estranha, e você não precisa fazer isso. Eu olho muito para cima, para o topo dos prédios de Londres, o que me revela arquiteturas estranhas e lindas decorações ornamentais. Corro do lado ensolarado da rua e viro o rosto para a luz, aproveitando o calor. Juro que algumas das coisas que você vai notar enquanto corre vão fazê-lo parar, e que você verá coisas que nunca teria visto se não estivesse correndo. Eu me conectei à minha cidade natal de forma inédita. Cruzei o seu asfalto e explorei os seus segredos. Não só a minha própria cidade, porque tento correr em cada lugar novo que visito. Não há forma melhor de se familiarizar com uma área, sentir o ritmo, conhecer a paisagem.

- Correr, como todo o resto, não vai trazer alívio instantâneo. Assim como os antidepressivos podem levar duas semanas para fazerem efeito, a corrida pode levar ainda mais tempo até você notar mudanças mentais positivas. Ou não. Eu mesma confesso que senti um pouco da escuridão indo embora de imediato. Teddy Roosevelt disse que "de longe, o melhor prêmio da vida é a oportunidade de trabalhar duro em coisas que valem a pena".[136] Ele foi presidente dos Estados Unidos, e eu só estou falando de sair para dar uma corridinha. Mas com Trump ocupando o posto, já não sei se a citação funciona, porque, pelo jeito, as regras de sempre não se aplicam mais ao mundo. Vai ser difícil. Você talvez odeie por um tempo ou até por muito tempo. Mas isso não quer dizer que não vale a pena. Quando estou correndo num dia frio, é claro que prefiro estar em qualquer outro lugar e amaldiçoo o momento em que comecei. E continuo. Porque sim, é difícil, mas eu me esforço e ganho recompensas que não poderia nem esperar há cinco anos. Nunca me comprometi com nada como me comprometi com a corrida, e isso em si é uma conquista. Se eu estivesse em posição de pedir a você — um estranho — um favor, pediria para tentar por três meses e, aí, reavaliar. Às vezes, leva esse tempo para observar o progresso. Você vai ter progredido. Por favor, confie em mim.

- Seja gentil consigo mesmo. Valorize cada pequena meta, certifique-se de reconhecer o que está fazendo. Você, uma pessoa que tem um cérebro que nem sempre foi seu amigo. Compre um sorvete depois de uma corrida, tome uma taça de vinho. Nunca se repreenda se tiver um ataque de pânico e precisar ir para casa de repente. Correr nem sempre é uma linha reta (seria chato). Às vezes, haverá distrações e atrasos. Você pode tentar de novo: não quer dizer que fracassou. Não dá para "fracassar" na corrida.

- Foque no que o seu corpo está dizendo, mas não demais. Haverá momentos em que você vai pensar que está começando a se sentir ansioso, e precisa se lembrar de que o exercício traz sintomas físicos similares ao do pânico: respiração pesada, suor, coração acelerado, músculos trêmulos. Mas, desta vez, é para o bem! Você vai se acostumar logo a experimentar essas coisas numa situação positiva. Sinta a sua respiração se acomodando num ritmo e note como o seu corpo está se adaptando a isso. De maneira similar, faça uma anotação (mental ou não) de como se sente depois de cada corrida; descubra qual é o melhor horário do dia para a prática e o que você precisa comer ou beber antes de sair. Tudo isso serve para criar uma rotina de corrida que possa ajudar de verdade a aliviar a ansiedade e o estresse.

- Divirta-se. Eu sei que é óbvio, mas correr não deve ser uma obrigação sem graça que você suporta porque ouviu falar que exercício é bom para a sua saúde mental. Vybarr Cregan-Reid me deu o conselho de que é útil ver a corrida como "não exercício", o que eu amei. "Exercício é uma coisa mecânica que fazemos em busca de um resultado específico [...] para ter um coração saudável ou afastar a diabetes. Correr é muito mais do que um meio de perder peso. É uma atividade multidimensional muito, muito maior do que apenas exercício." Tente se lembrar disso. Tente correr da forma que funciona para você, seja por dez minutos, fazendo *sprints* em ladeiras, indo devagar na esteira ou correndo para se divertir com amigos. Corra ladeira abaixo. Lembra como você ia atrás dos amigos quando era pequeno? Essa liberdade pode ser reconquistada, não importa por quanto tempo tenha ficado dormente.

Eu disse que não posso terminar este livro só com esperança, alegria e feijões mágicos. Mas também escrevi um livro sobre como a corrida mudou a minha vida e me libertou do pânico e da infelicidade. Acho que *talvez* não tenha problema documentar algumas coisas que consegui fazer desde aquela primeira corrida curta e triste há mais de quatro anos. A vida é complicada e vive sendo redirecionada, todo mundo vai tropeçar no caminho, e comigo não é diferente. A minha vida de corredora não foi só luz e frases motivacionais (não teve nenhuma maldita frase motivacional, na verdade, porque acho elas péssimas). Houve momentos horrorosos. Houve momentos incríveis. Contudo, a principal diferença entre a minha vida antes depois de correr é que hoje eu tenho esperança. Possuo uma vida nem sempre ditada por preocupação, pânico, ruína e depressão. Você pode fazer muito mais quando essas coisas não estão em cima do seu peito, esmagando-o aos poucos.

Há quem considere as minhas (pequenas) conquistas uma prova de que superei um transtorno ou de que nunca fui tão afetada por ele. Garanto que nada disso é verdade. Eu estava piorando a cada ano, e me sentia quase completamente desencorajada em relação ao futuro. É difícil a ansiedade "ir embora". Algumas pessoas podem ter a sorte de senti-la flutuar para longe um dia, mas, para a maioria de nós, será uma companheira de vida com a qual devemos aprender a conviver. Isso não quer dizer que teremos que suportá-la nem nos entregar a ela. Quer dizer que precisamos encontrar formas de impedi-la, diluí-la, enfrentá-la.

Passei a morar sozinha. Considerando que, antes, eu achava a minha mente assustadora demais para ficar com ela por muito tempo, isso era algo difícil de imaginar. Eu tinha medo de ser encontrada morta no chão da sala com os gatos comendo o meu rosto; tinha medo de ser assaltada, escorregar na banheira, colocar fogo no lugar (eu levava as velas para fora quando saía, caso elas magicamente "reacendessem" sozinhas). Acima de tudo, eu me preocupava com a solidão e como poderia ser feliz sozinha quando me odiava. Ao abrir mão dessa piscina infinita de preocupações, descobri a mim mesma ali embaixo. Parece ridículo, mas eu não era capaz de articular quem era nem descrever a minha personalidade para mim mesma. Simplesmente não tinha certeza do que estava por trás da ansiedade, que sempre se destacava para mim como a característica mais proeminente (junto com o meu nariz quebrado). Arrancar isso (a ansiedade, não o nariz) significou que consegui ver o que mais eu era. E não foi tão assustador. Eu conseguia ficar sozinha com os meus pensamentos e passar tempo sem ter a necessidade de me apoiar em alguém. Pintei o meu apartamento. Decorei-o. Passei a ansiar por noites sozinha. Não precisava de alguém para segurar a minha mão quando ficava um pouco nervosa, conseguia me acalmar satisfatoriamente pela primeira vez na vida e isso para mim era um feito extraordinário.

Eu viajei — sozinha e com amigos. Quis isso. Experiências novas e mudanças grandes sempre me deixaram paralisada de medo — procurando a catástrofe em potencial —, mas hoje consigo ir cada vez mais longe da segurança da minha casa, e é prazeroso. No ano passado, fui a trabalho a Nova York, um lugar que me aterrorizava (arranha-céus, multidões, metrô, meu Deus!), e amei. Conseguir se imergir numa cidade como aquela é a maior euforia. Eu nunca imaginei que seria forte o suficiente para caminhar por um lugar estranho sem ninguém saber onde eu estava. Agora, desejo novas experiências, e não planejo o pior que pode acontecer a cada momento — uma abordagem que, como você pode imaginar, tira um pouco o brilho de uma viagem.

Troquei de emprego, deixando o lugar que tinha sido a minha rede de segurança por onze anos. Redes de segurança são vitais para quem tem ansiedade, mas elas também podem ser uma prisão. Tentar algo novo foi um passo assustador, mas necessário, e tive fé de que ia conseguir lidar com isso.

Comecei um novo relacionamento sendo honesta a respeito da minha saúde mental, sentindo-me inteira o suficiente para me entregar de verdade, sem a necessidade de controlar e limitar onde íamos. O fato de a pessoa que encontrei ser boa ajudou. A bondade permite que você enfrente esse tipo de dificuldade sem medo da reação do outro. Sem ouvir que precisa resistir, ou superar isso, ou parar de ficar reclamando. Juntar duas coisas totalmente separadas como amor e corrida pode parecer uma conexão frágil, mas, para mim, a coisa está amarrada por um fio de aço. Eu não poderia ter tido outro relacionamento sem os passos que dei — literalmente.

Depois de um casamento tão desastroso, minha confiança estava destruída e eu aceitei que nunca mais ia ter outro relacionamento — e que nem deveria tentar. Como se isso não fosse para mim, sobretudo com todas as minhas obsessões, preocupações e fobias. Aos poucos, no entanto, fui mudando de ideia e, talvez pela primeira vez, senti que era digna o bastante para esquecer as cicatrizes da última experiência e voltar a mergulhar. E que coisa completa e maravilhosa. Nem acredito na minha sorte. Um novo relacionamento era meio que a última prioridade, afinal eu tinha que garantir que seria capaz de fazer tudo sozinha antes de tentar achar um companheiro. Não podia repetir o erro de confiar em outra pessoa para me tornar melhor ou mais forte. Eu precisava vir com tudo isso de casa. Para dar uma ideia do quanto eu tinha superado o "casamento inicial", sentei em frente ao meu namorado num jantar no ano passado e perguntei se *ele* queria casar comigo (ele disse sim, graças a Deus).

Peço desculpas pela autocongratulação um pouco indulgente aqui. Essas conquistas não são quase nada no grande esquema das coisas. Não escalei montanhas, não salvei crianças e não ganhei prêmios, mas fiz coisas que nunca achei que seriam possíveis para mim. Ampliei a minha visão do que *é* possível. E foi a corrida que me permitiu fazer isso. No início, isso significava três minutos fora da minha mente e escapar da infelicidade total. Hoje, significa exercício matinal diário, que pode facilmente levar uma hora. Foi difícil no começo, tanto física quanto mentalmente. Questionei por que eu estava fazendo aquilo a cada minuto do processo. Muitas vezes eu me senti idiota, fora de forma e inútil. Ainda é difícil. Os meus pés prefeririam não pisar em poças ou bater nas implacáveis calçadas londrinas. Não pulo da cama para correr. Mesmo assim, lá estou eu. Quando saio, a minha cabeça fica mais limpa e, em algum momento, eu me conecto com os meus arredores. O cérebro percebe que o mundo é maior que os meus medos. Vejo pessoas, beleza e sujeira. Os meus pés se conectam com o chão e estou presente no momento. Eu fluo, ainda que de forma desastrada, ainda que de forma lenta. Pensamentos surgem e vão embora com a mesma velocidade. Nada se fixa a não ser a corrida. As preocupações podem esperar. Acima de tudo, encontrei uma forma de ficar sozinha sem me sentir sozinha. Uma forma de ser independente nos meus próprios termos.

Correr exige fé. Fé de que você vai conseguir. Fé de que as suas pernas vão saber o que fazer, de que você vai ficar de pé, de que você vai acabar se tornando melhor naquilo. Pode ser difícil segurar esse sentimento, essa esperança — em especial quando o começo é tão complicado. Mas garanto que as recompensar vão vir se você continuar. Você é um corredor, e antes não era. Isso não é maravilhoso?

Transtornos mentais também exigem fé. Fé de que você vai se sentir melhor. Fé de que não vai se afundar no abismo e ficar lá para sempre. Manter esse tipo de esperança pode parecer impossível. Às vezes, dói ouvir que você precisa se segurar a ela quando nem consegue enxergá-la. Mas, como mencionei antes, Emily Dickinson nos lembra de que a esperança é uma coisa com penas. Aliás, vamos ler tudo. Vale a pena ter em mente em dias sombrios:

A "esperança" é uma coisa com penas
Que se empoleira na alma
E canta melodia sem palavras
E nunca — nunca para

E mesmo em Vendaval — doce — é ouvida
E a tempestade seria mais cruel
Para abater essa pequena Ave
Que a tantos aqueceu

Ouvi-a pela terra mais gelada
No mais estranho Mar
Mas nunca, em Extremidade, me pediu
A mim — uma migalha.*

Fé, esperança, chame como quiser. Mas se agarre a isso, por menor que pareça. Correr foi a minha esperança. Ou talvez correr tenha me dado esperança, não sei. De qualquer maneira, foi o que me tirou de um ciclo vitalício de ansiedade e depressão. Foi o que me afastou do meu espaço seguro cada vez menor e me fez ir em direção a uma vida real. Foi o que me deu fé em mim mesma, porque, se eu conseguia correr, e correr sem medo, talvez eu conseguisse fazer mais. Uma fundação sobre a qual construir. Sólida, não feita de areia ou, no meu caso, de pânico. É a única coisa que me manteve equilibrada durante algumas épocas não muito felizes. Essa conquista é toda minha, eu trabalhei para isso. Eu mereci.

Nem sempre é fácil. Aliás, às vezes, é bem difícil. Porque se eu disser para você correr por cinco minutos uma vez por

---

* Tradução de Ana Luísa Amaral em: *Duzentos poemas: Emily Dickinson*. Lisboa: Relógio d'Água, 2014. [N. da T.]

semana, não acho que você vá notar grandes mudanças. Precisa parecer trabalhoso, precisa ser constante e consistente. Não gosto muito dessa ideia de que "tudo que vale a pena é difícil", mas, neste caso, é verdade. Avançamos bastante na aceitação e na compreensão dos transtornos mentais, mas ainda nos apegamos de forma rígida demais à ideia de que há certo número de tratamentos que funcionam e, assim, deixamos de explorar outras possibilidades. Correr é mais um dos caminhos para mim, mas não menos difícil do que qualquer outro método que você escolha.

Cada corrida que faço é diferente, mesmo depois de tanto tempo. Algumas são curtas, para me livrar de uma ressaca (que só pioram quanto mais fico velha). Algumas são longas e divertidas, e continuo correndo só porque posso. Às vezes, consigo ir rápido e sinto toneladas de energia pulsando pelo meu corpo. De vez em quando, tenho explosões de alegria e corro ladeira abaixo gritando mentalmente "ieeeeeeeeeeeeei!" feito criança. Muitas vezes, as corridas são difíceis, mas tudo bem também, porque sei que ainda vão ser importantes no todo. Toda vez que corro tiro algo disso. Uma pausa no dia, um tempo para mim mesma ou apenas vejo algo bonito, lido com algum problema, deixo de lado uma preocupação chata. Corri logo antes de escrever isso, me sentindo aérea e tensa depois de uma briga com a minha mãe. Quando voltei para casa, a raiva tinha passado. Talvez eu até ligue para ela mais tarde. A minha mente processa as coisas enquanto corro, mesmo que eu não perceba.

Correr é o meu alívio depois de épocas difíceis. É o meu alívio *durante* épocas difíceis. Para você, a sensação de alívio pode ter uma forma diferente, mas, por favor, tente encontrá-la e não pare até conseguir. Exija isso, porque você não deveria ter que passar por nem mais um dia infeliz.

Prometo que há dias gloriosos no futuro. Há muitas formas de lidar melhor com um transtorno mental; existem apoios que você talvez ainda não tenha descoberto. Eu comecei a sair do buraco negro da ansiedade, literalmente, do chão. Pareceu um lugar adequado para mim, já que nunca tinha me sentido tão mal antes. Fui aos poucos progredindo, livrando-me dos ataques de pânico, largando os pensamentos intrusivos que achei que me deixariam louca de medo. Não acho que dei adeus à doença porque, afinal, o cérebro é como o corpo e às vezes as coisas quebram, entopem, desaceleram. Mas correr é algo que agora sei que posso usar para afugentar a série de sintomas que me prendiam com tanta força. É tão trivial quanto encher um pneu ou fazer manutenção num aquecedor de vez em quando.

Porém, mais do que isso, correr me fez feliz. Não só por causa do fluxo, do barato ou da energia instantânea que me dá. A corrida me fez olhar para fora em vez de me virar toda hora para dentro. Isso me fez ver possibilidades que antes eu não conhecia. Coisas a fazer; lugares a conhecer; relacionamentos a construir. E tentei abraçar tudo. Isso ajudou a formar o meu caráter e canalizou a minha ansiedade para outros processos. Como escreveu Alain de Botton: "A maior parte do que chamamos de 'personalidade' é determinada por como optamos nos defender contra a ansiedade e a tristeza."[137]

Funcionou para mim. Tenho fé de que vai funcionar para você. Agora, vou fechar o meu laptop e correr. Boa corrida!*

---

* Eu avisei que ia terminar assim.

FONTES

Aqui vão algumas fontes que me ajudaram. Se achar que precisa de algum apoio, pode começar por aqui.

Sites

https://www.mind.org.uk/ — Fornece apoio a pessoas com problemas de saúde mental e seus familiares. Muitos conselhos, fatos e links úteis.

http://www.ocduk.org/ — Um site dedicado a ajudar adultos e crianças com TOC. Tem ótimos blogs escritos por pessoas que enfrentam o transtorno.

https://www.rcpsych.ac.uk/ — A Royal College of Psychiatry fornece informações, recursos e aconselhamento sobre como lidar com problemas como trabalho e moradia quando se tem uma doença mental.

http://www.ptsduk.org/ — Essa ONG britânica dá apoio e aconselhamento para quem sofre com TEPT.

https://www.bacp.co.uk/search/Therapists — A British Association for Counselling and Psychotherapy ajuda a encontrar um terapeuta qualificado no país.

https://www.runnersworld.co.uk/ — Um site cheio de histórias incríveis, dicas e rotas. Tudo de que você precisa saber se for obcecado por corrida.

https://www.nhs.uk/LiveWell/c25k/Pages/couch-to-5k.aspx — O famoso programa Couch to 5K sobre o qual tanto falei.

http://www.therunningcharity.org/ — A organização beneficente de corrida que me inspirou: leia sobre o trabalho incrível deles.

https://www.thebodypositive.org/ — Um site para discussões positivas sobre corpo.

https://youngminds.org.uk/ — Uma instituição especializada em questões de saúde mental para jovens.

http://www.activityalliance.org.uk/get-active/inclusive-gyms — Um site que aponta, no Reino Unido, academias próximas que podem receber pessoas com deficiência.

Aplicativos

Strava — Mapeia rotas e mostra onde outras pessoas correm na sua área, permitindo que você acompanhe amigos que também correm.

Couch25K — Treinamento desde o primeiro minuto de corrida até os cinco quilômetros, sem parar.

Runkeeper — Salva as suas rotas e os seus tempos, e permite que você registre como se sentiu a cada corrida.

MapMyRun — Permite que você registre a corrida com um chip acoplado ao tênis, caso não goste de sair com o celular para se exercitar.

Livros

Adam, David. *The Man Who Couldn't Stop*. Londres: Picador, 2014. Ed. bras.: *O homem que não conseguia parar*. Rio de Janeiro: Objetiva, 2015.

Askwith, Richard. *Running Free: A Runner's Journey Back to Nature*. Londres: Yellow Jersey, 2015.

Austen, Jane. *Pride and Prejudice* (1813). Hertfordshire: Wordsworth Editions, 1992. Ed. bras.: *Orgulho e preconceito*. São Paulo: Penguin-Companhia, 2011.

Bretécher, Rose. *Pure*. Londres: Penguin, 2015.

Burton, Robert. *The Anatomy of Melancholy*. Nova York: NYRB Classics, 2001. Ed. bras.: *A anatomia da melancolia*. Curitiba: Editora UFPR, 2011.

Challacombe, Fiona. *Break Free from OCD*. Londres: Vermilion, 2011.

Cregan-Reid, Vybarr, *Footnotes: How Running Makes Us Human*. Londres: Ebury, 2017.

Dickinson, Emily. *Emily Dickinson: The Complete Poems*. Londres: Faber & Faber, 1976.

Fisher, Carrie. *Wishful Drinking*. Nova York: Simon and Schuster, 2008.

Gordon, Bryony. *Mad Girl*. Londres: Headline, 2016.

Harvie, Robin. *Why We Run: A Story of Obsession*. Londres: John Murray, 2011.

Heminsley, Alexandra. *Running Like a Girl*. Londres: Windmill, 2014.

Kessel, Anna. *Eat, Sweat, Play: How Sport Can Change Our Lives*. Londres: Pan Macmillan, 2016.

Mantel, Hilary. *Wolf Hall*. Londres: Fourth Estate, 2009. Ed. bras.: *Wolf Hall*. 2ª ed. Rio de Janeiro: Record, 2011.

Menzies-Pike, Catriona. *The Long Run: A Memoir of Loss and Life in Motion*. Londres: Penguin Random House, 2016.

Morgan, Eleanor. *Anxiety for Beginners*. Londres: Pan Macmillan, 2016.

Murakami, Haruki. *What I Talk About When I Talk About Running*. Londres: Harvill Secker, 2008. Ed. bras.: *Do que eu falo quando falo de corrida*. Rio de Janeiro: Alfaguara, 2010.

O'Sullivan, Ronnie. *Running*. Londres: Orion, 2013.

Otto, Michael; Jasper A. J. Smits. *Exercise for Mood and Anxiety: Proven Strategies for Overcoming Depression and Enhancing Well-Being*. Oxford: Oxford University Press, 2011.

Peterson, Andrea. *On Edge*. Londres: Crown Publishing Group, 2017.

Rhodes, James. *Instrumental*. Edimburgo: Canongate, 2014. Ed. bras.: *Instrumental: memórias de música, medicação e loucura*. Rio de Janeiro: Rádio Londres, 2014.

Rice-Oxley, Mark. *Underneath the Lemon Tree: A Memoir of Depression and Recovery*. Londres: Little, Brown, 2012.

Rinpoche, Sakyong Mipham. *Running with The Mind Of Meditation*. Nova York: Three Rivers Press, 2013.

Stossel, Scott. *My Age of Anxiety: Fear, Hope, Dread, and the Search for Peace of Mind*. Londres: Windmill, 2014. Ed. bras.: *Meus tempos de ansiedade: medo, esperança, terror e a busca da paz de espírito*. São Paulo: Companhia das Letras, 2014.

Weekes, Dr. Clare. *Self-Help for Your Nerves*. Harper Thorsons, 1995. Ed. bras.: *Domine seus nervos*. São Paulo: Ibrasa, 1993.

Young, Damon. *How to Think About Exercise*. Londres: Pan Macmillan, 2014.

Algo completamente diferente

Às vezes, nos sentimos tão para baixo ou sobrecarregados que o exercício pode parecer um desafio grande demais. Nesses casos, seja gentil consigo mesmo e não force. Em vez disso, distraia-se dos momentos tristes, se puder. Aqui estão algumas coisas que eu faço:

Audiolivros. Se não consegue se concentrar num livro sem todas as palavras ficarem borradas e a sua memória se recusar a absorver uma única frase, considere os audiolivros. Baixe algo que já tenha lido para começar — ouço muito Agatha Christie e P.G. Wodehouse, porque são familiares e reconfortantes. Não importa se você não prestar atenção ou se desligar em alguns momentos, talvez seja relaxante.

Séries. Na era dos serviços de *streaming*, nunca foi tão fácil se distrair da infelicidade assistindo a oito episódios do mesmo programa de uma vez. Não estou aconselhando que você faça isso todo dia, mas, às vezes, uma boa série pode ser um alívio daqueles pensamentos ansiosos ou tristes. Minhas escolhas de sempre são *The West Wing* (enérgica e dramática, é sobre um presidente norte-americano que não se chama Donald Trump), as primeiras temporadas de *Arrested Development* e *30 Rock* para quando quero um humor familiar para me acalmar.

Cozinhar. Mais especificamente, no meu caso, assar pães e bolos. Criar algo com as próprias mãos pode ajudar muito a desligar a mente por um tempo. Tente algo complicado e cheio de detalhes para ficar absorvido ao máximo. Há milhares de sites gratuitos de receitas, mas o meu favorito é o da Nigella Lawson. Por que não tentar a torta "Girdlebuster"? Só o nome já é intrigante... Dá só um olhada: https://www.nigella.com/recipes/girdlebuster-pie.

Jardinagem, costura, pintura, artesanato. Talvez eu esteja parecendo a sua avó, mas tudo isso são coisas que você faz usando as mãos, e qualquer atividade manual *força* a mente a se concentrar em algo que não sejam preocupações. Só tente fazer alguma coisa. O resultado, com sorte, vai ser uma fonte de orgulho e vai fazer com que você sinta que conquistou algo ou que ao menos foi capaz de manter o cérebro ocupado por um tempo. Pintei umas cerâmicas horríveis, matei muitas plantas e abandonei projetos de roupas pela metade, mas tudo isso focou a minha mente enquanto eu estava trabalhando. Jardinagem, em especial, pode ser uma fenda de luz, como disse a minha mãe, certa vez, quando eu estava preocupada em matar qualquer coisa de que tivesse que cuidar: "As plantas querem viver." Observar algo levantando a cabeça para o céu com toda determinação para florescer pode ser um lembrete para continuar vivendo, mesmo quando tudo parece muito difícil.

Caminhada. Sem rumo, num lugar em que se sinta feliz, uma trilha ao longo de um canal, um parque, até mesmo o seu bairro favorito. Foque nos seus pés e no seu ritmo, não se preocupe com velocidade nem distância. Seja um pouco Forrest Gump e siga até estar pronto para voltar. Se estiver enjoado ou cheio de adrenalina, prometo que vai se acalmar depois de cinco minutos de passeio.

Faça uma anotação mental do que funciona para você e, se sentir uma crise iminente, asse aquele bolo ou pegue algumas tintas. Reúna as suas ferramentas e, por favor, me avise se houver alguma nova que eu também deveria tentar. Quando encontrar o que ajuda, você conseguirá confiar nesses exercícios calmantes de forma consistente, dando continuidade a eles e sabendo quando usá-los. Boa sorte!

REFERÊNCIAS

1 km — Tudo é horrível

1. https://news.harvard.edu/gazette/story/2008/06/text-of-j-k-rowling-speech/.
2. J. D. Salinger. *The Catcher in the Rye* (1951). Londres: Penguin, 2010.
3. https://www.nytimes.com/1999/07/19/arts/to-invigorate-literary-mind-start-moving-literary-feet.html.
4. https://www.ncbi.nlm.nih.gov/pubmed/19265317.
5. https://press.rsna.org/timssnet/media/pressReleases/14_pr_target.cfm?ID=1921.
6. https://qbi.uq.edu.au/blog/2017/11/can-you-grow-new-brain-cells.
7. In: Gerda Lerner (ed.) *The Female Experience: An American Documentary*. Oxford: OUP, 1992.
8. https://www.nice.org.uk/guidance/ph17/evidence/review-1-epidemiology-revised-july-2008-371243053.
9. https://www.medscape.com/viewarticle/863363.
10. http://www.ucl.ac.uk/news/news-articles/0813/22082013-Half-of-UK-7-year-olds-sedentary-Dezateux.
11. https://www.gov.uk/government/news/number-of-children-getting-enough-physical-activity-drops-by-40.
12. https://www.womeninsport.org/wp-content/uploads/2015/04/Changing-the-Game-for-Girls-Policy-Report.pdf.
13. https://www.womeninsport.org/wp-content/uploads/2017/11/Girls-Active-statistics-1.pdf?x99836.

14. https://www.nimh.nih.gov/health/topics/obsessive-compulsive-disorder-ocd/index.shtml.
15. https://www.theguardian.com/education/2015/dec/14/majority-of-students-experience-mental-health-issues-says-nus-survey.
16. https://www.theguardian.com/lifeandstyle/2016/aug/30/outdoor-fitness-parkrun-british-military-forces-project-awesome-parks.
17. https://www.theguardian.com/lifeandstyle/the-running-blog/2018/apr/25/parkrun-makes-us-fitter-but-can-it-make-us-happier-as-well.
18. http://www.manchester.ac.uk/discover/news/exercise-helps-young-people-with-psychosis-symptoms-study-shows/.
19. https://www.psychologytoday.com/us/blog/the-truth-about-exercise-addiction/201504/how-many-people-are-addicted-exercise.

2 km — Na saúde e na doença

20. https://www.theguardian.com/commentisfree/2018/mar/07/mental-healthcare-patients-dying-reform.
21. https://www.mind.org.uk/information-support/types-of-mental-health-problems/statistics-and-facts-about-mental-health/how-common-are-mental-health-problems/.
22. http://blogs.bmj.com/bmjopen/2016/11/03/worried-well-may-be-boosting-their-risk-of-heart-disease/.
23. https://people.com/archive/carrie-fishers-bipolar-crisis-i-was-trying-to-survive-vol-79-no-12/.
24. https://www.mind.org.uk/information-support/types-of-mental-health-problems/anxiety-and-panic-attacks/anxiety-disorders/#.Wvxo45PwaRs.
25. https://www.ocduk.org/how-common-ocd.
26. Bryony Gordon. *Mad Girl*. Londres: Headline, 2016.
27. Eleanor Morgan. *Anxiety for Beginners*. Londres: Pan Macmillan, 2016.
28. http://www.nhsdirect.wales.nhs.uk/encyclopaedia/p/article/phobias/.
29. https://www.nopanic.org.uk/agoraphobia-cause-and-treatment/.

30. https://www.rcpsych.ac.uk/healthadvice/problemsanddisorders/shynessandsocialphobia.aspx.

31. https://www.ptsd.va.gov/public/ptsd-overview/basics/history-of-ptsd-vets.asp.

32. https://www.nhs.uk/conditions/post-traumatic-stress-disorder-ptsd/.

33. https://www.mind.org.uk/information-support/types-of-mental-health-problems/statistics-and-facts-about-mental-health/how-common-are-mental-health-problems/#.Wv2Wa5PwaRs.

34. https://www.ons.gov.uk/employmentandlabourmarket/peopleinwork/labourproductivity/articles/sicknessabsenceinthelabourmarket/2016.

35. Para saber mais sobre *The English Malady*, recomendo este programa da BBC Radio 4: http://www.bbc.co.uk/radio4/history/longview/longview_20031007_readings.shtml.

36. https://www.theguardian.com/books/2001/aug/18/history.philosophy.

37. https://www.nature.com/articles/143753d0.

38. https://www.sciencefriday.com/articles/the-anxiety-riddle/.

39. https://www.ncbi.nlm.nih.gov/pmc/articles/PMC5573555/.

40. https://archive.org/stream/worksofthomassyd02sydeuoft/worksofthomassyd02sydeuoft_djvu.txt.

41. http://www.appalachianhistory.net/2008/12/125-reasons-youll-get-sent-to-lunatic.html.

42. Lisa Appignanesi. *Mad, Bad and Sad*. Londres: Little, Brown, 2007.

43. https://www.nhs.uk/conditions/generalised-anxiety-disorder/treatment/.

44. https://www.nice.org.uk/guidance/cg155/update/CG155/documents/psychosis-and-schizophrenia-in-children-and-young-people-final-scope2.

45. http://www.bbc.co.uk/news/uk-wales-19289669.

46. https://www.pressreader.com/uk/daily-mail/20171229/281479276790129.

47. https://www.theguardian.com/commentisfree/2011/jul/10/antidepressants-women.

48. https://www.theguardian.com/science/2018/feb/21/the-drugs-do-work-antidepressants-are-effective-study-shows.

3 km — Que sofram as criancinhas

49. http://www.ucl.ac.uk/news/news-articles/0813/22082013-Half-of-UK-7-year-olds-sedentary-Dezateux.
50. https://www.sciencedaily.com/releases/2017/01/170131075131.htm.
51. https://www.rcpsych.ac.uk/healthadvice/parentsandyoungpeople/youngpeople/worriesandanxieties.aspx.
52. *The Diaries of Franz Kafka 1910-1913*, editado por Max Brod. Londres: Spargo Press, 2010.
53. Scott Stossel. *My Age of Anxiety*. Londres: Windmill, 2014.
54. https://www.sportengland.org/media/12419/spotlight-on-gender.pdf.
55. Anna Kessel. *Eat, Sweat, Play*. Londres: Pan Macmillan, 2016.
56. https://www.womenshealthmag.com/fitness/a19935562/gymtimidation/.
57. Alexandra Heminsley. *Running Like a Girl*. Londres: Windmill, 2014).
58. http://www.apadivisions.org/division-35/news-events/news/physical-activity.aspx.
59. https://www.ocdhistory.net/earlypastoral/moore.html.
60. http://www.bbc.co.uk/news/uk-england-merseyside-39702976.
61. https://www.theguardian.com/society/2018/apr/26/mental-health-patients-seeking-treatment-face-postcode-lottery.
62. https://www.theguardian.com/society/2016/feb/15/nhs-vows-to-transform-mental-health-services-with-extra-1bn-a-year.
63. https://www.england.nhs.uk/mental-health/adults/iapt/.

4 km — É tarde demais para tentar?

64. https://www.nhs.uk/conditions/generalised-anxiety-disorder/.
65. https://www.centreforsocialjustice.org.uk/library/ mental-health-poverty-ethnicity-family-breakdown-interim-policy-briefing.

66. https://www.centreforsocialjustice.org.uk/library/ mental-health-poverty-ethnicity-family-breakdown-interim-policy-briefing.
67. https://www.nhs.uk/conditions/generalised-anxiety-disorder/.
68. https://www.theguardian.com/global-development/2016/apr/12/50-million-years-work-lost-anxiety-depression-world-health-organisation-who.
69. https://www.refinery29.uk/best-quotes-for-your-20s.
70. http://www.ucl.ac.uk/news/news-articles/0908/09080401.
71. https://www.theguardian.com/commentisfree/2011/nov/06/charlie-brooker-becomes-a-runner.

5 km — Exercício é intimidante

72. https://www.sportengland.org/news-and-features/news/2017/january/26/active-lives-offers-fresh-insight/.
73. https://www.theguardian.com/cities/2017/feb/11/uks-cash-starved-parks-at-tipping-point-of-decline-mps-warn.
74. https://www.rsph.org.uk/about-us/news/instagram-ranked-worst-for-young-people-s-mental-health.html.
75. http://www.thisisinsider.com/fitspiration-social-media-negative-effects-body-image-2017-11.
76. https://www.nhs.uk/conditions/obesity/.
77. https://www2.le.ac.uk/departments/sociology/dice/documents/Sporting%20Equals%20Exec%20Summary.pdf.
78. https://www.ncbi.nlm.nih.gov/pubmed/12213941.
79. https://www.tandfonline.com/doi/abs/10.1080/00336297.2014.955118.
80. http://www.sportingequals.org.uk/about-us/key-stats-and-facts.html.
81. https://www.theguardian.com/lifeandstyle/2013/sep/16/exercise-fitness-disability-multiple-sclerosis.
82. https://www.scope.org.uk/support/tips/practical/sport-fitness.
83. http://www.activityalliance.org.uk/get-active/inclusive-gyms.
84. http://healthandfitnesshistory.com/explore-history/history-of-running/.

85. https://www.olympic.org/ancient-olympic-games/the-sports-events.
86. Vybarr Cregan-Reid. *Footnotes: How Running Makes Us Human*. Londres: Ebury, 2017.
87. https://physicalculturestudy.com/2015/06/15/born-to-run-the-origins-of-americas-jogging-craze/.
88. https://www.bmj.com/content/344/bmj.e2758.
89. https://ajp.psychiatryonline.org/doi/10.1176/appi.ajp.2017.16111223.
90. https://academic.oup.com/occmed/article/63/2/164/ 1376130.
91. http://www.jneurosci.org/content/33/18/7770.
92. https://uanews.arizona.edu/story/ua-research-brains-evolved-need-exercise.
93. https://www.psychologytoday.com/us/blog/the-athletes-way/201211/the-neurochemicals-happiness.
94. https://www.mind.org.uk/information-support/your-stories/i-think-i-might-be-dying-chapter-from-mad-girl-by-bryony-gordon/.

6 km — Superando o pânico

95. https://www.nhs.uk/live-well/exercise/couch-to-5k-week-by-week/.
96. Hilary Mantel. *Wolf Hall*. Londres: Fourth Estate, 2009, p. 182.
97. Thaddeus Kostrubala. *The Joy of Running*. Lippincott, 1976.
98. https://www.thecut.com/2016/04/why-does-running-help-clear-your-mind.html.
99. Ronnie O'Sullivan. *Running: The Autobiography*. Londres: Orion, 2014.
100. Eleanor Morgan. *Anxiety for Beginners*. Londres: Pan Macmillan, 2016.

7 km — Por que corremos?

101. https://www.bhf.org.uk/news-from-the-bhf/news-archive/2017/april/new-report-assesses-impact-of-physical-inactivity-on-uk-heart-health-and-economy.

102. Sakyong Mipham. *Running with the Mind of Meditation.* Nova York: Three Rivers, 2013.
103. Stephen King. *Hearts in Atlantis.* Nova York: Scribner, 2002.
104. Catriona Menzies-Pike. *The Long Run: A Memoir of Loss and Life in Motion.* Londres: Crown, 2017.
105. https://academic.oup.com/jcr/article/44/1/22/2970267.
106. http://www.bbc.co.uk/news/uk-wales-40329308.

8 km — Conheça os seus limites

107. Haruki Murakami. *What I Talk About When I Talk About Running.* Londres: Harvill Secker, 2008.
108. Alexandra Heminsley. *Running Like a Girl.* Londres: Windmill, 2014.
109. https://www.theguardian.com/lifeandstyle/the-running-blog/2017/oct/21/ultrarunning-pain-cave-zach-miller-race.
110. Haruki Murakami. *What I Talk About When I Talk About Running.* Londres: Harvill Secker, 2008.
111. Alexandra Heminsley. *Running Like a Girl.* Londres: Windmill, 2014.

9 km — Escute o seu corpo

112. https://www.gov.uk/government/publications/physical-inactivity-levels-in-adults-aged-40-to-60-in-england/physical-inactivity-levels-in-adults-aged-40-to-60-in-england-2015-to-2016.
113. Damon Young. *How to Think About Exercise.* Londres: Pan Macmillan, 2014.
114. Haruki Murakami. *What I Talk About When I Talk About Running.* Londres: Vintage, 2007.
115. https://www.bluezones.com/wp-content/uploads/2015/01/Nat_Geo_LongevityF.pdf.
116. Vybarr Cregan-Reid. *Footnotes: How Running Makes Us Human.* Londres: Ebury, 2016.
117. https://www.ons.gov.uk/peoplepopulationandcommunity/wellbeing/articles/lonelinesswhatcharacteristicsandcircumstancesareassociatedwithfeelinglonely/2018-04-10.

118. https://www.psychologytoday.com/us/blog/the-art-closeness/201507/4-disorders-may-thrive-loneliness.
119. Damon Young, *How to Think About Exercise*. Londres: Pan Macmillan, 2014.
120. https://news.stanford.edu/2015/06/30/hiking-mental-health-063015/.
121. https://data.worldbank.org/indicator/SP.URB.TOTL.IN.ZS.
122. Richard Askwith. *Running Free: a Runner's Journey*. Londres: Yellow Jersey, 2015.
123. http://time.com/5259602/japanese-forest-bathing/.
124. https://medium.com/@ryancareyy/shinrin-yoku-how-the-art-of-forest-bathing-can-benefit-your-health-e7b37546d3af.
125. https://www.ncbi.nlm.nih.gov/pubmed/19568835.
126. https://www.mind.org.uk/media/273470/ecotherapy.pdf.
127. Carl Jung. *Dream Analysis 1: Notes of the Seminar 1928—30*. Londres: Routledge, 1994.
128. https://www.huffingtonpost.com/hanne-suorza/how-i-run-with-mindfulness_b_7528280.html.
129. https://www.cgu.edu/people/mihaly-csikszentmihalyi/.
130. https://www.smh.com.au/entertainment/celebrity/stay-afraid-but-do-it-anyway-carrie-fishers-honesty-about-mental-illness-inspired-a-generation-20161228-gtiovy.html.
131. Amy Poehler. *Yes Please*. Nova York: HarperCollins, 2014.

10 km — Armadilhas e decepções

132. https://www.nationaleatingdisorders.org/learn/general-information/compulsive-exercise.
133. Hillary Clinton. *What Happened*. Nova York: Simon & Schuster, 2017.
134. https://www.theatlantic.com/health/archive/2017/09/how-alternate-nostril-breathing-works/539955/.
135. https://adaa.org/understanding-anxiety/myth-conceptions.

E finalmente... algumas dicas para começar

136. http://www.presidency.ucsb.edu/ws/?pid=24504.
137. Penney Peirce, *Transparency: Seeing Through to Our Expanded Human Capacity*. Nova York: Simon & Schuster, 2017.

AGRADECIMENTOS

Não planejei escrever um livro sobre corrida. Não planejei escrever livro algum, aliás. Então, preciso começar agradecendo a Joseph Zigmond, que leu um artigo que eu tinha escrito sobre saúde mental e pensou que um livro poderia nascer dali. Depois que ele me ajudou a passar pelas fases iniciais, entregou-me a Tom Killngbeck, que foi maravilhoso durante todo o processo, nunca rígido com prazos, sempre encorajador e instintivamente certo a respeito do tom. Ele ajudou a tornar o processo menos intimidante. E engraçado, também, o que foi ótimo quando eu estava escrevendo sobre coisas não muito boas.

Toda a equipe da HarperCollins me ajudou demais, desvendando para mim as etapas misteriosas da escrita de um livro. A editora de projetos Lottie Fyfe, que reuniu provas e trabalhou na diagramação do texto; Luke Brown, que preparou o livro e melhorou infinitamente a minha gramática horrível; e Olivia Marsden, que organizou o marketing e a assessoria de imprensa. Eu não poderia ter escolhido um grupo melhor para me ajudar a escrever o meu primeiro livro.

Eu não tinha agente quando comecei a proposta desta publicação. Mas tomando vinho quente numa festa de Natal, conheci Julia Kingsford, que generosamente se ofereceu para olhar o meu contrato de graça e me apresentou ao seu sócio

Charlie Campbell, que esteve à disposição para explicar as coisas, lembrar prazos, desmistificar a linguagem do mundo editorial e, muito importante, enviar-me algum dinheiro de adiantamento. Os dois foram incrivelmente gentis e pacientes comigo. E têm um cachorro no escritório. Visite-os, se estiver procurando um agente.

A todos que me contaram as suas histórias para este livro: ainda estou maravilhada com a coragem, a honestidade e a força de vocês. Algumas das experiências que me relataram durante a pesquisa deste livro me levaram às lágrimas, e a perseverança e determinação de todos vocês para melhorar um pouco as coisas para si (e para os outros) me deixam ainda abismada. Vocês compartilharam comigo os seus piores momentos na esperança de ajudar outras pessoas que enfrentem dificuldades semelhantes. Espero ter feito justiça aos seus relatos. Muito obrigada a todos.

Obrigada à minha família, Lindsay, Alan e Lizzie, que lidaram com os meus piores momentos com bondade e apoio infinitos. Gostaria que todo mundo que passa por problemas como os meus pudesse experimentar essa abundância de amor. Nesrine, Archie, Maya, David, Miranda, que me levantaram de tempos em tempos e nunca me julgaram. Barry, que ajudou a me consertar e me fez parar de ter tanto medo. E, por fim, Greg. Você me fez ver coisas novas com animação e entusiasmo pela primeira vez na vida. Te amo, cara.

Este livro foi composto com Adobe Garamond Pro, Agenda e Trash Hand, e impresso em 2019, pela Assahi, para a HarperCollins Brasil. O papel do miolo é pólen soft $80g/m^2$, e o da capa é cartão $250g/m^2$.